LE TITRE FONCIER AU CAMEROUN

Urbain Noël EBANG MVE

Le titre foncier au Cameroun

Recherche sur la spécificité d'un acte administratif unilatéral

Préface de Magloire Ondoa

L'Harmattan

5-7, rue de l'Ecole-Polytechnique, 75005 Paris

http://www.librairieharmattan.com
diffusion.harmattan@wanadoo.fr
harmattan1@wanadoo.fr

ISBN : 978-2-296-55406-1
EAN : 9782296554061

Je dédie ce travail à mon épouse et à tous mes enfants

Que l'effort soit pour vous le meilleur chemin vers la réussite

REMERCIEMENTS

Je remercie vivement :

- Mon directeur de thèse ; le professeur Magloire ONDOA. Qu'il trouve ici toute ma reconnaissance pour sa disponibilité et pour les précieux conseils de direction qui ont permis à cette thèse d'être.

- Je tiens également à remercier le professeur Jacques FAME NDONGO pour ses conseils et ses encouragements qui m'ont servi de motivation supplémentaire.

- Il faut aussi remercier pour la formation et l'encadrement, le corps enseignant de l'Université de Yaoundé II et en particulier :

  - Professeur Joseph OWONA ;
  - Professeur Victor Emmanuel BOKALLI ;
  - Professeur ISSA ABIABAG ;
  - Dr Jean Calvin ABA'A OYONO ;
  - Dr Patrick ABANE ENGOLO.

- Je n'oublie pas mon père, ma mère et le reste de ma famille pour tout l'appui moral.

PRÉFACE

La riche expérience professionnelle acquise en la matière par M. **EBANG MVE Urbain Noël** dans les services des ministères chargés des Domaines, du Développement urbain, des Finances, les services du Premier ministre et depuis peu du ministère de l'Industrie, des Mines et du Développement technologique (dont il assure le Secrétariat général), explique sans doute que l'auteur ait choisi de soulever la question du titre foncier au Cameroun. Pour l'avoir longtemps pratiqué dans la haute administration et disposant pour cela de solides connaissances et une impressionnante documentation y relatives, l'auteur se propose de faire reculer le champ de l'ignorance sur ce sujet trop controversé du droit camerounais. L'initiative se justifie d'autant que les recherches et études existantes réservaient au phénomène juridique en cause, une place trop appendiculaire pour permettre sa perception exacte et complète.

Jusqu'à présent en effet, seuls les privatistes s'y étaient réellement intéressés ; et le mutisme des praticiens ou la rareté d'une littérature publiciste y afférente conféraient au titre foncier les apparences d'un objet non identifié, qui demandait à être étudié. Pourtant, son importance en tant que acte de certification de la propriété immobilière ne fait point de doute ; car la culture nationale et les exigences de développement économique ou d'amélioration des conditions de vie des citoyens placent les questions relatives à l'immobilier au cœur des préoccupations de l'administration et des personnes privées, physiques ou morales. Logiquement, cette importance se prolonge sur le terrain scientifique. Elle situe le titre foncier au rang d'objet d'analyse qui, par ailleurs, occupe une place centrale dans le droit de l'urbanisme et de la construction ou, plus généralement, dans le droit de la propriété immobilière. Elle se module par conséquent sur l'intérêt qui s'attache à sa connaissance par les citoyens, propriétaires immobiliers et les juristes, publicistes ou privatistes, soucieux de restituer et expliquer le droit en vigueur.

Cette importance condamnait assurément le silence des praticiens et publicistes sur les questions relatives au titre foncier. Il justifie que l'entreprise de **M. EBANG MVE** soit saluée comme une œuvre participant à la compréhension de cette grande et profonde source de conflits ; car son acquisition, sa possession ou sa non-possession, sa validité ou son retrait opposent souvent, soit les particuliers entre eux, soit ceux-ci et l'administration, soit encore les administrations d'État et celles des collectivités territoriales décentralisées, soit enfin les administrations d'État entre elles.

Dans ce contexte, son étude pouvait être menée sous divers angles qui, s'ils interpellent tous les juristes, n'intéressent pas toujours les publicistes. Il revenait donc à l'auteur, non enfermé dans la facilité de sa spécialité, mais soucieux de respecter les frontières de sa spécialisation, de limiter l'objet de son étude avec rigueur. Son expérience professionnelle et sa formation publiciste l'y inclinaient assurément.

Aussi situe-t-il son ouvrage sur le terrain de la théorie générale du droit administratif. Dans ce cadre, il ne pouvait éluder le problème de la nature juridique du titre foncier qu'il aborde, à titre principal, à travers la question de sa qualification en acte administratif unilatéral. Derrière cette formulation théorique, se dissimule un réel pragmatisme ; car se demander si le titre foncier est un acte administratif unilatéral, c'est soulever la question de savoir s'il peut être contesté devant le juge administratif ; plus concrètement encore, c'est interroger la capacité ou l'aptitude des propriétaires à défendre leurs droits ou intérêts immobiliers, lorsque ceux-ci sont, soit menacés de violation, soit violés par l'administration ou les particuliers.

Il faut le souligner : cette problématique n'engage nullement les hypothèses d'emprise, car celles-ci ne procèdent pas d'une remise en cause du titre foncier lui-même ou de sa validité. Elles concernent les atteintes provisoires ou définitives à la jouissance des droits qu'il confère, étant entendu que leur existence n'est pas contestée.

M. EBANG MVE Urbain Noël est servi dans son entreprise par une grande maturité. Rigoureux au plan méthodologique, l'auteur construit sa démonstration autour de la spécificité du titre foncier. Pour lui, celle-ci apparaît, tant dans la procédure d'élaboration (elle n'obéit pas aux mêmes règles que celles régissant l'acte administratif unilatéral classique, comme par ailleurs elle fait intervenir des acteurs parfois privés), que dans le régime de cet acte.

Fondamentalement, la démonstration de l'auteur tend à convertir à l'idée que le titre foncier est un acte administratif d'un type particulier, car sa forme, la procédure de son élaboration et surtout son régime, en principe marqué par l'injusticiabilité, s'éloignent de ceux généralement consacrés dans le cadre de la décision exécutoire classique.

De ce point de vue, l'œuvre de **M. EBANG MVE Urbain**, présentée dans le cadre d'un doctorat Ph/D en droit public, appelle naturellement quelques observations.

A priori en effet, rien n'interdit de suivre l'auteur dans sa conclusion relative à la forme et à la procédure d'élaboration du titre foncier, tant la jurisprudence administrative se montre, par son libéralisme, indifférente à ces aspects, dans la qualification des actes administratifs unilatéraux. Malgré l'évolution jurisprudentielle consacrée en 2003 et surtout en 2004, il est donc possible, sous certaines réserves, d'accréditer la thèse de **M. EBANG MVE Urbain** sur cette question.

En revanche, s'agissant de ses conclusions relatives au régime, l'on ne saurait, sans imprudence, le suivre. Sans doute, l'auteur relève-t-il, avec minutie et pertinence, les subtilités qui entourent le caractère définitif du titre foncier. Mais cette rigueur dissimule une inconséquence. L'on se demande en effet, si l'inattaquabilité ainsi consacrée par les décrets de 1976 et 2005 ne conduit pas logiquement à une conclusion contraire à celle de l'auteur. Car si le titre foncier est définitif et donc injusticiable de la juridiction administrative, il ne peut en même temps revêtir les caractères d'un acte administratif unilatéral, ou prendre cette nature.

M. **EBANG MVE Urbain Noël** aurait certainement pu nourrir la comparaison, de réflexions tirées de la récente définition de l'acte administratif unilatéral, que proposent les juges des affaires **EFFA Victor** (2003) et **Tabernacle des Aigles**(2004).

Tous, mais surtout le second, insistent au fond, sur l'idée qu'un acte administratif unilatéral est surtout un acte attaquable devant le juge administratif. L'on constatera d'ailleurs que le premier, qui prépare le second, porte sur un acte pris par le ministre chargé des Domaines, en vue de la rectification d'un titre foncier existant. Cet acte fut logiquement considéré comme administratif, parce qu'il remplissait toutes les conditions de forme et de fond, requises pour être valablement déféré devant le juge administratif.

Il est en effet notable que dans ses décisions **EFFA Victor** et **Tabernacle des Aigles**, le juge se préoccupe de savoir si l'acte querellé est attaquable devant lui, c'est-à-dire, remplit les conditions pour l'être. Celles-ci sont désormais connues : sur la forme, l'acte doit être pris par une autorité habilitée à le faire ; sur le fond, il doit faire grief, être décisoire ou porter atteinte aux intérêts légaux du requérant.

Il ne sera pas utile de revenir sur l'aspect formel pour les raisons déjà avancées. En revanche, sur les questions relatives au fond, cette condition d'attaquabilité du titre foncier peut être discutée, sur la base de l'idée qu'il s'agit d'un acte simplement certificateur. Loin de réaliser l'acquisition ou le transfert de propriété, il n'en est que la condition de validité, ou n'en fournit que la preuve officielle. Peut-on dès lors considérer qu'il fait grief, s'il ne se borne en réalité qu'à confirmer ou attester la validité d'une opération d'acquisition ou de transfert de la propriété immobilière ? Là réside sans doute, le point de divergence qui sépare l'administration des juges.

Cette vocation certificatrice justifie que les textes aient soustrait le titre foncier à la compétence du juge, en affirmant son caractère définitif. Est-elle réelle, irréelle ou simplement présumée ? **M. EBANG MVE** élude cette question fondamentale qui eut pu nourrir le débat, afin de mieux appréhender ou discuter les ressorts profonds de la définitiveté retenue par les textes. L'apport des praticiens et théoriciens, et *a fortiori* d'un praticien théoricien, s'avérait sur ce plan indispensable, qui eut permis de découvrir la doctrine administrative camerounaise, afin de la soumettre au tribunal de la logique juridique ou de la théorie du droit.

Plus praticien que théoricien, l'auteur expurge son travail des grandes discussions théoriques. Son pragmatisme le confine dans le constat de l'affirmation de l'intangibilité du titre foncier et l'éloigne des questions relatives à son fondement matériel. Celui-ci ne prête d'ailleurs pas à discussion : pour l'administration camerounaise, le titre foncier s'intègre dans la catégorie des actes non décisoires. Il fait d'autant moins grief, qu'il se borne à sceller la transaction immobilière ou la propriété immobilière, réalisée ou acquise selon les procédés ordinaires. Réduit en conséquence au statut d'acte certificateur, il ne saurait donner lieu à une contestation contentieuse, puisqu'il vise justement à mettre fin aux litiges immobiliers et fonciers, grâce à l'autorité de la puissance publique.

La question fondamentale devient donc celle de savoir si l'expression quotidienne du titre foncier respecte cette inspiration, ou si cette dernière se justifie. En d'autres termes, le titre foncier est-il vraiment un acte certificateur ? Cela revient à se demander si le droit de propriété est établi par le titre foncier, ou s'il lui préexiste.

C'est le lieu de souligner une considération essentielle, tirée de l'esprit et de la lettre du Code civil. En prescrivant la présomption de l'article 2279 en matière mobilière, ce texte induit clairement que la propriété immobilière ne se présume pas. De même, en instituant (au moyen d'un décret et non d'une loi, alors que la propriété immobilière fait partie, selon la constitution du domaine législatif !) un acte certificateur, les textes camerounais joignaient à cette évidence, une exigence supplémentaire de preuve de la propriété immobilière. En conséquence, celle-ci n'existe officiellement que si elle est attestée par un titre foncier. Avant lui, la propriété est factuelle et non juridique, officieuse et non officielle, et en toutes ces hypothèses, friable et non définitive. Bien que discutable au plan théorique, cette solution du droit camerounais confère au titre foncier, le statut incontestable d'acte créateur de droits, dans la mesure où, c'est lui qui fait naître, aux yeux de l'administration et du public, c'est-à-dire de manière officielle, le droit de propriété immobilière. Loin de la reconnaître ou de la certifier, il l'attribue.

Se fondant sur une analyse différente, l'administration camerounaise consacre une position contraire. La justification du caractère définitif semble alors plausible. Elle ne rend que plus évidente, l'inconséquence déjà relevée. En effet, si l'on considère que l'acte administratif unilatéral est un acte essentiellement attaquable devant le juge, l'on se demande si l'inattaquabilité totale ou partielle du titre foncier ne le dépouille pas, au moins en partie, du caractère administratif. Il en est logiquement ainsi, car un acte non justiciable de la juridiction administrative ne porterait qu'improprement le qualificatif d'acte administratif unilatéral.

Pour discutable qu'elle soit, la position de **M. EBANG MVE** ne reflète pas moins fidèlement l'état de la jurisprudence. Il existe en effet, au moins en apparence, une divergence de vues entre d'une part, les textes qui consacrent la non justiciabilité du titre foncier et la jurisprudence, favorable à son attaquabilité au moins partielle, d'autre part. Avec moins de retentissement, la situation n'est pas sans rappeler celle des actes de désignation des chefs traditionnels, avant la décision **EBGE BESSONG**. Toutes deux présentent un autre point commun : l'utilisation par les juges, de subtilités destinées à contourner la fermeté des textes.

En résulte, un état du droit qui oblige à une nuance confirmée par les affaires **EYANA ESSOUGA et MBIDA Maternus**. De leur lecture, il apparaît en effet que seul le titre foncier mère, issu de l'immatriculation, est définitif et inattaquable ; celui résultant du morcellement est susceptible de recours pour excès de pouvoir et, pour cela, remplit la condition substantielle d'existence d'un acte administratif unilatéral, à savoir la justiciabilité devant le juge administratif. Au même groupe que ce dernier, appartient également, selon la jurisprudence **EFFA Victor**, l'acte de rectification du titre foncier, par exemple, par adjonction ou soustraction de noms.

Mais cette solution jurisprudentielle consacrant la justiciabilité partielle ne conduit-elle pas, au fond, à remettre en cause le caractère définitif du titre foncier mère ? À l'évidence, celui-ci ne vaut que si l'acte de certification de la propriété immobilière ne peut être rectifié ou morcelé. Or, fort heureusement, nulle prescription de cette nature n'existe juridiquement. Elle ne pouvait d'ailleurs exister, sans logiquement vouer le titre foncier à l'éternité et sans aussi ligoter la puissance publique elle-même, ou la priver de son pouvoir d'agir en arbitre régalien des transactions immobilières.

Le fait permet de confirmer, au moins partiellement, les conclusions de l'ouvrage de **M. EBANG MVE Urbain Noël**. Il reste seulement à s'entendre sur leur formulation, avant de proposer une autre approche théorique.

D'une part en effet, selon l'auteur, le titre foncier est un acte administratif unilatéral spécifique, parce que définitif ou partiellement susceptible de recours pour excès de pouvoir. La lecture se fonde essentiellement sur les textes et semble minorer l'importance de la jurisprudence. Pourtant, une conclusion privilégiant les textes devrait tendre à souligner, non le caractère partiellement administratif, mais plutôt, celui non administratif du titre foncier, puisque celui-ci est inattaquable. L'ont dirait alors qu'il est essentiellement non administratif et ne devient administratif qu'exceptionnellement et sous réserve de certaines conditions, telles que par exemple le morcellement ou la rectification. De toute évidence, une contradiction vicie la pensée de l'auteur, dans la mesure où il semble illogique de conclure au caractère administratif d'un acte essentiellement inattaquable selon les textes, en se fondant sur ces textes, même si la jurisprudence leur apporte quelques exceptions.

D'autre part, une position contraire à celle de l'auteur semble envisageable ; car au plus profond de lui-même, le droit positif camerounais admet le caractère administratif du titre foncier, malgré les apparences. Cette position repose sur au moins deux considérations essentielles.

D'abord, le texte consacrant le caractère définitif du titre foncier est pris sous la forme d'un décret, notamment, celui de 1976 repris en 2005. Or, un décret, acte essentiellement contestable par la voie contentieuse, ne peut valablement soustraire un autre acte à la connaissance du juge. Cela reviendrait pour lui à octroyer audit acte, un statut qu'il ne possède pas lui-même. La réflexion ne résulte pas de l'esprit ; elle s'inscrit dans le droit fil de la jurisprudence **KOUANG Guillaume Charles**, à propos du contentieux de la désignation des chefs traditionnels. Sans doute, cette seule considération ne suffit-elle pas à priver d'autorité juridique les décrets de 1976 et 2005 ; mais elle fragilise le socle fondamental sur lequel repose l'inattaquabilité du titre foncier et peut être justement invoquée, à l'occasion d'un éventuel contentieux en annulation des textes concernés.

Ensuite, reprenant à son compte le principal considérant de l'arrêt français **Dame LAMOTTE**, le juge de l'affaire **KOUANG Guillaume Charles** admettait le principe général de droit selon lequel, le recours pour excès de pouvoir est ouvert même sans texte, contre tout acte faisant grief. Ce principe étant, en vertu de l'arrêt Société des Grands Travaux de l'Est de valeur législative, il s'impose nécessairement au décret de 2005 qui établit le caractère définitif du titre foncier. De la sorte, ce dernier devient attaquable, et la démarche de son annulation, simple : elle requiert que le demandeur conteste le cas échéant, par la voie de l'exception d'illégalité, la légalité du décret de 2005. Et une fois l'illégalité admise - et elle ne peut que l'être -, l'annulation du titre foncier querellé devient possible et même naturelle. En d'autres termes, il s'agit d'attaquer la disposition interdisant l'attaquabilité ; et dès ce verrou de l'inattaquabilité levé, d'attaquer le titre foncier querellé.

Encore, dans une sorte de réflexion bilan, doit-on se demander ce qui reste de l'inattaquabilité du titre foncier. Instaurée à travers les dispositions des décrets de 1976 et 2005 consacrant le caractère définitif de cet acte, elle apparaît comme une conséquence de son intangibilité. Disposer que le titre foncier est définitif, c'est postuler qu'il ne peut être remis en cause et qu'il fixe la situation une bonne fois pour toutes, définitivement, sans possibilité de modification ou de retrait. En clair, il s'impose en l'état à toutes les autorités administratives et les personnes privées.

Cette conception absolue du caractère définitif et intangible du titre foncier s'est révélée lyrique et irréaliste. L'on observe que, affirmée sans nuance, elle néglige les hypothèses d'erreurs ou de droits irrégulièrement acquis, susceptibles de fonder la tangibilité du titre foncier. Plus encore, elle ne s'est guère imposée à l'administration, celle-ci ayant toujours disposé et disposant encore du pouvoir de rectifier, d'annuler et même de manipuler à sa guise cet acte. Le caractère définitif consacré interdisait logiquement ces pouvoirs qui confinent à de pouvoirs souverains. De même, il entre en conflit avec l'infrastructure normative relative à l'expropriation pour cause d'utilité publique ; car le caractère définitif et intangible du titre foncier suppose que son titulaire n'en soit pas dépossédé ; et que, fût-ce par la procédure d'expropriation pour cause d'utilité publique, il ne soit, ni implicitement, ni explicitement annulé.

Cette considération relève l'inconformité des textes de 1976 et de 2005 à la Constitution ; elle interroge ainsi la validité constitutionnelle du caractère définitif du titre foncier. L'interrogation est confortée par les dispositions constitutionnelles garantissant le droit de propriété. Car le caractère définitif du titre foncier, s'il était rigoureusement appliqué, empêcherait la pleine jouissance et le plein exercice de ce droit, notamment à travers des limitations au pouvoir de disposer librement de son bien (la cession par exemple).

C'est dire combien il s'harmonise mal avec le dispositif constitutionnel et législatif en vigueur. Ceci explique peut-être que la jurisprudence lui apporte des restrictions chaque jour plus importantes. Jointes aux nombreux pouvoirs reconnus à l'administration à l'égard du titre foncier, ainsi qu'à ceux des propriétaires immobiliers (cessions, morcellements, donations, legs…), elles aboutissent à tourner le principe, par la multiplication de ses exceptions.

Ces propositions donnent une pâle mesure de la complexité du régime du titre foncier au Cameroun. Elles ne rendent que plus intéressants les développements de **M. EBANG MVE Urbain Noël.** Les étudiants, chercheurs et praticiens du droit y trouveront, sinon des réponses, du moins de précieux éléments de réponses aux nombreuses questions que soulève le titre foncier au Cameroun.

Pr. Magloire ONDOA
Agrégé des Facultés de Droit
Professeur titulaire à l'université de Yaoundé II – Soa (Cameroun)

ABREVIATIONS

AJDA :	Actualité juridique droit administratif
AL :	Alinéa
AP :	Assemblée plénière
ART :	Article
BULL :	Bulletin de la chambre civile de la cour de cassation
C.A :	Chambre administrative
C.C :	Conseil constitutionnel
C.civ :	Code civil
C.S :	Cour suprême
Cass.civ :	Cour de cassation-chambre civile
CAY :	Chambre administrative, section de Yaoundé
CCA :	Conseil du contentieux administratif
CE :	Conseil d'État
CFJ :	Cour fédérale de justice
CGI :	Code général des impôts
CHRON :	Chronique
CIJ :	Cour internationale de justice
CONCL :	Conclusions
COR :	Cameroun Oriental
CP :	Code pénal
CPE :	Commune de plein exercice
CUD :	Communauté urbaine de Douala
CUY :	Communauté urbaine de Yaoundé
D. :	Dalloz
E.D.C.E. :	Études et documents du conseil d'État
ED :	Éditions

F.S.J.P. :	Faculté des sciences juridiques et politiques
GAJA :	Grands arrêts de la jurisprudence administrative
J.O :	Journal officiel
JCA :	Jurisclasseur de droit administratif
LGDJ :	Librairie générale de droit et de jurisprudence
LITEC :	Librairies techniques
MINUH	Ministère de l'urbanisme et de l'Habitat
MINAT (D)	Ministère de l'Administration territoriale (et de la Décentralisation)
MINDAF	Ministère des Domaines et des Affaires foncières
NEA :	Nouvelles éditions du Cameroun
OBS :	Observations
PUA :	Presses universitaires d'Afrique
PUF :	Presses universitaires de France
R.A :	Revue administrative
RCD :	Revue camerounaise de droit
RDP :	Revue de droit public et de science politique
RFDA :	Revue française de droit administratif
RJPIC :	Revue juridique et politique indépendance et coopération
S :	Sirey
S.D	Sans date
S.Dir	Sous la direction de
TC :	Tribunal des conflits
TE :	Tribunal d'État
TGI :	Tribunal de grande instance

INTRODUCTION GÉNÉRALE

La réflexion sur le titre foncier prend de plus en plus de l'importance ces dernières années au Cameroun avec l'adoption d'un nouveau dispositif réglementaire sur cette décision administrative de sécurisation de la propriété immobilière[1].

Cette nouvelle législation ne permet pas encore, autant que ses devancières, d'appréhender clairement les contours du régime et la nature juridique du titre foncier. Ce dispositif normatif, autant que celui d'avant, fait montre d'une importance particulière accordée au titre foncier. Il dote le titre foncier, comme c'était déjà le cas, d'un certain nombre d'éléments plutôt surprenant pour un acte relevant du pouvoir administratif.

La réforme du régime foncier et domanial de 1974 (en droite ligne de celle de 1932)[2] au Cameroun a institué l'immatriculation, matérialisée par le titre foncier comme seule certification officielle et légale d'appropriation des terres et unique mode de preuve de la propriété immobilière[3].

Les textes sur le titre foncier en font un acte « ***inattaquable, intangible et définitif*** ». Autant que les actes constatant les autres droits réels attachés à la propriété[4], ces textes liés à sa protection justifient qu'après son établissement, en bonne et due forme, aucune cause de résolution basée sur des fausses ou inexactes mentions ne soit plus opposable à son propriétaire.

Le titre foncier, grâce aux textes de référence, est un acte hyper protégé[5] qui ne peut qu'exceptionnellement être remis en cause tant par la puissance

---

[1] Depuis 2005, il est effectivement recensé neuf nouveaux textes réglementaires sur le titre foncier, il s'agit :

- du décret n°2005/178 du 27 mai 2005 portant organisation du Ministère des domaines et des affaires foncières ;
- du décret n°2005/481 du 16 décembre 2005 modifiant et complétant certaines dispositions du décret n°76/165 du 27 avril 1976 fixant les conditions d'obtention du titre foncier ;
- du décret n°2006/0368/PM du 3 mai 2006 fixant l'organisation et les modalités de fonctionnement du bulletin des avis domaniaux et fonciers. ;
- des circulaires et instructions du 29 décembre 2005 relatives à l'organisation des services et à la gestion des dossiers au MINDAF.

[2] Ordonnance n°74/1 du 6 juillet 1974 fixant le régime foncier, ordonnance n°74/2 du 6 juillet 1974 fixant le régime domanial.

[3] Article 123 du décret du 21 juillet 1932, article 1er alinéa 2 du décret n°76/165 du 27 avril 1976 modifiés et complétés par le décret n°2005 /481 du 16/12/2005 fixant les conditions d'obtention du titre foncier.

[4] Article 1er du décret n°76/165 du 27 avril 1976 fixant les conditions d'obtention du titre foncier.

[5] Comme le souligne le professeur TIENTCHEU NJIAKO « ***on constate avec étonnement que le titre foncier bénéficie d'un régime juridique plus sécurisant et plus hermétique que celui des actes d'état civil pour lesquels existe une procédure de rectification en cas d'erreur matérielle*** ». Cf. TIENTCHEU NJIAKO (A), *Droits réels et domaine national au Cameroun*, Presses Universitaires d'Afrique, 2003, p.442.

publique que par les citoyens devant les juridictions administratives et judiciaires, ou même devant l'Administration à l'occasion des recours administratifs ou lors des opérations d'aménagement ou d'expropriation pour cause d'utilité publique.

Par ailleurs, le titre foncier se situerait à contre-courant des réalités sociales coutumières[6]. Le **professeur Meloné Stanislas** expliquait cette inadéquation par l'action du législateur colonial qui a opéré la transposition en Afrique des techniques et des principes des sociétés européennes sur la base d'une analyse inadaptée qui n'a pas tenu compte des valeurs, de l'organisation et de la parenté, du régime de la succession, et du rapport entre les hommes et la terre[7]. Dans le même sens, les **professeurs Bokalli**, **Tientcheu** et **Tjouen** pensent qu'il y a un mimétisme aveugle qui a engendré un phénomène de rejet[8]. Quand bien même les citoyens, autrefois acquis au système de tenure foncière coutumière, finissent par accepter le titre foncier, ils se heurtent à plusieurs obstacles réels et artificiels dans le long et sinueux chemin conduisant à sa délivrance tant et si bien que beaucoup en sont à penser qu'il s'agit d'un document délivré aux requérants persévérants ou privilégiés.

Pour le commun des Camerounais, le titre foncier apparaît donc comme un serpent de mer ; même pour les plus avertis, cet acte juridique occupe un intérêt particulier et laisse plus perplexe que rassuré quant à sa qualification juridique[9]. Faisant l'objet de cette étude, il faut en préciser le cadre (I), puis donner l'objet de l'étude (II), et enfin la méthode utilisée (III). Ces étapes de la démonstration devront donner à l'étude les repères méthodologiques nécessaires à sa conduite scientifique.

I- LE CADRE DE L'ÉTUDE

La présente étude concerne les éléments qui spécifient le titre foncier au Cameroun. Le cadre spatial est donc circonscrit au Cameroun.

La titrisation foncière a été introduite au Cameroun par le législateur de 1932[10]. Le régime foncier institué par la puissance exerçant le mandat s'est fait au détriment des pratiques et us locaux. A l'origine, le régime traditionnel en

---

6 LEROY (E), KARSENTY (A), BERTRAND (A), *La sécurisation foncière en Afrique*, Paris, Karthala, p.48.

7 MELONE (S), *La parenté et la terre dans la stratégie du développement, l'expérience camerounaise, étude critique*, éd. Klincksieck, Paris, 1972, p.59.

8 Cf BOKALLI (V.E), « *Justice et Etat de droit au Cameroun* », leçon inaugurale prononcée à l'occasion des cérémonies solennelles de la rentrée académique 2000/2001 de l'Université de Ngaoundéré, p.10s, in TIENTCHEU NJIAKO (A), *Droits fonciers urbains au Cameroun*, PUA, 2003, p.11.

9 Infra.

10 Décret du 21 juillet 1932 instituant au Cameroun le régime foncier de l'immatriculation.

vigueur dans les sociétés traditionnelles du Cameroun, sans être uniforme, présentait des points de similitude, le principal étant le mode d'appropriation qui était coutumier[11] parce que le droit de propriété était reconnu au premier occupant installé, ou qui avait mis en valeur un terrain[12]. Le défrichement, l'héritage, la mise en valeur, l'installation simple ou l'achat étaient alors les modes d'appropriation pour les uns et de transmission des propriétés immobilières[13] pour les autres. Il s'agissait alors de procéder (pour acquérir un terrain) par un mode d'appropriation reconnu par la société coutumière et de délimiter sa propriété[14]. Certains espaces tels que les cours d'eau et les chemins de fer étaient insusceptibles d'appropriation privative.

Avec l'arrivée des Allemands, des Britanniques et des Français, le mode d'appropriation foncière devait désormais être certifié non plus par l'autorité traditionnelle mais par l'autorité administrative. La France, puisque le régime actuel a été introduit par elle, a institué le régime de l'immatriculation. Ce dernier devait permettre de sécuriser la propriété immobilière et de résoudre définitivement les litiges fonciers galopants auxquels l'Administration coloniale était sans cesse confrontée.

En 1974, le titre foncier, dans le régime de l'immatriculation, devient le seul acte officiel de certification de la propriété immobilière. Les décrets présidentiels de 1976 et de 2005[15] vont le confirmer et donner à ce titre sa mesure. C'est justement cette mesure du titre foncier au Cameroun qui intéresse l'étude. Comme pour tous les États africains ayant opté pour le titre foncier, le Cameroun a fait le choix de revêtir cet acte juridique de caractéristiques qui en font un acte doté d'originalités.

Il faut souligner que dès ses fonts baptismaux, le titre foncier autour duquel se fait cette recherche au Cameroun a été le fruit d'une longue et laborieuse évolution qu'il semble nécessaire de présenter dans ce propos introductif.

L'histoire du titre foncier au Cameroun est intimement liée à la double évolution politique et institutionnelle de ce pays qui a été sous l'occupation de trois puissances occidentales ayant introduit plusieurs régimes fonciers et domaniaux. Cette histoire est aussi liée à l'évolution de la politique foncière du Cameroun qui est jalonnée par plusieurs expériences qui se sont toujours illustrées par une instabilité et un faible coefficient de réussite. Les nombreuses

---

[11] MELONE (S), *La parenté et la terre…*,Op.cit, p.59.

[12] TIAYON FOUWA (F), « Systèmes fonciers traditionnels et crise de l'environnement dans la vallée de Gawar (province de l'extrême Nord) », mémoire, Université de Yaoundé, 1991, pp.59-60.

[13] Ibid.

[14] La délimitation était généralement faite par la plantation des arbres et fleurs particuliers, servant de « bornes » au terrain.

[15] Supra.

résistances enregistrées contre les régimes fonciers, les variétés des régimes fonciers institués consécutivement aux changements des puissances coloniales qui ont dirigé le Cameroun, les nombreuses modifications de la typologie des terres, sont autant de figurations de cette réalité. L'évolution du titre foncier au Cameroun a connu une dynamique qui est loin d'être *monolinéaire*. Elle est faite de bonds successifs avec des avancées, des ruptures et des reculs.

Avant la colonisation, le Cameroun ne connaissait pas le titre foncier, mais la détention coutumière. Il existait à côté de la propriété privée déjà présentée, un communautarisme dans l'utilisation de la terre[16]. Les hommes s'attachaient fortement à celle-ci qu'ils considéraient comme le bien générateur de tous les moyens de subsistance de la communauté ; la terre était de ce fait inaliénable[17]. La propriété individuelle à l'occidentale vit le jour au Cameroun avec l'arrivée des puissances coloniales (Allemagne, France et Angleterre) qui avaient toutes une volonté marquée d'étatisation des sols[18]. Cette volonté a été l'option de toutes les politiques publiques notamment celles de l'État camerounais qui s'est employé à contrôler le maximum de terres disponibles.

A- ÉVOLUTION SOUS LA PÉRIODE ALLEMANDE

Sous le règne allemand qui commence avec la signature le 12 juillet 1884 du traité germano-douala, un système organisé d'administration des terres basé sur l'ordonnance impériale du 15 juillet 1896 qui définit la politique foncière allemande au Kamerun est créé. Cette ordonnance classifie les terres en trois catégories :

- les terres vacantes et sans maître attribuées à la couronne (ou État Allemand) ;

- les terres occupées ou exploitées ;

- les terres inaliénables et assimilées du domaine public[19].

Les lois du Reich et les lois prussiennes en vigueur en Allemagne furent adaptées aux colonies et aux protectorats dont le Cameroun[20]. Dans ce cadre, le décret du 21 novembre 1902 étendait aux colonies allemandes le régime de l'inscription au livre foncier (Grundbuch) dont le but était de garantir les droits fonciers individuels ; ce fut l'acte de naissance de son inscription au Cameroun.

---

[16] BACHELET (M), *Systèmes fonciers et réformes agraires en Afrique Noire*, Paris, LGDJ, 1968, p. 312.

[17] Encyclopédie juridique de l'Afrique, Tome 5, 1982, p.50.

[18] KAMTO (M), « Introduction au droit de l'urbanisme au Cameroun », R.D.P n°6, 1989, p.1619.

[19] KOUASSIGAN (GA), *L'homme et la terre, droits coutumiers et droits de propriété en Afrique Occidentale*, Edition Berger Levrault, 1966, pp.5 et s.

[20] Article 1er du décret du 21 novembre 1902.

Le Grundbuch est ainsi venu se coupler au système de garantie des droits réels qui le précédait et était inspiré de l'Act Torrens[21] sur la base duquel un livre foncier avait été ouvert en 1893 au siège du tribunal impérial de Douala.

Rien ne permet cependant de préciser qu'après l'inscription au Grundbuch, un document servant de copie du titre foncier était remis au propriétaire. Des investigations menées, il ressort que cette inscription au Grundbuch était le terme de la procédure de reconnaissance des droits fonciers sous la période allemande.

La présence allemande au Cameroun fut de courte durée car, le 28 juin 1919, date de la signature du traité de Versailles, le Cameroun fut officiellement partagé entre la France et l'Angleterre qui avaient chacune son système de gestion des terres[22].

B- L'ÉVOLUTION SOUS LES ADMINISTRATIONS FRANÇAISE ET ANGLAISE

L'histoire de la certification foncière au Cameroun connaît une deuxième phase d'évolution avec la période française et anglaise. Il s'agit d'une phase édifiante, importante et d'un champ d'observation riche en créations juridique et foncière, car elle a connu une typologie de terres originales, des procédures nouvelles de reconnaissance des droits fonciers ainsi que des systèmes spécifiques de sécurisation de la propriété immobilière : le système de l'ex Cameroun Oriental reposant sur les principes du droit français et celui de l'ex Cameroun Occidental ayant pour source principale la Common Law, avec un ordonnancement institutionnel foncier nouveau et une articulation d'organes et de structures qui s'inspirent des schémas classiques français et anglais dont le rôle est d'établir et d'officialiser les droits fonciers et d'assurer leur conservation. Il faut toutefois relever que ces deux systèmes faisaient la part belle aux ressortissants des puissances coloniales et lésaient les indigènes par les types de droits fonciers inégalitaires qu'ils conféraient aux uns et aux autres selon qu'ils étaient de l'État colonisateur ou du Cameroun. A l'observation, la législation foncière instituée par ces deux puissances coloniales était porteuse des germes et des semis de la discrimination.

1- Évolution sous l'Administration française

Le système foncier sous la période française était basé sur 3 régimes fonciers :

---

[21] Le système foncier de l'immatriculation pratiqué au Cameroun a pour véritable initiateur SIR ROBERT TORRENS, jeune inspecteur des finances anglais affecté en Australie du Sud (alors colonie britannique). Il y rénova tout le système d'enregistrement des droits fonciers. Cf : *Land title office news*, in NSW 125 years old Sydney 2000 october.

[22] Cf : NGWASIRI (CN), *Land Law, Third year course law*, part II, University of Yaoundé, (s.d), 116 p.

- le régime de la transcription ;

- le régime de la constatation des droits fonciers coutumiers ;

- le régime de l'immatriculation[23].

Le régime de la transcription était régi par la loi du 21 juillet 1921. Il consistait en l'inscription dans un registre spécial. Pour accomplir ces formalités, le conservateur affectait à l'immeuble inscrit, un compte dans lequel étaient inscrits et enregistrés chronologiquement les droits réels grevant ledit immeuble. Ce régime était uniquement réservé aux Français expatriés ou assimilés. Le régime de la transcription reposait sur les articles 2146 à 2203 du Code civil de 1904. Il rendait public tout acte portant constitution ou translation des droits réels immobiliers et instituait une sécurité juridique certaine. A l'occasion des transactions, l'acheteur ou le prêteur procédait aux vérifications des titres des précédents possesseurs de l'immeuble en remontant aussi loin que possible pour que la possession se trouve au moins légitimée par la prescription[24].

- Le régime de la constatation des droits fonciers des indigènes fut organisé par le décret du 21 juillet 1932. Il consistait en la constatation des droits fonciers des indigènes par l'autorité administrative. Au terme de cette procédure de constatation, il leur était délivré des livrets fonciers qui devaient par la suite être transformés en titres fonciers[25]. Les livrets fonciers ainsi institués au Cameroun y ont eu cours jusqu'en 1974. Trois ans plus tard, il était précisé que les titulaires des livrets fonciers ou *certificate of occupancy* sur les terrains en milieu urbain sont tenus, sous peine de déchéance, de les faire transformer en titres fonciers dans un délai de 10 ans[26] à compter du 05 août 1974, date de publication de l'ordonnance fixant le régime foncier[27]. Le délai est porté à 15 ans pour les terrains en milieu rural. Ils ne concernaient que les terres détenues par les indigènes suivant les règles du droit coutumier local, sans titre écrit. Par la suite, ces livrets fonciers ont été généralisés et étendus aux terres des individus ou collectivités qui pouvaient alors, après constatation, consolider leurs droits réels à l'égard des tiers

- Le régime de l'immatriculation a été organisé par le décret du 21 juillet 1932. Il permettait à l'indigène dont les droits ont été constatés dans un livret foncier de passer à l'étape finale de la transformation dudit livret en titre foncier au moyen de l'immatriculation. A cette occasion, le conservateur délivrait un

[23] NYAMA (J.M), *Régime foncier et domanialité publique*, Presses de l'UCAC, Yaoundé, 2001, p.12s.

[24] BACHELET, *Systèmes fonciers et réformes agraires en Afrique noire*, Op.cit, p.192.

[25] NYAMA, *Régime foncier et domanialité publique*, Op.cit, pp.13 et s.

[26] Art 4 de l'ordonnance n°77/1 du 10 janvier 1977.

[27] Ordonnance n°74/1 du 6 juillet 1974 fixant le régime foncier.

titre foncier à l'indigène. Il faut noter que ce décret du 21 juillet 1932 est le texte qui a véritablement institué le titre foncier au Cameroun qui était facilement accordé aux expatriés alors que les indigènes devaient suivre une procédure plus longue qui avait deux étapes :

a- la constatation des droits et l'établissement du livret foncier ;

b- la transformation du livret foncier en titre foncier.

En substance, ce texte a posé les bases essentielles d'un véritable système de sécurisation des droits fonciers par le biais de l'immatriculation et de l'institution du titre foncier. Par rapport à cette étude, son intérêt particulier réside dans le fait qu'il s'agissait d'une véritable loi d'orientation foncière qui, dans son article 16, posait déjà le principe général selon lequel les biens sujets à l'immatriculation ainsi que les droits réels immobiliers qui s'y rapportent, étaient en principe régis par le code civil français et les lois de France. Ce décret est digne d'intérêt par rapport à cette étude en ce sens qu'il introduisait déjà des dispositions de protection spéciale du titre foncier, « ***le titre foncier est définitif et inattaquable….tout acte tendant à relever un droit réel non inscrit au cours de la procédure est irrecevable*** »[28].

2- Évolution sous l'Administration britannique

Dans le Cameroun britannique, le régime foncier et domanial a connu une évolution différente, l'Allemagne, instigatrice de la Première Guerre mondiale, a été dépossédée de ses anciennes colonies dont la partie occidentale du Cameroun qui a été confiée à la Grande-Bretagne.

Le Cameroun Occidental a vécu un dualisme foncier ; d'une part, la Grande-Bretagne y institua le droit anglais (ou Common Law)[29] et d'autre part, cette même partie du Cameroun fut aussi régie par des textes en vigueur dans l'Est du Nigeria par lesquels le Gouverneur du Nigeria devint le maître de toutes les terres y compris celles du Cameroun Occidental au détriment de tous les chefs coutumiers de cette localité[30].

En 1927, la British Cameroon Administration Ordinance étend la ***Land and Native rights ordinance*** sur l'ensemble du territoire du Cameroun Occidental. Ce texte conféra le droit de jouir et d'occuper la terre commune sous l'appellation de ***rights of occupancy***. Ces droits d'occupation étaient

---

[28] Art 123 du décret du 21 juillet 1932 instituant au Cameroun le régime foncier de l'immatriculation.

[29] NGWASIRI, *Land Law,* Op.cit., p.70. Il y évoque le décret foncier de 1896 relatif aux terrains de la couronne.

[30] L'article 13 de la Land and Native rights ordinance dispose que toutes les terres sont placées sous l'autorité du gouverneur général qui doit les gérer ; personne n'a le droit de les aliéner sans son accord.

matérialisés par la délivrance d'un titre d'occupation provisoire appelé ***certificate of occupancy*** qui était différent du titre foncier car il s'agissait des droits provisoires de jouissance, qui pouvaient être retirés à tout moment par le Gouverneur. Le ***certificate of occupancy*** conférait un simple droit d'occupation provisoire ou précaire à deux variables :

- le « Statutory right of occupancy » qui est un droit reconnu aux allogènes et étrangers, appelé à devenir *certificate of occupancy* ;

- le « Customary right of occupancy » qui est un droit reconnu aux autochtones, aux indigènes et aux collectivités coutumières, sans possibilité de transformation en *certificate of occupancy*[31]. Celui-ci avait une durée illimitée, mais les droits établis restaient précaires. D'ailleurs, ces droits provisoires conférés par le « Customary right of occupancy » pouvaient être retirés à tout moment par le Gouverneur. Pour cette raison, les indigènes ont fini par demander, sans succès, la délivrance des *certificate of occupancy* qui conféraient quelques droits à leurs titulaires.

L'insécurité juridique dans laquelle le colonisateur britannique a maintenu les indigènes et les collectivités coutumières locales les a amenés à le défier et à l'affronter. Pour ce faire, ils se sont regroupés en comités, en organisations et en associations dont l'objectif était d'accéder à la pleine propriété[32] immobilière, de défendre et de récupérer leurs terres jadis occupées par les Allemands en brisant l'autorité[33] du gouverneur général britannique. Ces revendications et contestations dans la violence ont mis en exergue l'apparente neutralité d'un régime foncier réellement discriminatoire et injuste à la défaveur des indigènes.

Grâce au soutien des leaders politiques et des chefs traditionnels, la législation a été révisée et a évolué notamment en 1956 avec l'institution des « Free Hold Lands » et des « Lease Hold Lands » qui revenaient aux collectivités coutumières et non plus à la couronne britannique.

Il faut préciser que cette ordonnance est demeurée en vigueur en zone anglophone au Cameroun jusqu'en 1974. Au moment où il accède à la souveraineté, le Cameroun compte trois régimes fonciers différents dont deux dans le Cameroun Oriental et un dans le Cameroun Occidental :

---

[31] BEB A DON, « Histoire de l'aliénation des terres au Cameroun », mémoire de DES de Droit, Paris, pp.65-75.

[32] Ibid. L'auteur énumère ces regroupements autochtones (Bakweri land claim committee, Cameroon Federal union, Balong Native authority, Ngolo, Batanga, Biva, Balengo, Badikie land committees, Cameroon National Federation, Bwinga village committee).

[33] FOGUI (J-P), *L'intégration politique au Cameroun : une analyse centre- périphérie*, LGDJ, 1990, pp.61-62.

1 - Au Cameroun Oriental, le régime foncier de la transcription basé sur le code civil et celui de la transcription des livrets fonciers en vertu du décret de 1932.

2- Le régime foncier de l'immatriculation organisé par un décret de 1932, inspiré de l'Act Torrens.

3- Au Cameroun Occidental, un régime foncier fondé sur la Common Law et sur la « Land and Native ordinance rights ».

Pour mieux cerner les contours du titre foncier, il sera, par moments, évoqué les situations de cet acte juridique dans les autres ordres juridiques où il est institué. Mais aussi, pour le comparer aux autres actes administratifs, la théorie classique française sera interpellée. Hormis ces éléments de droit comparé, le cadre de l'étude reste circonscrit au Cameroun, et le titre foncier, objet de l'étude (II) doit y être situé du point de vue matériel que formel.

II- L'objet de l'étude

Le titre foncier est un acte doté d'une protection juridique sans pareil au Cameroun, dans la catégorie des actes pris par l'Administration dans le cadre d'un pouvoir administratif. Cela a justifié l'étude ici menée sur « *le titre foncier au Cameroun : recherche sur la spécificité d'un acte administratif unilatéral* » dont certaines précisions terminologiques sont nécessaires.

A- Précisions terminologiques

Les termes qui nécessitent définitions et explications dans l'étude menée sont : titre foncier, acte administratif unilatéral et spécificité.

Le titre foncier

Titre vient du latin *titulus*, il s'agit d'une notion polysémique et transdisciplinaire qui recouvre une multiplicité de réalités et parce qu'elle est écartelée entre les aspects sociaux, juridiques et financiers, il serait plutôt indiqué de parler d'un contenu et d'une sémantique riches à son propos. Comme l'indique le dictionnaire Robert, elle renvoie tout d'abord à une fonction administrative ou sociale[34]. Dans le langage financier, le titre est assimilé à un bon de paiement émis par l'État, par un organisme, ou par une société. Il sert à confirmer une créance. Le lexique des termes juridiques confirme ce caractère polysémique du terme titre. On y recense 6 types ou variétés de titres (titre exécutoire, titre juste, titre nobiliaire, titre participatif, titre au porteur, titre putatif). Mais de façon constante, il considère le titre comme un document écrit

---

[34] *Dictionnaire Robert*, édition Robert 2005, p. 427.

qui constate et prouve un droit, *c'est un acte juridique ou instrumentum constatant un droit*[35]. C'est cette acception qui intéresse cette étude.

Etymologiquement, le mot « foncier » vient du latin *fundus, fondus*, avec l'évolution de la langue française, la syllabe finale (ds) a cessé d'être prononcée. L'ancien français a aussi connu la forme « fons » qui a donné *fonsier* devenu foncier en français.

Le mot foncier a deux sens principaux :

- il désigne au sens propre la partie d'un objet la plus éloignée de l'ouverture ou de la surface et au sens figuré, il désigne ce qu'il y a d'essentiel dans une chose (par opposition à la forme)[36] ;

- qu'il soit considéré comme un nom ou comme un adjectif, il renvoie à la terre, à un fonds de terre, à une propriété immobilière, à un bien immobilier et à tout ce qui s'y rapporte. C'est ce dernier sens qui est reconnu dans le domaine juridique.

L'association de ces deux premiers termes « titre » et « foncier » permet de constituer le « titre foncier », élément clé de la recherche. Assimilé à l'acte de naissance d'un immeuble[37], il est considéré comme la copie authentique de la page du livre foncier relatif à l'immeuble immatriculé et attestant de la propriété[38]. Pour le **professeur Tjouen**, le titre foncier est un mode de preuve de la propriété et un moyen de faire naître le droit de propriété[39]. Le législateur camerounais définit le titre foncier comme la certification officielle de la propriété immobilière[40].

Dans les conservations foncières, le titre foncier désigne une feuille ouverte du livre foncier tenu par le conservateur foncier chargé d'assurer la garantie des droits réels qu'on possède sur un immeuble.

De façon synthétique, le titre foncier pourrait se définir comme un acte ou un titre juridique qui fonde et prouve la propriété foncière ou immobilière.

L'acte administratif unilatéral

Quant à l'acte administratif unilatéral, il est :

---

[35] GUILLIEN (R), VINCENT (J) et al., *Lexique des termes juridiques*, 13e ed., Dalloz 2001, pp. 445 et 567.
[36] www.presse francophone.org/apfa/etymology/fonds.htm29/06/09.
[37] NYAMA, *Régime foncier et domanialité publique au Cameroun,* Op.cit, p.47.
[38] Loi n°2005-19 du 17 octobre 2005 fixant les principes régissant les statuts des terres à Madagascar.
[39] TJOUEN (A.D), *Droits fonciers et techniques foncières en droit camerounais, étude d'une réforme législative*, Paris, Economica, 1982, p.172.
[40] Article 1er du décret n°76/165, précité.

« l'acte pris unilatéralement par une autorité publique dans l'exercice de ses fonctions ou l'acte pris par une personne privée pour l'exécution du service public dont elle est chargée et faisant usage des prérogatives de puissance publique dont elle est investie pour accomplir ce service »[41]. L'acte administratif unilatéral est considéré comme étant l'acte décisoire qui, par le seul effet de la volonté de l'Administration et sans l'intervention du juge, met des droits ou des obligations au compte des sujets actifs ou passifs qui sont généralement les particuliers[42]. La doctrine identifie trois éléments dans la définition de l'acte administratif unilatéral. Selon les **professeurs Charles Eisenmann[43] et Georges Dupuis[44]**, il existe 3 éléments certains de la définition de l'acte administratif unilatéral :

- l'acte doit pouvoir être porté au compte des actes des personnes publiques ;
- cet acte doit être unilatéral ;
- il doit s'agir d'un acte juridique.

Tout d'abord, l'acte porté au compte des personnes publiques implique que l'acte administratif unilatéral soit imputé à l'Administration ou à toute personne ayant agi en « agent administratif », il peut s'agir d'une autorité publique agissant dans le cadre de ses fonctions ou d'une personne privée chargée de l'exécution d'un service public et dotée de prérogatives de puissance publique à cet effet. Ensuite, l'acte est dit unilatéral lorsqu'il a pour seul et unique auteur l'Administration ; le nombre d'autorités signataires importe peu.

Enfin, l'acte doit être juridique ou normatif au sens kelsenien du terme, c'est-à-dire une opération d'édiction et de création de normes juridiques[45].

La définition de l'acte administratif unilatéral au Cameroun est le fait du juge qui a eu l'occasion de poser les critères de son identification dans l'affaire Ngongang Njanke[46].

> « ***L'acte administratif est un acte juridique unilatéral pris par une autorité administrative dans l'exercice d'un pouvoir administratif et créant des droits et des obligations pour les particuliers*** ».

---

[41] ROUAULT (M.C), *Droit administratif*, Gualino éditeur 2000, p.169.

[42] DUPUIS (G), « Définition de l'acte administratif », *Recueil d'études en hommage à Charles Eisenmann*, Paris, 1975, p. 211.

[43] EISENMANN (C), *Cours de droit administratif*, Tome 2, LGDJ, juin 1983, p.35.

[44] Cf : DUPUIS (G), GUEDON (M-J), CHRETIEN (P), *Droit administratif*, Armand Colin, 7e édition, 2000.

[45] KELSEN (H), *Théorie pure du droit*, Paris, Dalloz, 1962, p.342.

[46] CFJ/CAY, arrêt n°20 du 20 mars 1968, Ngongang Njanke Matin contre État du Cameroun.

Les éléments que la doctrine avait déjà évoqués se retrouvent ainsi consacrés par le juge à savoir, le caractère d'acte juridique de l'acte administratif, son unilatéralité qui est incarnée par le fait qu'il est l'expression de la volonté unique de l'Administration[47], qu'il est un acte qui fait grief. Le grand apport de cette décision est celui de la situation de l'acte administratif dans le cadre du pouvoir administratif faisant ainsi la distinction qui s'opère souvent entre autorités agissant dans le cadre administratif et autorités agissant dans le cadre politique[48]. Plusieurs autres décisions du juge administratif ont confirmé[49] la position du juge de l'affaire Ngongang Njanke[50].

Spécificité

L'étude porte principalement sur la spécificité du titre foncier. La spécificité est la qualité de ce qui est particulier[51]. Elle est constituée de l'ensemble des déterminants internes et externes d'un objet, d'une chose, d'un élément qui tendent à le départir du reste. La spécificité met en relief la comparaison et ne sont comparables que des éléments ayant des points convergents. L'opération consiste alors à rechercher les points qui permettent de voir les différences et de s'édifier sur les aspects propres des éléments confrontés. La spécificité ou la particularité du titre foncier ne peut alors tenir que parce qu'elle est mise en exergue par rapport aux critères de la catégorie juridique de rattachement du titre foncier, à savoir l'acte administratif. Il s'agit ainsi, par spécificité, des facteurs et éléments de droit qui isolent cet acte juridique dans la catégorie de l'acte administratif unilatéral et conduisent à la question de l'étude.

B- Problématique

La doctrine camerounaise est très attirée par le titre foncier. Si certains l'étudient du point de vue sociologique[52], d'autres le font sous l'angle du droit. Ces derniers s'intéressent notamment aux implications juridiques du titre

---

[47] Contrairement à la bilatéralité illustrant le consensualisme de l'acte contractuel.

[48] V. BINYOUM (J), *Droit administratif*, Cours polycopié, Université de Yaoundé, (s.d), pp.89 et s.

[49] Par exemple : CS/AP, Arrêt n°16 du 13 juin 1985, Nkong Emmanuel contre État du Cameroun et un peu avant. CFJ/SCAY, arrêt n°50 du 27 janvier 1968, Bernard Auteroche contre conseil de l'ordre des avocats.

[50] La doctrine et la jurisprudence vont plus loin en étendant le champ du recours pour excès de pouvoir aux abstentions et aux omissions de l'Administration considérées comme créatrices de droits, par exemple en matière de recours gracieux préalable, le silence de l'Administration, hors des délais, peut créer des droits ou des obligations à l'égard des administrés. Le juge l'a confirmé dans l'arrêt Moutombi Christophe.

V. OWONA (J.), *Droit administratif spécial de la République du Cameroun*, Paris, Edicef, 1985.

[51] *Le petit Larousse illustré*, Larousse, 2007, p.1003.

[52] V. PROUZET (M), « Politique foncière de l'Etat dans l'aménagement urbain », in *Enjeux fonciers en Afrique noire*, Paris, Karthala, pp.325 et s.

foncier[53] et à sa nature. S'agissant de ladite nature juridique, le titre foncier par ses éléments d'originalité a amené à douter de son caractère d'acte décisoire[54].

L'étude sur « *le titre foncier au Cameroun : recherche sur la spécificité d'un acte administratif unilatéral* » pose une question fondamentale : *le titre foncier doit-il être considéré comme un acte spécifique parmi les actes administratifs unilatéraux ?*

Le titre foncier est un acte de l'Administration. Sur plusieurs aspects il ressemble à l'acte administratif classique de l'Administration. Il en est d'ailleurs un[55]. Mais à plus d'un égard aussi, il se particularise. Son caractère d'acte décisoire par exemple est discuté parce qu'il est réputé être définitif lorsqu'il est délivré, l'Administration et le juge n'ont plus, dès sa délivrance, de compétence sur cet acte. Seules quelques ouvertures lui sont accordées faisant de lui un acte doté d'immunités parce que hors de portée du juge et de l'Administration.

A cause de cette garantie juridique et de son mode particulier d'établissement, le titre foncier est un acte spécifique parmi les actes administratifs unilatéraux. Cette hypothèse considère que deux facteurs concourent à différencier l'acte de certification officielle de la propriété immobilière des autres actes administratifs. Non seulement il ne répond pas aux conditions classiques de l'édiction de l'acte administratif, mais aussi, il bénéficie d'une protection inhabituelle. Assurément, ce conditionnement juridique du titre foncier lui donne des allures différentes de celles traditionnelles de l'acte décisoire, mais le situe aussi à un niveau plutôt important dans la hiérarchisation des actes administratifs. Ni décret, ni arrêté, signé par une autorité administrative[56], le titre foncier est pourtant juridiquement sacralisé parmi les actes administratifs unilatéraux, ce qui a notamment fondé l'intérêt de cette étude construite sur les méthodes du droit (III).

III- LA MÉTHODE ET L'INTÉRÊT DE L'ÉTUDE

La recherche envisagée revêt un intérêt (A) qui peut se présenter sous un double aspect : théorique et pratique. Il s'agit aussi de rester fidèle à la démarche scientifique constituée autour d'un objet et d'une méthode. L'objet

---

[53] Les différentes études du professeur TIENTCHEU s'intéressent largement aux implications juridiques du titre foncier.

[54] V. ABA'A, OYONO (J.C), « Chronique du grain de sable dans la fluidité jurisprudentielle à la chambre administrative du Cameroun », CJP/2008/I, p.263.

[55] CS/CA, Jugement n°34 du 17 janvier 2007, BANA Charles et MEMGBA Sylvie contre État du Cameroun.

[56] En l'occurrence le conservateur foncier.

ayant déjà été montré, reste à révéler la méthode de l'étude (B) qui permet de s'édifier sur le domaine et l'angle de la recherche.

A- L'intérêt de l'étude

Cette recherche tend principalement à opérer un essai de systématisation des règles juridiques, de la doctrine et de la jurisprudence sur le titre foncier. Elle vise en outre à identifier les repères qui délimitent le champ d'investigation sur le titre foncier qui, au regard de la production du jurislateur, est laconique et incohérent. Le terrain intellectuel sur la spécificité du titre foncier, acte administratif, est en friche. Se situant à la lisière du droit public et du droit privé, notre recherche tend à la qualification juridique du titre foncier et est une contribution à l'ébauche d'une théorie du droit public du titre foncier au Cameroun. Enfin, et au même plan, cette recherche tend à présenter les axes essentiels de la politique foncière au Cameroun.

Tout en faisant ressortir les éléments de spécificité du titre foncier au plan pratique, cette étude vise à exposer et à mettre à la disposition des potentiels demandeurs de titres fonciers et des justiciables, des éléments de procédure sur le titre foncier ainsi que sur le contentieux qui s'y rattache ; elle tend donc à leur présenter les étapes à suivre en vue de l'obtention du précieux sésame qu'est le titre foncier. Car l'obtention du titre foncier est encore laborieuse au Cameroun, ce qui contribue à accroître les tribulations des usagers[57]. Il s'agit aussi de leur présenter les parties essentielles, les règles d'élaboration, d'établissement, d'utilisation et de conservation du titre foncier dans le but de les informer et de les édifier sur les avantages et les droits que confère ce document de sécurisation foncière aux propriétaires.

L'objectif recherché sur ce dernier aspect est d'aider les propriétaires fonciers dans la connaissance, la maîtrise et la défense de leurs droits.

Un autre aspect pratique de la réflexion réside dans la tentative d'appréhender le cadre institutionnel du titre foncier. Le contrôle administratif du titre foncier repose sur une architecture imprécise, complexe et source de conflits. Le contrôle juridictionnel exercé sur le titre foncier au Cameroun relève de deux ordres de juridictions : juridiction administrative et juridiction judiciaire. De même, l'établissement du titre foncier fait intervenir plusieurs autorités administratives tant au niveau central qu'au niveau déconcentré.

[57] L'obtention du titre foncier est un véritable parcours du combattant. Au Cameroun, le chemin à parcourir pour acquérir légalement une parcelle de terrain est long et compliqué. L'accès à un terrain, son immatriculation, l'obtention de l'autorisation de l'aménagement, nécessitent des demandes très longues, complexes, et coûteuses. Cf : TIENTCHEU NJIAKO, *Droits fonciers urbains au Cameroun*, Op.cit, p.459.

Un système basé sur une telle architecture comporte des risques de dysfonctionnement car, outre les conflits de compétence, l'usager a des difficultés d'orientation. Il n'est pas toujours facile, pour l'usager, de savoir quel est le droit applicable et quel est le juge compétent ; quels sont les litiges qui relèvent précisément de chacune des juridictions ? Cette étude a également pour ambition de présenter les structures, les procédures et le corpus de règles juridiques sur le titre foncier pour parvenir in fine à la bonne lisibilité de ces derniers dans le but d'orienter et d'éclairer les usagers, les justiciables et les propriétaires fonciers.

Par ailleurs, l'arrêt Blanco[58] a consacré le principe de la responsabilité administrative avec, entre autres conséquences, la prise en compte des droits et des obligations des administrés, au même titre que de ceux de l'Administration. Mais comme le note le **professeur Jacques Chevalier**[59], il existe toujours une tendance à mettre l'accent sur ceux de l'Administration et à éclairer moins l'administré qui se perd dans les dédales et les labyrinthes des structures et des procédures administratives. Cette inégalité contribue inéluctablement à ce que le **professeur Sabourin** appelle « la *maladministration* » c'est-à-dire, d'une manière générale, un mauvais fonctionnement d'une administration qui est insensible aux aspirations du corps social[60].

L'ultime intérêt de l'étude est lié à son actualité, les annulations et retraits de titres fonciers effectués ces derniers temps dans nos principales villes donnent lieu à un contentieux riche et abondant particulièrement à Yaoundé et à Douala[61]. Ces villes connaissent par ailleurs plusieurs opérations de déguerpissement ou d'expropriation problématiques effectuées par les communautés urbaines.

Les autres aspects de l'actualité de ce sujet résident d'une part, dans la mise en place d'un nouveau dispositif réglementaire sur le titre foncier[62] dont l'application pose le problème du confort et de la sécurité juridique de la propriété immobilière au Cameroun et d'autre part, dans l'actualité liée aux grands projets structurants que s'emploient à lancer les pouvoirs publics et qui

---

[58] TC 8 Février 1873, Blanco, Rec. Lachaume.

[59] CHEVALLIER (J), « Droit administratif, droit de privilège ? » *Pouvoirs*, n°46, 1988, p.59 cité par DELAUNAY in, *L'amélioration des rapports entre l'Administration et les administrés, contribution à l'étude des réformes administratives entreprises depuis 1945*, Tome 172, LGDJ, 1993.

[60] SABOURIN (P), « Recherches sur la notion de maladministration dans le système français », AJDA, 1974, p. 396.

[61] Le ministre des Domaines et des Affaires foncières a annulé 149 titres fonciers à Yaoundé (Mvan) et 33 titres fonciers à Douala en 2007-source MINDAF.

[62] Supra.

connaissent presque toujours des difficultés liées aux problèmes fonciers (suivies des procédures d'expropriation, d'indemnisation, de recasement...).

L'intérêt le plus poussé de cette l'étude est aussi lié aux questions juridiques qui ailleurs fondent la méthode de la recherche (B).

B- La méthode de la recherche

Les cadres d'analyse et d'approches qui s'offrent à cette étude juridique sont nombreux, encore que notre recherche consacre la présence d'acteurs privés et publics (notaires, avocats, administrations publiques, parapubliques…).

Elle concerne, en outre, les biens publics et privés. Le champ de recherche intègre alors à la fois de droit public et le droit privé (actes administratifs, actes de droit commun, règles juridiques d'élaboration, d'utilisation et de protection du titre foncier, règles de procédure de transaction sur les terrains domaniaux, procédures d'acquisition et de cession des biens fonciers et domaniaux...).

Le constat est que ce champ d'étude dominé par le droit impose une démarche strictement juridique. La méthode exégétique sera la plus utilisée, elle vise à faire ressortir les règles juridiques applicables au titre foncier, elle est dominante dans la mesure où elle vise l'analyse et l'intégration des textes et des écrits de la doctrine sur le titre foncier ; mieux, elle vise une exégèse des textes de droit en la matière en mettant en évidence les cohésions et les contradictions normatives. Il s'agit, grâce à cette approche, d'effectuer une analyse juridiquement qualifiée de dogmatique[63].

Dès son accession à l'indépendance, le Cameroun a entrepris de construire un régime foncier stable. Ainsi, trois réformes essentielles se sont succédé : il s'agit de celles du 27 juin 1961, du 09 janvier 1963 et du 30 janvier 1964, elles ont institué un système de constatation des droits fondé sur la mise en valeur et ont de ce fait réduit considérablement l'assiette foncière coutumière. La procédure de constatation des droits fonciers alors instaurée était essentiellement judiciaire. Il s'agit là d'une phase importante mais mouvementée[64] de la construction du droit foncier camerounais ; en organisant ce régime foncier, le législateur camerounais avait un quadruple souci :

- garantir la sécurité et la stabilité des droits fonciers et immobiliers ;
- trouver aux terres vacantes ou sans maître une dénomination plus noble (patrimoine collectif national) ;

[63] Charles EISENMANN repris par NLEP (RG) in, *L'Administration publique camerounaise, contribution à l'étude des systèmes africains d'administration publique,* LGDJ 1986, p.8.
V. aussi ONDOA (M), « L'économie des deniers publics dans l'Administration au Cameroun », thèse de doctorat de 3e cycle, université de Yaoundé, 1989, p.28.
[64] TIENTCHEU NJIAKO (A), *Droits fonciers urbains au Cameroun*, Op.cit, pp.28 et s.

- désigner un administrateur pour assurer la garde et la gestion provisoires de ces terres (l'État) ;
- instituer une procédure d'immatriculation souple, simple qui pourrait dès sa mise en œuvre susciter l'adhésion et l'engouement populaires.

L'ambition d'appropriation publique des biens fonciers « vacants et sans maître » se retrouve dans la notion de « patrimoine collectif national » contenue dans le décret-loi du 09 janvier 1963 et aussi à travers la grande réforme du régime foncier et domanial de juillet 1974 avec l'institution d'un domaine national qui accroît considérablement les capacités foncières de l'État. La personne publique peut désormais contrôler et administrer de larges portions du patrimoine foncier national. Cette réforme a été mise en œuvre grâce à un dispositif législatif et réglementaire composé des ordonnances précitées, des lois telle que la loi n°76/25 du 14 décembre 1976 portant organisation cadastrale et des décrets n°76/165 et 76/166 du 27 avril 1976 fixant respectivement les conditions d'obtention du titre foncier et les modalités de gestion du domaine national.

Cette organisation du régime foncier a soulevé plusieurs problèmes, notamment celui de la délimitation des catégories de terres, celui de la réticence des masses paysannes[65] qui soutiennent toujours le caractère collectif et non individuel de certaines propriétés foncières ainsi que l'inexistence des terres vacantes et sans maître. Il a aussi dès l'origine été soulevé des difficultés liées aux interventions juridictionnelles du fait de l'existence, de l'accaparement de toutes les compétences foncières par la juridiction judiciaire. La procédure adoptée, calquée sur celle instituée par les colonisateurs, a survécu jusqu'en 1974. Pour permettre à l'État de contrôler l'appropriation des terres, sur la base d'une utilisation rationnelle, le législateur a opté pour une procédure essentiellement administrative dès 1974[66].

Les impératifs d'unification et d'intégration du Cameroun ainsi que le souci d'harmoniser les deux systèmes fonciers existants (système du Cameroun Oriental, système du Cameroun Occidental), ont amené le législateur à instituer le titre foncier (« Land title » ou « Land certificate »), comme mode unique de preuve et de matérialisation de la propriété immobilière par trois ordonnances signées le 06 juillet 1974[67]. Grâce à ces trois actes présidentiels, un seul régime foncier fondé sur l'immatriculation et le titre foncier a été institué.

---

[65] TJOUEN, *Droits fonciers et techniques foncières en droit camerounais*, Op.cit, p.176.

[66] Ibid.

[67] L'ordonnance n°74/1 du 06/07/74 fixant le régime foncier ;

-l'ordonnance n° 74/2 du 06/07/74 fixant le régime domanial ;

-l'ordonnance n° 74/03 du 06/07/74 relative à la procédure d'expropriation pour cause d'utilité publique.

Le titre foncier ou « Land title » ou « Land certificate », est désormais la seule preuve d'acquisition du droit de propriété immobilière, il est intangible, inattaquable et définitif[68]. Il remplace le livret foncier de l'ex Cameroun Oriental et le *certificate of occupancy* de l'ex Cameroun Occidental qui avaient cours au Cameroun jusqu'au 05 août 1974, date d'entrée en vigueur de l'ordonnance n°74/01 du 06 juillet 1974 fixant le régime foncier. Le titre foncier ainsi institué bénéficie à la fois d'une protection judiciaire et administrative.

A l'analyse, le dispositif mis en place depuis 1974 au Cameroun a plutôt accentué les problèmes. Des mesures correctives ont été prises par le Gouvernement. Ainsi, plusieurs textes réglementaires ont été signés dans ce cadre, il s'agit :

1- Du décret n° 2004/320 du 8 décembre 2004 portant organisation du gouvernement, qui crée le ministère des Domaines et des Affaires foncières ;
2- Du décret n°2005/178 du 27 mai 2005 portant organisation du ministère des Domaines et des Affaires foncières. Ce texte consacre la création d'une conservation foncière, d'une recette des domaines dans chaque chef-lieu de département en même temps qu'il institue des services régionaux des affaires foncières et des services régionaux des recettes domaniales ;
3- Du décret n°2005/481 du 16 décembre 2005 modifiant certaines dispositions du décret n°76/65 du 27 avril 1976 fixant les conditions d'obtention du titre foncier ;
4- Du décret n°2006/368 du 3 mai 2006, fixant l'organisation et les modalités de fonctionnement du bulletin des avis domaniaux et fonciers ;
5- De la circulaire n°180/ MINDAF du 20 décembre 2005 portant clarification sur les attributions du service départemental des affaires foncières et du service départemental des domaines ;
6- Des instructions n° 001/Y 18, 002/Y217, 003/Y/ 18, 004/Y 2.5, 006/Y2.5, 007/Y18/ MINDAF du 29 décembre 2005.

En outre, deux opuscules ont été publiés par le ministère chargé des Domaines[69] à l'effet d'expliquer la procédure d'immatriculation aux usagers et aux agents publics chargés de l'application des divers textes. Il s'agit des premiers couloirs de compréhension, mieux des linéaments et des formules qui

[68] Décrets n°76-165, n°76-166 et n°76-167 fixant respectivement les conditions d'obtention du titre foncier, les modalités de gestion du domaine national et celles de gestion du domaine privé de l'État.

[69] Le Guide de l'Usager ou User's manuel et the 100 Questions of the User, parus respectivement en 2003 et en 2008, sont les opuscules mis à la disposition du public pour amener les uns et les autres à maîtriser les méandres de la procédure foncière et domaniale. Mais la distribution de ces manuels a à peine dépassé le cadre des services centraux.

tendent à amorcer le déblaiement et qui devraient normalement aller en profondeur ; ces actions pourraient être complétées par la présentation des concepts, la simplification des procédures, leur traduction intégrale en français, en anglais et dans les grandes langues nationales. Par cette approche, on pourrait aisément démystifier et démythifier le titre foncier et diminuer les difficultés des usagers[70].

L'autre champ méthodologique qui sera utilisé est la casuistique. « ***Cette méthode s'intéresse davantage au droit positif, au droit réellement en vigueur. Ce faisant, elle se penche sur la manière dont le droit est appliqué par les différentes parties prenantes : l'Administration d'une part, les cours et tribunaux, d'autre part*** »[71]. La casuistique tend alors à relever que le droit n'est pas seulement dans les lois matérielles, mais qu'il est aussi un produit juridictionnel[72]. Il est ainsi question d'étudier le titre foncier en prenant aussi en considération les règles que la juridiction a bien voulu lui consacrer.

Des organes juridictionnels à compétences précises ont été institués, créés ou reconduits dans le régime foncier camerounais pour les procédures d'immatriculation, de morcellement, de mutation ou de paiement des droits liées aux opérations ainsi que pour la garantie des droits et le contrôle juridictionnel (conservations, recettes des domaines, services départementaux du cadastre, juridictions...). Leurs compétences ont été reprécisées ; ainsi, la procédure d'immatriculation est devenue essentiellement administrative. Les juridictions judiciaires, jusque-là compétentes en matière d'immatriculation, ont été confinées au contentieux foncier. On observe après la réforme foncière et domaniale de 1974, une coexistence des juridictions administratives et judiciaires en zone francophone, alors que dans les deux régions anglophones,

---

[70] Cinq ans après ces mesures, une évaluation semble être prématurée et précoce. Toutefois, à l'observation, on note des résultats timides, la production des titres fonciers est lente, tous les maillons de la chaîne institutionnelle et administrative ne se singularisent toujours pas par un grand dynamisme ou par une performance améliorée. S'agit-il d'un problème lié aux pesanteurs sociologiques, aux ressources humaines, à l'acceptation, à la compréhension ou à la maîtrise de textes ou alors d'un problème de *maladministration* ? La construction d'un droit foncier camerounais se poursuit dans un contexte caractérisé par une compétition croissante pour la terre, marqué par l'insécurité foncière, par un environnement changeant et par un empilement des textes successifs qui n'obéissent pas toujours à la même logique.
Des investigations menées dans six conservations foncières, il ressort que Yaoundé est passée de 50 à 60 TF/mois, Douala 70 à 80, Ambam de 4 à 5T F/mois, Ebolowa est restée à 13/mois, Nkongsamba de 60 à 40, Limbe 30 à 34 TF par mois.
D'ailleurs, le texte portant révision constitutionnelle du 18-01-1996 consacre la survivance de la propriété coutumière par la proclamation, dans son préambule, du principe de la protection des minorités et des autochtones et s'oppose de ce fait aux textes instituant le titre foncier comme seul mode de preuve du droit de propriété.
[71] PRELOT (P), « Actualité de Kelsen », in *Actualité de Kelsen en France*, sous la conduite de Carlos Miguel Herrera, LGDJ, 2001, p.8.
[72] Ibid.

le système de la Common Law basé sur la seule juridiction judiciaire persiste avec des actes de vente authentifiés par des avocats et non par des notaires[73]. Le champ opératoire du nouveau dispositif connaît des limites, l'harmonisation et l'intégration tant recherchées des organes, sont loin d'être atteintes, il est observé une juxtaposition et une addition des organes et non une fusion de ces derniers. Plusieurs problèmes continuent de se poser, les entraves à la réception et à l'acceptation du titre foncier sont nombreuses. Il faut regretter, entre autres :

- l'insécurité foncière ;
- la persistance des conflits fonciers ;
- les doubles bornages et immatriculations ;
- la réduction à la portion congrue de l'assiette foncière des collectivités territoriales décentralisées ;
- la confusion des assiettes foncières ;
- la réticence et l'indifférence des populations.

La juridiction est donc appelée à dire le droit, mais aussi à faire le droit. Il faut se rendre à l'évidence que les textes fonciers et domaniaux ne peuvent à eux seuls donner tout l'état du droit du titre foncier. Il est par exemple prescrit que le titre soit inattaquable. Ce qui devrait dépouiller d'opportunité la méthode casuistique dans cette étude. Mais les nombreuses décisions judiciaires en la matière montrent à suffisance la prise de possession du juge de la matière foncière et ceci par détermination prétorienne.

De manière synthétique, la méthode de recherche de cette étude combine la dogmatique et la casuistique. La méthode de recherche est donc strictement juridique[74]. Elle permet à la combinaison des écrits et des décisions de justice de voir l'unité du droit du titre foncier et d'avoir une vue d'ensemble sur les traits qui spécifient cet acte administratif quelles qu'en soient les origines.

Pour répondre à la préoccupation de la nature juridique du titre foncier parmi les actes administratifs et eu égard à ses deux aspects de la différenciation que sont son mode particulier de confection et sa garantie juridique pour le moins originale, l'étude sera menée dans une première partie sur la spécificité liée au mode d'établissement du titre foncier (I), puis sur la spécificité liée à la protection juridique du titre foncier (II).

---

[73] Infra.

[74] EISENMANN Charles cité par NLEP, *L'Administration publique camerounaise...*, Op.cit, p.8.

PREMIÈRE PARTIE :

LA SPÉCIFICITÉ LIÉE AU MODE D'ÉTABLISSEMENT DU TITRE FONCIER

Si le calice a été bu, il ne l'a point été jusqu'à la lie. Il s'agit de la question du mimétisme qui, si elle a longtemps fait école[75], s'est retrouvée désarmée, puis dépouillée de sa substance par la thèse de l'originalité[76]. Progressivement, il a bien fallu se rendre compte que les arguments avancés tenant notamment à la reconduction sélective et voulue, aux rejets de certaines normes et à la spécificité du contexte africain, n'étaient pas sans pertinence. De surcroît, les champs illustratifs convoqués pour la démonstration l'asseyaient. Seulement, et fort à propos, la coupe n'était pas bue jusqu'à la lie (et elle ne saurait l'être) parce que les champs de l'illustration à rajouter à cette position - dite de l'originalité des droits africains - restent nombreux.

Dans les préliminaires de son ouvrage intitulé *Le titre foncier au Cameroun*[77], le **professeur Tientcheu Njiako** énonce que « ***le titre foncier n'existe pas dans les pays comme la France, l'Espagne ou l'Italie où la propriété est fondée sur la prescription acquisitive. Ce sont alors les doubles des actes d'achat devant notaire qui sont conservés par les propriétaires*** »[78]. La conséquence de cette assertion vraie que ce spécialiste du droit foncier ne tire pas est certainement celle qui présente cet acte comme étant un cas illustratif de la démarcation existante entre la législation de l'ancienne métropole, et celle des anciennes colonies dont le Cameroun. L'énoncé de l'auteur qui vient d'être présenté n'est pas neutre pour cette étude. C'est qu'elle porte les prémices de ce que le titre foncier est une donnée spécifique à notre législation. Mais aussi, les aspects et caractéristiques de cet acte juridique en font un cas à part dans les catégories des actes que pose l'Administration. Certains enseignants de droit public qui ont senti cette particularité ont, au travers de quelques études portant fortement sur la nature juridique du titre foncier[79], révélé le visage singulier de cet acte de l'Administration.

En s'appuyant majoritairement sur la situation du titre foncier quant à son inattaquabilité et à son intangibilité, ils ont montré partiellement l'originalité

---

[75] Sur la question, BIPOUN WOUM (J.M), « Recherches sur les aspects actuels de la réception du Droit Administratif dans les Etats d'Afrique Noire d'expression française : le cas du Cameroun », in RJPIC, 1972, n°3, p.659s. V. aussi DEGNI SEGUI (R), « La succession d'Etats en Côte d'Ivoire », thèse de droit, Aix-Marseille, 1979, Tome I, pp.74 et s.

[76] ONDOA (M), « Le droit Administratif Français en Afrique francophone : contribution à l'étude de la réception des droits étrangers en droit interne », RJPIC, vol 56, n°3, 2002, p.297s.

[77] TIENTCHEU NJIAKO (A), *Le titre foncier au Cameroun*, Yaoundé, Editions Arika, 2009.

[78] Ibid, p.11.

[79] ABA'A OYONO (J.C), « La compétence contentieuse de la cour suprême », thèse de doctorat en droit public, Université de Nantes, 1994, p. 458. MPESSA (A), « Le titre foncier devant le juge Administratif Camerounais », *Revue de la recherche juridique droit prospectif*, n°2005-3, pp 1684-1685.

biface de cet acte juridique. A la vérité, l'autre face de ce Janus est liée à l'originalité de son mode d'établissement. Il s'agit de ces éléments d'ordre matériel pour les uns (Titre II) et d'ordre organique pour les autres (Titre I) qui font sortir le titre foncier des canons classiques de l'acte administratif unilatéral.

TITRE I :

LA SPÉCIFICITÉ DU CADRE ORGANIQUE DE L'ÉLABORATION DU TITRE FONCIER

La détermination du critère de l'acte administratif a souvent poussé les études juridiques à forte propension théorique à sortir du détail avant d'y rentrer. Le professeur Eisenmann procède ainsi à la détermination de l'acte administratif par prétérition à l'acte législatif et judiciaire[80]. Par la suite, il rentre dans le détail en présentant des attributs matériels[81] et ceux formels[82]. Ainsi, « les actes unilatéraux sont par définition, des actes purement administratifs » [83]. Il en découle que ces actes sont le fait unique de l'Administration. Le critère avancé ici est celui de l'unilatéralité de l'acte administratif.

Le juge administratif camerounais a eu l'occasion de se prononcer sur la définition de l'acte administratif puisque les textes restaient silencieux sur la question : « *l'acte administratif est un acte juridique unilatéral puis par une autorité administrative dans l'exercice d'un pouvoir administratif et créant des droits et des obligations pour les particuliers* » [84]. Il ressort de cette définition, cette fameuse unilatéralité de l'acte administratif. Le maître de Vienne énonce bien que l'acte unilatéral est un acte normateur[85] ; ce qui vise à l'identifier de l'acte matériel. Il signifie que l'acte administratif est confectionné par la seule volonté de l'Administration.

Le titre foncier est normalement établi par l'Administration (chapitre 1) ; c'est d'ailleurs le parafe de l'autorité administrative qui l'authentifie et en défend le caractère unilatéral. Mais alors, et ce toujours de façon inhabituelle, il faut constater l'intervention d'autres acteurs (chapitre 2) qui, quelquefois, vont à contre-courant de la décision administrative dans l'établissement dudit titre, l'unilatéralité en prend un sérieux coup.

---

[80] EISENMANN C), *Cours de Droit Administratif*, Paris, LGDJ, tome 2, 1983, pp.44 et s.
[81] Ibid, p.214.
[82] Ibid, p.204.
[83] Ibid, p.205.
[84] Arrêt n° 20/CFJ/C AY du 20 mars 1968, Ngongang Njanke Martin contre État du Cameroun.
[85] KELSEN (H), *Théorie pure du droit*, Paris, Dalloz, 1962, p.343.

CHAPITRE 1

LES ACTEURS PUBLICS

En statuant que la règle fondamentale du droit public est son caractère exécutoire[86], le conseil d'État traduisait là le fait même que l'acte pris par l'Administration, que l'acte purement administratif (à la différence de l'acte contractuel), est établi par l'Administration de façon unilatérale et qu'il est obligatoire. Non pas le contenu de l'acte qui est ici concerné, mais plutôt sa fabrication. Et même si cela ne modifie pas grand-chose, il faut préciser que le titre foncier est un acte généralement individuel[87] et quelquefois collectif dans la mesure où il certifie la propriété foncière en l'attribuant normativement à un ou à plus d'un propriétaire. Peut-être que, parce que, quelquefois, l'initiative, ou l'adhésion du (des) destinataires (s) est partie de la constitution de l'acte individuel plus que de l'acte réglementaire, cela fait que ce type d'acte sorte des fois de la rugueuse unilatéralité.

Le titre foncier, bien plus que les autres actes unilatéraux de l'Administration, est fortement prononcé par l'intervention d'une pluralité d'acteurs à son élaboration[88]. Ces interventions n'émeuvent pas quand l'Administration conserve la maîtrise de l'établissement du titre foncier (section 1). Dans le cas contraire, ce qui n'est pas rare (section 2), le titre foncier établi devient quant à sa constitution, un acte administratif unilatéral particulier parce que échappant à la traditionnelle élaboration de l'acte administratif classique.

Section 1- L'Administration

C'est par le régime de responsabilité spéciale de l'État qu'il faut faire une distinction entre les acteurs publics. L'avantage de ce régime de responsabilité

---

[86] CE Ass. 2 juillet 1982, Huglo, Rec.257 ; AJ 1982.657, concl BIONCARELLI, note LUKASCEWIEZ ; D. 1983.IR270, obs.p. DELVOLVE.

[87] Sur l'acte individuel : BERGERES (M-C), « Les actes non réglementaires », AJ, 1980, p.3. V. aussi RAINAUD (J-M), *La distinction de l'acte réglementaire et de l'acte individuel*, LGDJ, 1977.

[88] A tire de rappel, l'unilatéralité n'est pas heurtée par le fait que plus d'une personne accomplissent, l'élaboration de l'acte administratif. L'illustration vient même du mode d'édiction de l'acte administratif. En effet, passant les conditions dites substantielles de celles qui ne le seraient pas, et allant à la procédure de la « procréation » de l'acte, il faut dire qu'il y a toute une phase de préparation qui fait intervenir les cellules techniques et les conseillers des autorités signataires. Plus encore, le préalable de la consultation met en évidence la participation d'une structure, d'une commission qui émet un avis participant ainsi à l'élaboration. Malgré tous ces aléas, l'acte reste attribué à l'autorité signataire : c'est l'unilatéralité ; expression de la volonté de l'Administration.

est qu'il présente l'éventualité de l'engagement de la responsabilité de l'État non par l'Administration cette fois-ci, mais par les services judiciaires et par le pouvoir législatif[89]. Il s'agit là des différentes structures à l'intérieur desquelles les acteurs publics se déploient. L'acteur public qui établit le titre foncier est l'Administration dont les autorités déconcentrées (paragraphe 1) et celles centrales (paragraphe 2) interviennent dans ladite opération. Il sera ultérieurement présenté la participation d'acteurs publics non administratifs (dont les juridictions dans ce processus).

Paragraphe 1- Les autorités déconcentrées

La partition de l'Administration déconcentrée présente comme circonscriptions administratives les régions, les départements et les arrondissements[90]. Cette nouvelle organisation administrative issue des réformes de 2008 vient mettre fin à la vie des districts, ce qui n'est pas sans incidents quant à l'établissement du titre foncier[91] dans la mesure où les autorités des unités administratives infrarégionales jouent un rôle dans la préparation de l'établissement du titre foncier (A) ; avant que les autorités régionales ne prennent le relais dans ledit processus (B).

A- Les autorités infrarégionales

Deux types d'autorités interviennent ici : l'un qui ne pose pas de problème particulier est le chef de circonscription administrative infra régionale. L'autre, dont la nature juridique prête à équivoque est le chef de circonscription traditionnelle.

1. Les chefs de circonscriptions traditionnelles

L'association des chefs traditionnels à la confection du titre foncier est le fait de la loi. La réforme de la législation qui s'est faite en 2005 n'a pas changé la

---

[89] Lire MOREAU (J), « La responsabilité des magistrats et de l'Etat du fait de la justice. L'apport du droit administratif », *Rev. Justices* 1997, n°5, p.39. V. aussi WIEDERKEHR (G), « La responsabilité de l'Etat et des magistrats du fait de la justice », *Rev justices* 1997, n°5, p.13.
Pour l'état de la question au Cameroun ; BILONG (S), « L'insaisissable responsabilité sans faute de la puissance publique en droit camerounais », annales de la FSJP de Dschang, AES Sa Yaoundé, tome 1, vol1, 1997, p.92s. La responsabilité de l'Etat législateur reste méconnue au Cameroun tandis que celle des organes juridictionnels en principe rejetée connaît cependant quelques exceptions telle que la procédure de prise à partie. A titre illustratif : CFJ/AP, arrêt n°24 du 28 octobre 1970, SGTE contre Etat du Cameroun Oriental ; CFJ/CAY, arrêt n°213 du 18 août 1972, Dame Aoua Hadja contre Etat du Cameroun Oriental, sur la procédure de prise à partie ; V. loi n° 75/16 du 8 décembre 1975 fixant la procédure et le fonctionnement de la Cour suprême, art 33.

[90] Art 1(2) du décret n° 2008/376 du 12 nov 2008 portant organisation administrative de la République du Cameroun.

[91] Infra.

donne selon laquelle le chef de village fait partie de la commission devant émettre un avis sur l'immatriculation à effectuer[92].

Sur quel plan ce dernier intervient-il ? La gestion des droits fonciers a longtemps été l'affaire des règles coutumières[93]. Le droit sur la terre était alors géré par les autorités traditionnelles[94] et cet état de choses mettait le chef traditionnel au premier plan, tout au moins dans l'attribution des terres et le règlement des litiges s'y rattachant. La colonisation n'en a pas considérablement modifié la démarche. Des éléments les plus importants, il faut respectivement citer le texte de 1922 et celui de 1932.

« ***La puissance mandataire devra, dans l'établissement des règles relatives à la tenure du sol et au transfert de la propriété foncière,*** *Prendre en considération les lois et les coutumes indigènes* »[95].

« ***Dans le territoire du Cameroun, lorsque les terres sont détenues par des indigènes originaires du territoire*** *suivant les règles du droit coutumier local* ***sans titre écrit, (...) les détenteurs ou leurs représentants ont la faculté de faire constater et affirmer leurs droits réels*** »[96].

Ces extraits qui se retrouvent dans des textes préparatoires au passage à l'immatriculation relevaient la place du droit coutumier et donc de fait, le rôle des autorités traditionnelles dont le chef de village est la plus haute. Le changement du régime de l'appropriation coutumière à celle moderne (immatriculation) pouvait difficilement se défaire de l'autorité du chef traditionnel comme dépositaire de « l'histoire foncière » de sa localité. Ceci explique cela.

Le chef traditionnel intervient alors dans la constatation comme autorité traditionnelle et administrative. Le débat sur sa qualité d'agent administratif ne peut être tranché ici, mais, un faisceau d'indices permet de tendre dans ce sens. D'abord, le chef de circonscription traditionnelle[97] fait l'objet d'une désignation où l'autorité de validation est l'Administration. Ensuite, il reçoit un traitement pécuniaire qui ressemble bien à une rémunération contre prestation. Enfin, il exerce de nombreuses missions de service public dont le règlement des litiges

---

[92] Art 13 (7) du décret n°2005/481 du 16 décembre 2005 modifiant et complétant certaines dispositions du décret n°76/165 du 27 avril 1976 fixant les conditions d'obtention du titre foncier.
[93] ABANE ENGOLO (P.E), *Les impératifs environnementaux en droit domanial et foncier camerounais*, inédit. p.10.
[94] NLEP (R.G), *L'Administration publique camerounaise, contribution à l'étude des systèmes africains d'administration publique*, Op cit , p.32.
[95] Art 5 de l'acte du 20 juillet 1922 donnant mandat à la France.
[96] Art 1er du décret du 21 juillet 1932 instituant au Cameroun le régime foncier de l'immatriculation.
[97] Décret n°77/245 du 15 juillet 1977 portant organisation des chefferies traditionnelles. Arrêt n°17/CS/AP du 19 mars 1981 : État du Cameroun contre Elites Banka.

entre riverains et la célébration des mariages coutumiers sont à indiquer. Il s'agit de missions de l'Administration publique qui font du chef traditionnel pour le moins, un auxiliaire de l'Administration.

Le chef traditionnel participe à la certification officielle de la propriété immobilière. Il est membre de la commission de constat d'occupation ou exploitation des dépendances du domaine national. Un extrait de la demande d'immatriculation est affiché dans ses locaux[98]. Le rôle du chef de village est accentué par le fait que sa présence est obligatoire dans la commission de constat. Cette exigence a notamment été relevée dans l'affaire Nteppe Clermond[99] :

> « ***Attendu que l'article 16 alinéa 2 de l'ordonnance n°74/1 du 06 juillet 1974 fixant le régime foncier ensemble l'article 12 du décret n°76/166 du 27 avril 1976 fixant les modalités de gestion du domaine national créent une commission consultative où obligatoirement en effet doivent siéger entre autres, le chef et 2 notables du village ou de la collectivité où se trouve le témoin*** ».

Deux attendus ont amené le juge de l'espèce à annuler le titre foncier. Le second avait trait au non-respect des délais. Le premier qui vient d'être présenté illustrait bien le fait que la commission doit être suffisamment constituée. Or, suivant le procès-verbal, les notables étaient bien présents, mais pas le chef ; aussi, la séance de travail de la commission aurait dû être renvoyée.

2. Les chefs de circonscriptions administratives et le conservateur

Ces autorités (chefs de circonscriptions administratives) qui étaient au nombre de trois sont, depuis la réforme de 2008[100], passées au nombre de deux. Avant, le chef de district était partie prenante à la confection du titre foncier (en tant que président de la commission consultative de l'unité administrative dont il avait la charge) [101]. Celui-ci recevait les dossiers de demande d'immatriculation, un extrait de la demande était affiché dans ses locaux, qu'il était chargé de transmettre à la délégation départementale des domaines et des affaires foncières. Le décret n°2008/376 du 12 novembre 2008 portant organisation administrative sonne le glas de cette unité administrative qui va

---

[98] Art 13(1) du décret n°2005/481 précité.

[99] CS/CA, jugement n°05 du 23 novembre 1989, Nteppe Clermond et autres contre État du Cameroun.

[100] Supra.

[101] Respectivement dans le décret n°2005/481 précité : art 12(1)(2), art 13(1)(2).

être transformée en arrondissement[102]. Cette transmutation ne crée pas un vide dans la procédure de fabrication du titre foncier parce que d'une part, les attributions du chef de district étaient déjà partagées et ce, souvent avec le Sous-préfet qui va, d'autre part, le remplacer et en devenir l'unique attributaire.

Les deux chefs de circonscriptions administratives infra régionales désormais seuls responsables principaux dans la procédure d'établissement du titre foncier, restent donc le Sous-préfet et le Préfet. Le Sous-préfet reçoit le dossier de demande d'immatriculation[103], et le Préfet coordonne les opérations d'immatriculation suivant les aspects matériels qui doivent se dérouler dans sa circonscription administrative. Pour ce faire, un service des affaires administratives, juridiques et politiques placé sous son autorité dans la préfecture est notamment chargé des affaires domaniales et foncières[104]. C'est par son entremise qu'il coordonne les affaires intéressées en ayant un droit de regard sur les services départementaux des affaires foncières et des domaines qui ont eux aussi à intervenir ici. Le service (représentation) départemental auquel est transmis la demande d'immatriculation propose le calendrier des travaux de la commission et le chef de service départemental des affaires foncières assure le secrétariat de la commission. Ce dernier, cheville ouvrière de ladite commission, est chargé d'organiser matériellement la descente de la commission ; c'est également lui qui anime la publicité foncière au niveau départemental, et qui consigne le procès-verbal de bornage[105].

Le conservateur foncier qui est une autorité départementale intervient au terme du texte de 2005 en lieu et place du chef de service provincial des domaines. C'est désormais à lui que revient la charge de procéder à l'immatriculation (inscription dans le livret foncier et à délivrer le titre foncier (le duplicatum) au requérant.

L'établissement du titre foncier qui commence par le bornage fait ainsi intervenir au bas de l'échelle un certain nombre d'autorités administratives infrarégionales. Celles-ci vont se déployer par le biais de la commission consultative en collaboration avec les autorités régionales (B).

B- Les autorités consultatives et régionales

La commission consultative participe de manière plutôt estimable à la procédure d'immatriculation foncière. Cette tâche est également, le cas échéant,

---

[102] Art 17 : « ***Les districts existant à la date de publication du présent décret demeurent maintenus jusqu'à leur érection en arrondissements…*** » ; « ***Les chefs de districts en poste restent en fonction jusqu'à la nomination des sous-préfets…*** ».

[103] Art 12 du décret n°76/165 précité.

[104] Art 12 du décret n°76/166 du 27 avril 1976 fixant les modalités de gestion du domaine national.

[105] Art 12 et s du décret n°2005/48 du 16 déc 2005, précité.

effectuée par les autorités régionales, et ceci normalement avant que n'intervienne l'Administration centrale.

1. La commission consultative

Même si ce type d'organe a souvent existé[106], sa portée et son importance actuelles la distinguent de ses prédécesseurs. Instituée dans sa version actuelle par l'ordonnance n°74/1[107], elle est constituée de personnalités administratives et de personnalités traditionnelles.

S'agissant de sa composition et de son fonctionnement, la commission consultative siège désormais au niveau de l'arrondissement[108]. Elle est présidée par le Sous-préfet et comprend pour les services départementaux « ***un représentant des services des domaines, du cadastre, de l'urbanisme (si le projet est urbain), un représentant du ministère dont la compétence a un rapport avec le projet, le chef et deux notables du village, ou de la collectivité où se trouve le terrain*** »[109]. L'importance de la commission consultative s'excipe de son rôle. Elle est d'abord un organe consultatif. A ce titre, elle émet un avis motivé sur les demandes d'attribution en concession ou en propriété après avoir constaté la mise en valeur, l'occupation ou la possession des terrains objet de la procédure d'immatriculation. Hormis son intervention dans la procédure d'immatriculation, elle a d'autres fonctions en matière foncière et domaniale[110]. La commission dresse un procès-verbal à l'issue de sa séance de travail. Les décisions sont adoptées à la majorité simple des membres présents, la voix du président étant prépondérante en cas de partage[111].

Le rôle de la commission va au-delà des avis qu'elle émet. C'est elle qui fait « immédiatement » procéder au bornage de l'immeuble par le géomètre assermenté du cadastre en cas d'occupation ou d'exploitation effective[112]. La commission consultative est ainsi un organe de consultation, de règlement de différends, de constat et de bornage du terrain à titrer. La première et les deux dernières fonctions font d'elle une autorité de participation à l'immatriculation.

---

[106] La commission foncière dans l'arrêté du 10 octobre 1904 sur la détermination des terres vacantes ; commission de constatation des droits coutumiers fonciers instituée par le décret du 21 juillet 1932.

[107] Ordonnance n°74/1 du 06 juillet 1974 fixant le régime foncier, article 16.

[108] Combinaison de l'art 12 du décret n°76/166 du 27 avril 1976 fixant les modalités de gestion du domaine national à l'art 17 du décret n°2008/376 du 12 novembre 2008 portant organisation administrative de la République du Cameroun.

[109] Art 12 du décret n°76/166.

[110] L'art 14 du décret n°76/166 lui attribue le pouvoir de proposer au préfet la répartition de l'espace rural en zone agricole et pastorale ; elle a le pouvoir de régler les litiges fonciers qui lui sont présentés, et elle fait des recommandations au ministère des Domaines sur la gestion du domaine national.

[111] Ibid, Art 15.

[112] Art 13 (3) du décret n°76/165, précité.

Le juge administratif a pourtant statué autrement et deux espèces suffisent ici pour le démontrer : l'affaire Atangana Ntonga[113] et l'affaire Ngasso Robert[114].

Dans l'affaire Atangana Ntonga, il s'agissait de déterminer la nature juridique de l'avis émis par la commission consultative. Le sieur Atangana arguait que l'acte émis par la commission consultative devait fidèlement orienter les décisions postérieures de la procédure d'immatriculation. Le juge de céans a pour sa part estimé que : « ***L'avis émis par un organisme consultatif n'est pas un acte administratif, peu importe que cet organisme soit présidé par un agent administratif…*** », et a ainsi jugé le recours du requérant irrecevable pour défaut de « ***décision exécutoire susceptible de recours devant le juge administratif*** ».

Pis encore, dans l'affaire Ngasso Robert, l'avis d'une commission consultative a été purement ignoré parce que le juge a estimé « ***qu'ainsi, l'autorité administrative a le droit de se passer de cette mesure, il n'est donc pas obligé de viser ou de faire allusion à ladite mesure dès qu'il la juge inopportune ou sans fondement*** ». Ce qui faisait alors de l'avis de ladite commission, un avis facultatif[115].

Ces deux espèces affichent sans détour la résiduelle portée de l'avis émis par la commission consultative, avis non obligatoire, avis pouvant même être totalement ignoré. Il est vrai que les textes n'expriment pas le caractère conforme ou obligatoire dudit avis. Mais si la décision prise après avis d'une commission insuffisamment constituée vicie l'immatriculation effectuée[116], c'est qu'il y a là de la ressource. De surcroît, la procédure de constat et de bornage effectuée est publique, et la commission est composée de telle sorte que son avis soit entouré de toutes les garanties de « vérité légale ». Pourquoi donc renier à cet avis au moins un caractère conforme sinon obligatoire pour son adressataire ? Le juge administratif doit assurément revoir sa copie qui est d'ailleurs marquée par des décisions[117] qui laissent à penser qu'il n'est pas loin d'opérer un revirement jurisprudentiel nécessaire.

2. Les autorités régionales

Elles sont au nombre de deux et ont des rôles de second rang. Leur domaine d'intervention majeur est celui des oppositions et des inscriptions. A la suite

---

[113] CS/CA, jugement n°67 du 14 mars 1985, Atangana Ntonga Sylvestre contre État du Cameroun.

[114] CS/CA, jugement n°63 du 31 mars 2004, Ngasso Robert contre État du Cameroun.

[115] Précision vaut que pour ce cas, le litige portait sur l'avis de règlement d'un litige émis par une commission consultative, et non sur l'avis d'immatriculation normale.

[116] CS/CA, jugement n°05 du 23 novembre 1989, Nteppe Clermond et autres contre État du Cameroun.

[117] CS/CA, jugement n°85 du 14 juin 2006, Effa Paul Marcel contre État du Cameroun.

d'une réquisition d'immatriculation et jusqu'à l'expiration d'un délai de trente jours[118], des personnes autorisées peuvent faire des oppositions ou demander des inscriptions. Ces requêtes intervenant après le passage de la commission de constat sont adressées au conservateur foncier[119]. Le régime du texte de 1976 attribuait cette charge au chef de service provincial des domaines[120] (délégation régionale) ; elle est désormais dévolue au conservateur foncier qui est une autorité départementale placée sous l'autorité du délégué départemental des domaines et des affaires foncières[121].

Le chef du service régional conserve tout de même le pouvoir de proposer au gouverneur de région une suite quant à la décision à prendre face à l'opposition ou à la demande d'inscription[122]. Cette proposition est étudiée par les services du gouverneur sous la conduite technique de la division des affaires administratives et juridiques[123] et la coordination du secrétaire général des services du gouverneur, ceci, pour mieux éclairer la décision du gouverneur[124].

Paragraphe 2- L'Administration centrale

La confection du titre foncier fait intervenir l'Administration centrale qui participe aussi à la construction de l'édifice. Comme cela sera démontré, l'intervention de l'Administration centrale revêt un caractère spécial parce que le titre foncier, quand il est établi sans incident, sera l'affaire des autorités déconcentrées au milieu desquelles le conservateur foncier joue un rôle déterminant dans l'établissement et la délivrance de cet acte juridique. Il y a dans la part de l'Administration centrale, le rôle du ministre et celui de ses services.

A- Le Ministre

Le ministère des Domaines et des Affaires foncières est celui qui a la charge suprême de la titrisation des immeubles. Si ses services déconcentrés en ont la maîtrise de droit commun, les services centraux ont avec le Ministre, des pouvoirs d'intervention. Le Ministre est requis tant dans l'immatriculation sans incident que dans l'immatriculation avec incident.

---

[118] Art 16 du décret n°2005/481, précité.
[119] Ibid, Art 17.
[120] Art 17 du décret n°76/165, précité.
[121] Art 102 du décret n°2005/178 du 21 mai 2005 portant organisation du ministère des Domaines et des Affaires foncières.
[122] Art 20 du décret n°2005/481, précité.
[123] Art 31 (1) du décret n°2008/377, précité.
[124] Le Gouverneur, selon les termes de l'article 20 du décret n°2005/481, précité.

1. Le Ministre et l'immatriculation sans incident

De façon tout à fait normale, le ministère en charge des Affaires foncières doit vérifier « ***la régularité des procédures d'obtention du titre foncier sur le domaine national occupé et exploité*** »[125]. Il est question de faire jouer le pouvoir hiérarchique du ministre sur la légalité des titres qui sont délivrés[126]. Il peut ainsi dans les délais annuler ou modifier le titre délivré pour que la légalité soit sauve, ou encore instruire l'acte à poser s'agissant dudit titre. Ce pouvoir d'instruction peut d'ailleurs jouer dans le cas des recours gracieux à lui adressés.

A titre spécial, le ministre des Domaines, en sa qualité de membre du gouvernement en charge des questions foncières, intervient dans l'attribution de titres fonciers aux non nationaux, personnes physiques ou morales qui en font la demande[127]. Si ce type d'attribution est soumis à des conditions particulières[128], celle qui illustre son rôle est le fait que « ***les actes établis à cet effet doivent à peine de nullité être revêtus du visa du ministre chargé des domaines*** ».

Un peu moins spécial, mais tout aussi significatif du rôle du ministre, il faut citer ses attributions dans l'établissement de titres fonciers sur les dépendances du domaine privé de l'État[129]. Ici, le Ministre fait effectuer par ses services, la préparation et la réalisation de cette opération.

2. Le Ministre et l'immatriculation avec incident

L'arbitrage du ministre peut être requis quand un incident survient alors que la procédure d'immatriculation est enclenchée. L'arbitrage peut aussi être requis pendant le bornage[130] si des contestations s'élèvent sur les limites de l'immeuble à borner après avis de la commission consultative, le Gouverneur est appelé à se prononcer. Le Ministre des domaines statue en dernier ressort quand il s'agit de terrains domaniaux[131].

A l'issue du bornage, des oppositions et demandes d'inscription de droits non levées peuvent survenir. Le Gouverneur peut par arrêté régler le conflit. « ***La décision du gouverneur est susceptible de recours hiérarchique devant le***

---

[125] Art 37 (1) du décret n°2005/178, précité.

[126] GROSHENS (J-C), « Le pouvoir des supérieurs hiérarchiques sur les actes de leurs subordonnés », A.J. 1966, p.140.

[127] Art 10 de l'ordonnance n°74/1 du 6 juillet 1974 fixant le régime foncier.

[128] Infra.

[129] KONE NGOUH (A), « Le domaine privé de l'Etat au Cameroun », mémoire de DEA, Université de Yaoundé II-Soa, 2008, pp.56-59.

[130] Art 5 du décret n°76/165, précité.

[131] Le même article attribue le pouvoir de statuer à la juridiction compétente lorsque le bornage litigieux concerne un terrain privé.

ministre chargé des affaires foncières » [132]. Il s'ensuit que, de façon personnelle, le ministre des Domaines et des Affaires foncières a un domaine de compétence réservé dans la procédure d'immatriculation. Sa compétence s'y exerce quand il y a incident ou non et, elle est fortement imprimée par l'apport de ses services.

B- Les services centraux du MINDAF

Le ministère des Domaines et des Affaires foncières a été entre autres créé pour la cause. De façon singulière, deux grandes structures sont plus que les autres[133] concernées par l'immatriculation foncière. Le secrétariat général, sous l'autorité du ministre, assure la coordination de ses services que sont : la direction des affaires foncières et celle du cadastre.

1. La direction des affaires foncières

Elle est placée sous l'autorité d'un directeur et a de nombreuses missions qui vont de la conception, à la participation et même à la résolution des instances foncières. Elle a ainsi la charge d'élaborer et de mettre en œuvre la politique et la législation foncière, de vérifier la régularité des procédures de délivrance des titres fonciers, de participer aux règlements des conflits et litiges fonciers. Cette direction est celle qui prépare les visas pour les transactions foncières impliquant les personnes de nationalité étrangère. Elle est aussi l'instance centrale de contrôle de l'activité des conservateurs fonciers[134]. Deux sous-directions comprenant de nombreux services font partie de la direction des affaires foncières.

Ces démembrements font voir des services qui sont chargés du suivi du fonctionnement des conservations foncières et du fonctionnement des commissions consultatives dont l'importance n'est plus à démontrer. Au vu de toutes ses missions, la direction des affaires foncières a un rayon d'action qui recouvre toutes les phases de l'immatriculation, étant donné qu'elle suit les instances de constat, de bornage, d'immatriculation, et qu'elle a même des fonctions dans le règlement des différends survenus à l'issue ou pendant l'immatriculation. Ce champ d'action diffère de celui de la direction du cadastre.

2. La direction du cadastre

Avec en son sein quatre sous-directions et plusieurs services, la direction du cadastre participe aux procédures foncières et domaniales. Cette direction a un

[132] Art 20 du décret n°2005/481, précité.

[133] L'Administration centrale de ce ministère comprend 6 grandes unités dont font partie le secrétariat général, la direction des domaines, la direction du patrimoine de l'Etat, et celle des affaires générales. Cf. art 7 du décret n°2005/178, précité.

[134] Art 37 et s du décret précité.

rôle essentiellement technique consistant en l'élaboration des documents cadastraux dont l'exploitation est effectuée par plusieurs administrations (fiscale, routière, domaines, défense...). Cette fonction économique (mission fiscale) consiste en la classification et en l'évaluation des propriétés foncières en vue d'en déterminer l'assiette. Son rôle de détermination de l'assiette fiscale[135] a même justifié son appartenance momentanée aux structures du ministère de l'Economie et des Finances[136]. Dans le processus d'établissement du titre foncier, cette direction intervient surtout au niveau du bornage. En fait, elle s'occupe des travaux de levé, de calcul, de dessin[137], et d'élaboration des plans des terrains à immatriculer. Elle utilise un certain nombre d'agents publics dont les géomètres qui, assermentés, sont des techniciens formés pour effectuer des levés topographiques, effectuer les bornages des terrains, interpréter les documents graphiques et faire implanter les bornes. Cette dernière tâche est dévolue au service départemental du cadastre.

D'autres directions du ministère des Domaines et des Affaires foncières participent à la procédure d'établissement du titre foncier. Il faut citer ici la direction des domaines qui est notamment en charge de « ***l'immatriculation des dépendances du domaine privé de l'État et de celui des autres personnes morales de droit public...*** » [138], ou encore, le cas de la direction du patrimoine de l'État qui est chargée de la conservation et la sécurisation du patrimoine immobilier et mobilier de l'État.

Le titre foncier est donc en principe un acte dont l'établissement s'effectue par l'Administration. Seulement, dans des circonstances normales ou particulières, cet acte juridique subit l'intervention d'acteurs publics non administratifs (section 2), ce qui lui donne un aspect particulier.

Section 2- L'intervention d'acteurs publics non administratifs

Le caractère d'acte administratif est donné au titre foncier. Le critère de détermination énoncé dans l'affaire Ngongang Njanke[139] a plusieurs démembrements. L'exorbitance et la création du droit ne font pas problème ici car, ces éléments matériels se retrouvent bien dans le titre foncier, acte juridique. Mais, des éléments formels tenant surtout au critère organique viennent perturber la lisibilité du caractère d'acte administratif du titre foncier.

---

[135] TIENTCHEU NJIAKO (A), *Droits fonciers urbains au Cameroun*, Op cit, p.82 et s.

[136] Art 1 du décret n005/312 du 27 avril 1995 portant création d'une commission pour la mise en place du cadastre fiscal. Lire KOUM MIENGA, « Rapport sur l'exécution du projet cadastre fiscal », séminaire d'imprégnation sur le cadastre fiscal de septembre 1995, communication.

[137] LAPOINTE (L) et MEYER (G), *Topographie appliquée aux travaux publics, bâtiments et levers urbains*, Paris, Ed. Eyrolles, 1986, pp.80-90.

[138] Art 26(1) du décret n°2005/178, précité.

[139] Précité.

Ils sont encore moindres que ceux qui seront ultérieurement développés[140], tout en restant significatifs.

Moindres parce que qu'étant le fait d'autorités publiques, celles-ci revêtent le titre foncier d'une incertitude quant à sa nature juridique du fait même que l'acte administratif est réputé pris par l'autorité administrative. Il est donc quelque peu étrange que le juge (paragraphe 1) ou encore le Gouvernement (paragraphe 2) s'ingèrent dans l'établissement du titre foncier. Ces outrepassements semblent bien, à ne pas se tromper, être des facteurs de perturbation de la nature même de l'acte juridique intéressé.

Paragraphe 1- L'intervention du juge

Le juge est un acteur public. Son caractère d'autorité publique lui est donné par le fait qu'il est désigné par d'autres autorités publiques qui en ont le pouvoir, parce qu'il prend des actes qui font grief[141], qu'il gère un segment du service public (celui de la justice) et qu'il statue au nom du peuple camerounais[142]. Plus illustrative encore est la responsabilité de l'État du fait des actes de la juridiction[143]. Mais d'après le critère organique, l'acte administratif n'est pas issu de la volonté de la juridiction[144] et pourtant, le titre foncier, des fois, subit ce genre d'immixtion quant à sa formation et à sa transformation.

A- Le jugement constitutif

Déjà, le juge apparaît comme un acteur qui donne qualité à l'administrateur auteur de l'acte. Il sera effectivement, ultérieurement démontré que le fait pour lui de recevoir le serment du géomètre ou encore de déterminer la destinée des documents du conservateur foncier, exposait d'avance sa posture qui est marquée par son rôle dans la constitution du titre foncier.

1. La constitution du titre foncier par jugement

Cet aspect qui est ignoré par presque tous les auteurs qui ont un temps consacré des études sur le titre foncier, mérite pourtant d'être relevé.

Avant la réforme de 74 qui a préparé le terrain à celle de 77[145], une personne ayant qualité pouvait se faire reconnaître un droit immobilier par le juge.

---

[140] Infra.

[141] ABANE ENGOLO (P.E), « L'application de la légalité par l'Administration au Cameroun », thèse de doctorat/ph.D. en droit, Université de Yaoundé II-Soa, 2009, pp.93-99.

[142] Cette formule qui est présente dans les décisions de fond montre l'habilitation légale et légitime du juge. Ce qui fait que, même dans les décisions de référé, le fait que cette mention soit absente n'enlève pour autant pas à ce juge le pouvoir de dire le droit au nom du peuple camerounais.

[143] Supra.

[144] EISENMANN (C), *Cours de droit administratif*, tome II, Paris, LGDJ, 1983, p.187.

[145] Ordonnance 77-1 du 10 janvier 1977 notamment.

L'inscription de cette procédure est faite dans le texte fixant le régime foncier et domanial du Cameroun[146] qui indique que les titulaires de ces jugements doivent, sous peine de déchéance, saisir les services des domaines dans un délai[147] déterminé pour obtenir la transmutation de ces décisions de justice en titres fonciers. Le législateur de 1974 semble même vouloir mettre fin à l'intervention du juge dans la constitution du titre foncier en disposant que tous les litiges y relatifs qui sont pendants devant les juridictions sont réservés à la compétence des commissions consultatives[148].

Ces évolutions n'ont pour autant pas dévêtu le juge de son pouvoir d'intervention dans l'établissement du titre foncier. Le décret de 1976 qui détermine les conditions d'obtention du titre foncier met en effet en évidence le rôle d'icelui[149]. Il met l'Administration face à l'obligation de suivre l'indication juridictionnelle et conditionne la compétence du juge à la survenance d'un litige. Il s'agit des litiges relatifs à l'établissement du titre foncier qui peuvent être des questions d'authentification de l'achat, de désignation du vrai propriétaire ou simplement de recours faisant suite à une illégalité dans la procédure d'immatriculation ; ces cas d'ouverture font intervenir le juge compétent.

2. Le juge compétent

La détermination du juge compétent semble quelque peu complexe. C'est que les intervenants à la procédure d'immatriculation sont de diverses natures. Rarement, il s'agit des personnes morales de droit public (auquel cas l'arbitrage sera effectué par le juge administratif). Par contre, les litiges les plus complexes sont ceux qui opposent la personne privée (morale ou physique) qui demande l'immatriculation et l'Administration qui l'effectue. La règle veut que la compétence suive le fond[150] et l'immatriculation donne lieu à l'établissement d'un titre foncier qui est un acte administratif. A contre-pied, le juge judiciaire est conçu comme le protecteur des droits et libertés liés à la personne[151]. Cette seconde branche du raisonnement semble plus prospérer et c'est elle qui paraît être retenue par le législateur.

---

[146] Art 5 de l'ordonnance n°74/1, précitée.

[147] Le délai était de dix ans à compter du 15 août 1974 pour les terrains urbains, et de quinze ans à compter du 6 juillet 1974 pour les terrains situés en milieu rural.

[148] Art 5, précité.

[149] Son article 6 dispose que « *les actes faisant l'objet d'un litige ne peuvent être transformés en titres fonciers qu'après notification au service provincial des domaines compétent de la décision définitive par l'autorité ou la juridiction qui a statué en dernier ressort* ».

[150] EISENMANN (C), *Cours de droit administratif*, tome II, Op.cit, p.37.

[151] Lire MOTULSKY (H), *Écrits, études et notes de procédure civile*, préface de CORNU GERARD et FOYER Jean, Paris, Dalloz, 1972 ; V. aussi LUCHAIRE (F), *La protection constitutionnelle des droits et libertés*, Paris, Economica, 1987, p.76.

Au lieu de désigner directement la juridiction, le texte préfère généralement s'en tenir à l'expression de juridiction compétente. En fait, le juge civil du ressort du lieu de l'immeuble est compétent quand, par suite d'immatriculation, les droits d'un tiers sont lésés. Quelle que soit la nature du litige, du moment qu'il s'agit du juge judiciaire, il sera toujours en premier ressort sujet du juge de première instance. Son intervention est plus marquante dans le bornage judiciaire. « ***C'est le jugement qui va constituer le titre, et que ce jugement sera généralement l'homologation du rapport d'un expert commis par le juge*** »[152]. Le juge judiciaire partage tout de même sa compétence dans le domaine avec le juge administratif[153]. Cette intervention a lieu pour l'élaboration du titre foncier quand, à l'issue du recours administratif faisant suite à des oppositions, le ministre chargé des Domaines prend une décision de faire immatriculer ou non qui lèse le requérant. Auquel cas, c'est la juridiction administrative qui se trouve compétente[154]. Le jugement constitutif est donc l'illustration de l'intervention du juge à l'élaboration du titre foncier. Cette intervention peut plutôt être un jugement translatif.

B- Le jugement translatif

La translation est le fait de déplacer quelque chose[155] ; elle marque le changement de la propriété. La mutation du titre en est le visage. Les développements qui sont faits concernent bien l'élaboration du titre foncier et non sa mutation. Mais, il est difficile de parler de l'une de ces procédures sans évoquer l'autre. De surcroît, la translation du titre est une sorte d'établissement parce que, le bornage et l'authenticité du titre à muter peuvent ne pas être touchés, le propriétaire lui, doit être généralement changé. Dans ce cas, le titre qui est conféré au nouveau propriétaire est pour lui nouveau, et ici il est constitué par le juge.

1. La mutation du titre

Plusieurs évènements peuvent provoquer ou générer la mutation du titre foncier. Les cessions, démembrements et fusions[156] sont des transactions qui entraînent mutation du titre. Elles ont la particularité d'être des transformations qui demeurent sous maîtrise administrative puisque le conservateur foncier reste celui-là même qui établit le titre muté[157]. Le juge n'intervient donc qu'en cas d'incident pour le lever et pour faire établir un titre par le conservateur foncier compétent.

---

[152] TIENTCHEU NJIAKO, *Droits fonciers urbains au Cameroun*, Op.cit, p.126.
[153] NYAMA, *Régime foncier et domanialité publique au Cameroun*, Op cit, p.213.
[154] Art 20 du décret n°2005/481, précité.
[155] *Le petit Larousse illustré*, Larousse 2007, p.1072.
[156] Décret n°79/017 du 13 janvier 1979.
[157] Art 23 et 21 du décret n°2005/481, précité.

Parmi ces transactions, il faut citer le cas de la vente litigieuse d'un immeuble. « ***La résolution de la vente (...) entraîne la mutation du titre délivré à l'acquéreur au nom du propriétaire initial*** »[158] et l'action est portée devant le juge. C'est dire que le juge n'est pas l'autorité de la modification du titre foncier, son intervention est incidente et ne survient qu'en cas de litige.

2. Le juge compétent

Le recours s'effectue devant le juge judiciaire. Pour la résolution de la vente d'un immeuble, les textes attribuent la compétence au « ***tribunal du lieu de situation de l'immeuble*** »[159]. Le tribunal civil indiqué est le tribunal de première instance. Il peut néanmoins arriver que le juge administratif soit interpellé. Son intervention ne concernera pas la mutation en elle-même, mais plutôt les éléments d'illégalités imputables à l'Administration étant survenus dans ladite mutation. Bien évidemment, un moyen tel que celui de la compétence du signataire de la mutation quand il se trouve fondé, aura la conséquence d'annuler l'acte posé c'est-à-dire le titre foncier issu de la mutation.

Le juge administratif est également compétent quand la vente[160] (plus précisément les effets de la vente) a été opérée sur le domaine privé de l'État ou d'autres personnes morales de droit public ; c'est la substance d'un arrêt de l'assemblée plénière rendu dans l'espèce Amougou Jean[161].

L'État du Cameroun par l'entremise du ministre de l'Urbanisme et de l'Habitat (le Ministre lui-même signataire de l'acte de vente), cède de gré à gré un terrain domanial sis à Mbalmayo au sieur Amougou, d'une superficie de 50 hectares au prix de 11 315 000 FCFA. Le sieur Amougou a déjà versé 6 315 000 F lorsqu'intervient une décision du MINUH, décision disant le terrain indisponible et annulant par voie de conséquence la vente.

Le juge a statué :

« ***Que le contentieux du domaine privé de l'État, à savoir les contestations qui s'élèvent entre lui et les acquéreurs au sujet, soit des effets, soit du sens ou de la portée de*** *l'acte d'acquisition,* ***est de la compétence du juge administratif ;***

Qu'il est même admis qu'il appartient à la juridiction administrative d'interpeller les concessions domaniales ;

Que ce sont les litiges entre les acquéreurs du domaine privé de l'État et les tiers qui sont de la compétence du juge judiciaire ».

---

[158] Art 24 décret n°76/165, précité.
[159] Ibid.
[160] Et non pas la mutation.
[161] CS/AP, arrêt n°04 du 18 août 1994, État du Cameroun contre Amougou Jean Philippe.

Il convient ici de ne s'attarder que sur les mutations, sujet de ces développements pour relever que le juge administratif statue qu'il est compétent pour trancher les litiges relatifs aux implications des actes d'acquisitions des terrains domaniaux. C'est ainsi que les acquisitions des dépendances des domaines privés des personnes morales de droit public[162], quand elles donnent lieu à des litiges, relèvent du juge administratif dont la décision sera prise en compte par la conservation foncière compétente.

A cette lecture, il faut donc constater que les juges judiciaire et administratif ont des compétences en matière de transformation et de formation du titre foncier. Pouvant intervenir en matière de bornage[163], le juge est surtout une instance de règlement des litiges. A la différence du gouvernement (paragraphe 2) le juge est donc interpellé pour lever le pan de voile qui perturbait l'établissement ou la mutation normale du titre foncier.

Paragraphe 2- L'intervention du gouvernement

Administration et gouvernement, voilà deux expressions bien confuses. Certains classiques ont, en voulant les démêler, des fois accru la confusion. Ainsi, « ***l'autorité administrative est cette portion du pouvoir exécutif qui est chargée d'assurer l'application des lois d'ordre public. Son domaine comprend les rapports du gouvernement aux gouvernés…*** » [164]. La publication d'une loi met en rapport le Gouvernement et les gouvernés ; or, cette catégorie d'actes est un acte de gouvernement[165] c'est-à-dire de nature autre qu'administrative. Cerner la notion de gouvernement n'est pas aisé. Heureuse, l'étude du professeur Guglielmi[166] parvient à établir la distinction. Même si l'auteur ne donne pas un critère à lui, il fait la synthèse des écrits qui vont dans le sens de sa position, et y expose que l'Administration se trouve à un degré inférieur à celui du gouvernement[167] ; que le Gouvernement, à la différence de l'Administration, ne se préoccupe jamais des individus, car elle ne règle que des généralités[168].

---

[162] Art 24 s de la loi n°94/01 du 20 janvier 1994 portant régime des forêts, de la faune et de la pêche.

[163] Le bornage judiciaire par opposition au bornage administratif. V. PERROT, « Droit judiciaire privé », in *Les cours de droit 1977-1978*, p.63, cité par TIENTCHEU NJIAKO, *Droits fonciers urbains au Cameroun*, Op.cit, p.126.

[164] CABANTOUS (L), *Répétitions écrites sur le droit administratif, contenant l'exposé des principes généraux, leurs motifs et la solution des questions théoriques*, Paris, Maresa et Dujardin, 1854, p.4.

[165] CS/CA, jugement n°66/ADD du 31 mai 1979, Kouang Guillaume Charles contre État du Cameroun.

[166] GUGLIELMI (G.J.), *La notion d'administration publique dans la théorie juridique française de la révolution à l'arrêt cadot (1789-1899)*, LGDJ, 1990.

[167] Ibid. p.255.

[168] Ibid.

En termes d'acte, il est donc étrange que des autorités autres qu'administratives interviennent dans l'édiction d'actes dits administratifs comme c'est le cas pour certains titres fonciers (A). Les aspects formels de cette ingérence doivent nécessairement être présentés (B).

A- Les titres fonciers concernés

La part de l'exécutif non administratif dans l'élaboration du titre foncier reste congrue parce qu'exceptionnelle. Les titres relevant de cette intervention gouvernementale sont ceux accordés aux étrangers et le mobile reste à dégager.

1. Les titres accordés aux étrangers

La propriété foncière peut être accordée aux étrangers. Le texte qui régit l'obtention du titre foncier reste muet sur la question et il faut aller chercher dans les ordonnances de 74, les dispositions là-dessus[169]. Le texte dispose que : « ***les personnes physiques ou morales de nationalité étrangère désirant investir au Cameroun, peuvent conclure des baux ou acquérir des propriétés immobilières, sauf dans les zones frontalières*** » [170].

Les conditions de l'application de ce texte diffèrent selon qu'il s'agit d'étrangers, personnes physiques ou morales, de représentations diplomatiques[171]. Cependant, le titre accordé revêt un caractère hautement politique.

2. Le caractère politique du titre accordé

Sur deux plans, on peut dire que les titres fonciers accordés aux non nationaux ont un caractère politique. Il faut au préalable préciser que cet aspect ne lui enlève pas pour cela sa nature d'acte administratif, mais qu'il contribue à flouter l'intégrité même de la nature juridique de cet acte.

Le premier plan qui sera ultérieurement présenté est celui de la qualité des autorités intervenantes dans la procédure. Un pan du texte parle du gouvernement, ce qui n'est pas anodin puisqu'il participe à brouiller les traits de l'acte qui est alors confectionné.

Le second plan est celui du mobile. Il faut opposer au mobile administratif celui dit politique. Le mobile politique[172] qui retranche l'autorité agissante de la sphère administrative à celle politique, est ici retenu. L'avantage de cette qualification est qu'elle fait que l'agissement du gouvernement par l'acceptation

---

[169] Ordonnance n°74/1 du 6 juillet 1974 fixant le régime foncier du Cameroun.
[170] Ibid, art 10 (1).
[171] Infra.
[172] Sur les fondements jurisprudentiels de ce mobile, voir ; CE, 1er mai 1822, Laffite, CE 9 mai 1867, Duc d'Aumale, P.472, concl. AUCOC, s 1867.2.124, CE19 février 1875, prince Napoléon, p.155, concl DAVID, D1875.3.18.

ou le refus d'accorder le titre foncier[173] est insusceptible de recours devant le juge de l'excès du pouvoir. Seuls des éléments détachables[174] pourront lui être déférés.

A l'intérieur de ce modèle dont la matière reste l'opportunité, se greffent diverses considérations (ou sous-mobiles) d'ordre social et sécuritaire. La considération qui transparaît en premier est celle de l'intérêt économique. La disposition parle expressément d'investissement, ce qui représente l'avantage à tirer, contrepartie ou condition nécessaire pour attirer les investisseurs dans le pays ; le développement économique en dépend. L'autre considération qui interdit l'octroi du titre est la localisation, dans la mesure où les titres fonciers ne sont pas délivrés aux non nationaux dans les zones frontalières. Assurément, c'est l'impératif sécuritaire irrigué par le souci de protéger l'intégrité territoriale qui motive cette position qui est d'ailleurs celle de bon nombre d'États. Une dérogation pourtant existe.

Le 12 juin 2006, les républiques du Cameroun et du Nigeria signaient un accord[175] qui faisait suite à un arrêt de la Cour internationale de justice[176]. Cet accord dit de Greentree instaure un régime transitoire avec des situations appelées à durer. Il accorde à des non nationaux, le droit d'accès à la propriété foncière et même pas en vertu de dispositions légales ou de pratiques coutumières camerounaises[177] à Bakassi qui est une zone frontalière. Il est évident qu'il deviendra difficile (l'accord l'interdit même) de revenir sur ces attributions foncières. Il l'est aussi dans la mesure où l'option de nationalité et le temps, associés aux modalités d'acquisition de la nationalité camerounaise[178], feront des ressortissants nigérians d'aujourd'hui des Camerounais de demain.

B- Les formalités

L'élaboration du titre foncier sur intervention du gouvernement s'effectue à deux niveaux. Le premier est celui de l'autorisation du gouvernement et le

---

173 Pour les représentations diplomatiques.

174 AUVRET-FINCK (J), « Les actes de gouvernement, réductible peau de chagrin ? », RDP 1995, p131 ; SERRAND (P), « L'acte de gouvernement : contribution à la théorie des fonctions juridiques de l'Etat », thèse, Paris 2, 1996.

175 Accord du 12 juin 2006 entre la République du Cameroun et la République Fédérale du Nigeria concernant les modalités de retrait et de transfert d'autorité dans la presqu'île de Bakassi.

176 CIJ/arrêt du 10 octobre 2002, affaire de la frontière terrestre et maritime entre le Cameroun et le Nigeria.

177 Art 3 (2-b) de l'accord.

Cf ; BILIGHA-BI-HOUNDOUL (P.I), « L'exercice des droits fonciers par les ressortissants nigérians dans la zone à régime spécial transitoire de la presqu'île de Bakassi », mémoire de D.E.A en droit public, Université de Yaoundé II-Soa, 2010, p.46.

178 BOUBOU (P), *Le droit (à la portée de tous)*, 2e édition, tome 1, Douala, Editions Avenir, 1998, p.118.

second est le cadre administratif de la constitution du titre foncier du demandeur étranger.

1. L'autorisation du gouvernement

L'expression gouvernement est ici employée dans l'ambiguïté notionnelle dont faisant état M. Cabantous[179], sauf que la fonction de jugement de ce trialisme[180] mal conçu n'y est pas intégrée. Ainsi, le Gouvernement serait l'exécutif politique et l'exécutif administratif, vraisemblablement, la scission rejetée était inéluctable.

Le Gouvernement intervient d'abord pour donner son avis sur l'octroi de titres fonciers aux personnes physiques ou morales de nationalité étrangère désirant investir. « ***Les actes établis à cet effet doivent à peine de nullité être revêtus du visa du ministre chargé des domaines*** » [181]. Il s'agit du gouvernement/administration puisque cette formalité fait agir le ministère comme autorité administrative. Il avait d'ailleurs l'obligation de se prononcer de la même sorte lorsque survenaient des oppositions[182], mais le règlement des oppositions relève désormais du gouverneur de région.

Le titre foncier à caractère largement politique est celui qui est délivré aux représentations diplomatiques[183]. Ainsi :

« ***…l'acquisition des propriétés immobilières par les missions diplomatiques ou consulaires accréditées au Cameroun, les organismes internationaux dont le Cameroun est membre, les organismes philanthropiques, est soumise à l'autorisation préalable du gouvernement*** »[184].

Le texte ne dit pas ce qu'il entend par gouvernement, mais puisqu'il s'agit de relations internationales, il est judicieux de penser que c'est tout probablement le ministre en charge desdites questions, c'est-à-dire associé à celui des Affaires étrangères quand ce ne serait pas le Premier ministre. Il a fallu attendre deux ans pour savoir que le texte dont il s'agit donnait compétence au ministre des Affaires étrangères[185]. Aussi, une demande de cet organisme (ou représentation) est adressée à ce ministre qui doit prononcer sa décision par décret. La combinaison des deux articles de ces textes de 74 et 76 soumet les missions

---

[179] CABANTOUS, *Répétitions écrites sur le droit administratif…*, Op.cit, p.4.

[180] LEBEN (C), (textes réunis par), EISENMANN Charles, *Ecrits de théorie du droit, de droit constitutionnel et d'idées politiques*, Paris, Panthéon-Assas, 2002.

[181] Art 10 du décret n°74/1, précité.

[182] Art 10 du décret n°76/165, précité.

[183] Art 20 (nouveau) du décret n°2005/481, précité.

[184] Art 10 du décret n°74/1, précité.

[185] Art 27 du décret n°76/167 du 27 avril 1976 fixant les modalités de gestion du domaine privé de l'État.

diplomatiques ou consulaires à une autre obligation : celle de réciprocité[186] qui exige que l'État demandeur ait au préalable consenti des droits similaires à la République du Cameroun (ou s'il est disposé à le faire). L'autorisation du gouvernement est préalable à la confection du titre foncier.

2. La confection administrative

L'autorisation du ministre des Affaires étrangères et le visa du ministre en charge des Affaires foncières sont une condition substantielle à la validation du titre. Les actes établis à cet effet doivent, à peine de nullité, être revêtus du visa pour le second[187] et être conformes à la décision du ministre des Affaires étrangères pour le premier.

Passées ces phases, le processus d'établissement du titre foncier reprend le train administratif normal. L'Administration de confection reçoit donc instruction et elle doit alors procéder à l'établissement du titre. Ceci veut dire que le gouvernement ne délivre pas une décision qui vaut titre foncier. Il émet juste une décision de consentir ou non à la demande d'immatriculation. Il reviendra alors aux administrations compétentes de faire le constat, de borner et à proprement parler, de délivrer un titre foncier aux non nationaux, personnes physiques ou morales qui en ont fait la demande.

---

[186] FOUDA (G.J.), « L'application des normes internationales dans les ordres juridiques étatiques africains », thèse NR, 1999, Bordeaux V, Université Montesquieu Bordeaux-IV, p.39.
[187] Supra.

CONCLUSION DU CHAPITRE

Le cadre d'établissement du titre foncier est ainsi marqué par la présence de l'Administration publique[188]. Elle est chargée d'élaborer le titre foncier. A l'Administration déconcentrée, à celle centrale, il faut ajouter le rôle particulier joué par les chefs traditionnels dont le statut est d'une originalité déconcertante[189]. Un faisceau d'éléments[190], telle que leur participation à l'organisation des élections sur le plan local, détermine le fait qu'ils sont pour le moins des préposés de l'Administration. A ce stade, le titre foncier revêt encore tout son manteau d'acte administratif unilatéral. Moins singulier que l'intervention d'autres acteurs dont la nature juridique ne coïncide pas avec le critère organique de l'acte administratif (chapitre 2), la participation d'acteurs publics non administratifs devait être soulevée. C'est ainsi que, le juge et le gouvernement jouent, dans des cas précis un rôle d' « ordonnateurs » dans la constitution et dans la mutation de certains titres fonciers.

[188] GUGLIELMI, *La notion d'administration publique dans la théorie juridique française*, Op.cit, p.33.

[189] Par exemple : CS/CA, jugement n°08 du 31 octobre 2002, affaire Bateg Daniel contre Etat du Cameroun.

[190] Supra.

CHAPITRE 2

L'INTERVENTION D'AUTRES ACTEURS

Le Gouvernement autorise l'établissement de titres fonciers aux non nationaux[191] tandis que l'intervention du juge, tant dans le bornage que dans l'immatriculation, fait généralement suite à la survenue d'un litige. Ce dernier peut ainsi faire borner le terrain[192], statuer sur les questions d'immatriculation contentieuses et faire établir des inscriptions sur le titre sous forme de prénotation judiciaire[193]. Pourtant, ces acteurs publics non administratifs n'ont normalement pas à s'ingérer dans la confection de l'acte administratif.

Si la qualité d'autorités publiques de ces acteurs peut susciter l'étonnement, le cas des officiers ministériels (section 1) l'amplifie encore plus quant à leur statut. La complexité du critère organique de la confection du titre foncier franchit le seuil de l'admissible quand, les particuliers (section 2), étrangers à l'établissement de l'acte administratif, se retrouvent impliqués dans la confection du titre foncier.

Section 1- Les officiers ministériels

L'Administration publique a des modes de fonctionnement tel que celui de la délégation de certaines de ses tâches. Elle les confie souvent à des personnes qualifiées d'officiers. C'est ainsi qu'il y a dans chaque commune des officiers de l'état civil. Il faut généralement distinguer les officiers ministériels des officiers publics. Les deux fonctions se ressemblent à plus d'un point car, le terme « charge » est souvent employé pour désigner leurs offices. L'officier ministériel est officier public tandis que la réciproque n'est pas toujours valable (exemple : le maire est officier public mais n'est pas officier ministériel). Les deux fonctions sont attribuées pour généralement authentifier les actes. Pour les distinguer, il faut d'abord dire que l'officier public est sous l'autorité judiciaire alors que l'autre est sous l'autorité ministérielle. Et même s'ils sont assermentés, seul le second jouit vraisemblablement d'une charge à vie. Le maire et les greffiers des tribunaux de commerce ne seraient donc que des

---

[191] Avec le visa du ministre des Domaines pour les personnes physiques ou morales désirant investir au Cameroun, et l'autorisation du ministre des Affaires étrangères pour les représentations d'Etats et d'organismes internationaux sous la condition de réciprocité. Cf. supra

[192] TIENTCHEU NJIAKO, *Droits fonciers urbains au Cameroun*, Op cit, p.125s.

[193] TPI de Douala-Ndokoti, ordonnance de référé n°411 du 10 décembre 2009, Monsieur Eban Tabe James contre Bevo Piernere, Bonessi Felicité et Pinere Emmanuel.

officiers publics[194]. Par contre, les commissaires priseurs et les notaires seraient les deux tandis que l'huissier de justice n'est qu'officier ministériel[195]. A côté de cette catégorie se trouve celle des auxiliaires de justice qui ont à plusieurs égards des charges assimilables à celles de ces officiers ; les avocats en font partie. Dans cette grande famille de préposés publics ministériels, la législation camerounaise a retenu le notaire (paragraphe 1) et l'avocat (paragraphe 2) comme pouvant être partie à l'établissement du titre foncier.

Paragraphe 1- Le notaire et le titre foncier

Le notaire est à la fois officier public et officier ministériel[196]. A ce titre, il est titulaire d'un certain nombre de charges qui l'amènent à intervenir dans l'établissement du titre foncier. Il faut d'abord identifier ses compétences avant de préciser l'espace de son intervention dans l'établissement du titre foncier.

A- Le cadre de compétence du notaire

Dans l'établissement du titre foncier, le notaire a une compétence spéciale qui intervient quand il s'agit de translation de propriété immobilière. Ce champ d'intervention est une portion de sa fonction générale d'authentification de documents.

1. Le cadre général de sa compétence

En tant qu'officier public et ministériel, le notaire a essentiellement pour fonction d'authentifier certains actes. Cette authentification donne une valeur plus probante à tout document par lui établi.

Le texte qui régit la profession de notaire[197] lui attribue le pouvoir d'authentifier certains actes ; il en garantit la date, et les conserve. Il a surtout la compétence exclusive de rédiger les testaments, les contrats de mariage, les contrats de société et les contrats de vente d'immeuble. Ce dernier cas est le cadre général de sa compétence en matière foncière. Il est prescrit que « ***les actes constitutifs, translatifs ou extinctifs de droits réels immobiliers doivent à peine de nullité être établis en la forme notariée*** » [198] .

Le notaire certifie la vente d'immeuble et évite qu'elle tombe sous le coup de la nullité. Cette vente concerne d'abord les particuliers et, exceptionnellement, peut concerner l'État. L'État n'y est sujet que quand il

---

194 GUILLIEN (R), VINCENT (J), GUINCHARD (S) et MONTAGNIER (G), *Lexique des termes juridiques*, 13 ed, Paris, Dalloz, 2001, pp.386-387.

195 Ibid.

196 SOCKENG (R), *Les institutions judiciaires au Cameroun*, première édition, Douala, Groupe Saint François, Douala 1995, p.104.

197 Décret n°95/034 du 24 février 1995 régissant la profession de notaire.

198 Art 8 de l'ordonnance n°74/1 du 6 juillet 1974 fixant le régime foncier.

acquiert ou dispose de biens suivant les modalités de droit privé. Cette hypothèse s'applique essentiellement à des cas de figure de gestion du domaine privé de l'État[199].

2. Le cadre spécifique de son intervention

Le notaire ne confectionne pas le titre foncier, mais l'acte qu'il dresse sert de base à son établissement. L'obtention de titres sur le domaine national occupé ou exploité ne fait normalement pas intervenir le notaire puisque l'opération consiste pour la commission consultative, à faire le constat de l'occupation et de l'exploitation de la parcelle à titrer, puis, à la faire titrer[200]. L'exception peut être que l'occupant ou l'exploitant a cédé son terrain à un tiers. Il en est de même de l'obtention de titres fonciers sur le domaine privé de l'État.

C'est dans les transactions foncières que le notaire intervient. Sont des transactions foncières : les cessions totales ou partielles, l'échange, le partage amiable ou judiciaire[201] et même la promesse de vente[202] d'immeuble. Ces transactions ne sont valables que si elles sont passées en la forme notariée. Cette condition remplie, elles donnent droit à mutation de titre[203]. Les parties à la transaction doivent conjointement saisir le notaire. Ce dernier dresse un acte de mutation qu'il transmet et fait enregistrer dans les huit jours au conservateur foncier du lieu de situation de l'immeuble[204]. Le rôle d'officier ministériel est rempli par le notaire dans la procédure d'établissement du titre foncier parce qu'il valide les transactions foncières et qu'il participe à l'opération de « titrisation » en adressant un dossier complet au conservateur sans que la procédure normale (constat et bornage) n'ait plus à être effectuée (certaines exceptions existent telle que celle du morcellement). L'Administration devra directement muter le titre parce que les déclarations du notaire font foi.

B- La justification du rôle du notaire en matière foncière

Le notaire est le certificateur officiel des actes et transactions fonciers impliquant au moins un particulier. De divers ordres[205], les actes dont il connaît

---

[199] Lire YOLKA (P), *La propriété publique*, thèse, LGDJ, 1997, V. aussi GAUDEMET (Y), « L'avenir du droit des propriétés publiques » in *L'Avenir du Droit, mélanges en hommage à François Terré*, Dalloz, PUF, 1999, p.571.

[200] Art 9s du décret n°76/165 du 27 avril 1976 fixant les conditions d'obtention du titre foncier.

[201] NYAMA, *Régime foncier et domanialité publique au Cameroun*, Op cit, p.155.

[202] C.S., Arrêt du 9 mai 1972, bull, n°26, p.3621.

[203] Art 22 décret n°76/165, précité.

[204] Art 23 du décret n°76/165, précité. Le dossier qu'il transmet comprend une demande timbrée indiquant les éléments d'identification de l'acquéreur, un plan de l'immeuble visé par le chef de service départemental du cadastre du lieu de situation de l'immeuble, l'acte notarié et la copie du titre foncier initial.

[205] Pour les hypothèses. V.TPI Douala-Ndokoti, ordonnance de référé n°189 du 02 juin 2009, Madame Toukam Alice contre la CA-SCB Cameroun et autres.

lui sont expressément attribués par les lois et règlements. La particularité de son attribution de certification est qu'il en a le monopole et que cette situation s'accompagne de nombreuses sujétions.

1. Le monopole de gestion de droits réels immobiliers

Suivant les stipulations du texte de 74 sur le notaire[206], il est dit que toute transaction de droits réels immobiliers doit être établie en la forme notariée. Il en ressort que le notaire a un office qui s'étend à tous les actes de transaction dudit domaine. Ce texte reste tout de même muet sur ce qui constitue la transaction de droits réels immobiliers. Suivant la combinaison des dispositions du décret qui réglemente les conditions d'obtention du titre foncier[207], il faut y situer les cessions à titre gratuit et à titre onéreux c'est-à-dire les dons et les ventes, même si le texte insiste plus sur les ventes d'immeubles. Le démembrement d'un immeuble intègre aussi cette catégorie d'acte.

Les actes constitutifs, translatifs ou extinctifs de droits réels immobiliers ne peuvent être passés qu'en la forme notariée. Aucun autre officier ministériel n'a la compétence pour les passer et l'authentification qui en résulterait ne serait pas valable puisque, seul l'établissement par le notaire empêche l'acte passé de tomber sous le coup de la nullité.

2. Le droit du notaire dans les transactions immobilières

Le notaire joue un rôle important dans la gestion immobilière. Assermenté, il est chargé par l'Administration de certifier les transactions des droits réels immobiliers. La délicatesse de sa tâche est accentuée par le fait que c'est à partir de l'acte de mutation qu'il a dressé que l'Administration va établir le titre foncier. Il est vrai que l'intervention du notaire ne suffit pas toujours dans la mesure où d'autres facteurs telle que la volonté des parties[208], sont pris en compte pour la validation de la transaction[209], mais l'acte doit toujours être passé en la forme notariée.

Pour les ventes totales, échanges, dons, le notaire est généralement saisi en premier. Quand il s'agit d'un morcellement, le service du cadastre est saisi avant le notaire[210] par le propriétaire ou son ayant droit pour faire borner, obtenir un certificat d'urbanisme et le cas échéant, un certificat attestant que l'État renonce au droit de préemption[211]. Passée cette phase, le vendeur et

---

[206] Art 8 de l'ordonnance n°74/01, précitée.

[207] Art 22s du décret n°76/165, précité.

[208] Article 1582 du code civil.

[209] Affaire succession ESSOUKAN MOUANGUE contre WAFFO Pierre, cour suprême, Arrêt n°47/CC du 18 février 1998, in *Juridis périodique*, n°45, p.56, observations Jean GATSI.

[210] Art 3 du décret n°79/017 du 13 janvier 1979 relatif aux transactions immobilières privées.

[211] Si le propriétaire est de nationalité étrangère cf. art 10 de l'ordonnance n°74/1 du 6 juillet 1974, précitée.

l'acquéreur saisissent conjointement le notaire pour l'établissement de l'acte de mutation et c'est ce dernier qui renverra tout le dossier à l'Administration aux fins d'établissement du titre foncier. La délicatesse de la fonction du notaire fait qu'il est soumis à de nombreuses sujétions. Il est en effet susceptible de subir des sanctions disciplinaires, pénales et civiles[212].

Le notaire participe ainsi à l'établissement du titre foncier en dressant un acte que l'Administration doit requérir avant d'en confectionner à proprement parler le titre. L'originalité reste ici que le notaire, comme d'ailleurs l'avocat, (paragraphe 2) n'est pas un agent administratif, mais plutôt une personne privée habilitée ici à participer à l'élaboration d'un acte administratif.

Paragraphe 2- L'avocat et le titre foncier

Ne relevant pas d'une administration, l'avocat n'est normalement pas supposé poser des actes administratifs, des actes préparatoires ou exécutoires. Pourtant déjà, ce dernier est lié à l'Administration de la justice en sa qualité d'auxiliaire de justice permanent[213]. L'avocat joue un rôle judiciaire parce qu'il assure la représentation des parties et c'est dans la commission d'office qu'il sert véritablement au service public de la justice[214]. Il est donc admis que si l'avocat puit fournir des prestations à l'État, que celle-ci ne soient pas d'ordre administratif ; mais alors, une altération à cette règle existe en matière d'établissement de titre foncier.

A- La question de son intervention confinée

La qualification du rôle de l'avocat en matière foncière doit être élucidée. Cette opération passe par la lecture du cadre exact de son intervention qui est territorialement confinée et dont l'admission juridique reste évidemment problématique.

1. Une compétence territorialement limitée

Ce qui particularise les travaux de régime foncier et de droit domanial au Cameroun est sans nul doute l'absence d'évocation de l'intervention de l'avocat en matière foncière[215]. La raison la plus évidente en est que la plupart des

---

[212] Ex : arrêté n°040/SG/MJ du 13 juin 1988 du ministre de la Justice destituant Me Ngome Ngondi Félix, notaire à la 8e charge de Douala, pour malversations, irrégularités et fautes lourdes commises au préjudice de ses clients.

Cf. SOCKENG, *Les institutions judiciaires au Cameroun,* Op.cit, pp.104-105.

[213] SOCKENG, Op.cit, p.101.

[214] BORE (J), « La fonction d'avocat auprès des cours suprêmes », D, 1989, pp.159 et s.

[215] Au-delà des auteurs déjà présentés, peuvent être ajoutés : MEVOUNGOU NSANA (R), *Droit de la promotion immobilière*, PUY, mars 2001 ; et encore parce qu'y faisant autorité, TJOUEN, *Droits domaniaux et techniques foncières en droit camerounais,* Op cit.

auteurs francophones[216], n'ont jamais en vue que le droit avec lequel ils ont directement affaire, qui n'est rien d'autre que celui déjà présenté. L'autre raison pouvant être soit une absence de vue d'ensemble, soit alors l'oubli du caractère dual de la législation en vigueur au Cameroun[217].

L'aspect de ce développement ici est celui de l'absence de notaire dans l'ancien Cameroun Occidental. Le droit ne pouvant rester vacant, il fallait bien que les actes sous seing privé soient authentifiés. Ceux d'entre eux qui font normalement partie des attributions du notaire sont alors dévolus à l'avocat. Il faut aussi dire que la compétence de l'avocat ne s'effectue que si deux conditions sont réunies. La première condition est que l'acte posé soit territorialement situé. Il s'agit des transactions immobilières effectuées dans l'ancien Cameroun anglophone en l'occurrence dans les régions du Nord-ouest et du Sud-ouest. La seconde condition réside dans le fait que l'acte en question soit une transaction immobilière qui devait normalement être connue par le notaire aux fins de certification.

2. La dysharmonie du droit foncier et domanial

La question de la cohérence et de l'unité du droit foncier et domanial se pose par le fait de l'intervention de l'avocat. Aux termes des dispositions du texte de 74[218], les transactions de droits réels immobiliers doivent être établies en la forme notariée à peine de nullité. Ces termes ne font aucune délimitation matérielle ou territoriale de cette disposition, ce qui lui donne une portée générale[219]. Pourtant, il y a une dysharmonie de fait qui nourrit l'État de droit dans les zones indiquées. L'espiègle montage vous met face à un acte notarial qui est donc passé par l'avocat qui se mue dans sa validité formelle[220] tout en restant intouché dans sa validité matérielle[221].

La coexistence de deux régimes juridiques en reste le ciment. Les relents de Common Law de l'ex Cameroun Occidental hérités de l'ancienne puissance colonisatrice, et l'existence du droit d'inspiration française dans l'ancien Cameroun Oriental, font assurément école. En effet, la profession de notaire est

---

[216] Certains auteurs anglophones font de même. C'est le cas du professeur Ngwasiri qui dans ses études, s'est plus intéressé à la capture de l'élément traditionnel par le droit codifié sans trop montrer les techniques actuelles des transactions foncières.

Cf : NGWASIRI, *Land Law*, *Third year law degree course*, Op.cit.

[217] Si l'unité semble consommée pour le droit public, cela ne semble pas encore le cas en droit privé au vu de ce qui est démontré.

[218] Art 8 de l'ordonnance n°74/1, précitée.

[219] DELVOLVE (P), « Existe-t-il un contrôle de l'opportunité ? », in *Conseil constitutionnel et conseil d'Etat*, colloque, Université Paris 2, LGDJ/Montchrestien, 1988, p.269.

[220] ABANE ENGOLO, *L'application de la légalité par l'Administration au Cameroun*, Op.cit, pp.163 et s.

[221] RIVERO (J), WALINE (J), *Droit administratif*, 18e éd, Paris, Dalloz, 2000, p.86.

l'une de celles qui se retrouvent dans les pratiques de droit civil et dont l'absence se marque dans les pays à législation de Common Law. Cette réalité ne pouvait pas échapper à la matière foncière, où les deux régimes, au Cameroun, se retrouvent, ce qui fait dire que l'harmonie, c'est-à-dire le régime unique d'authentification de transactions visées, est caractérisée par son aspect dual.

B- La compétence de l'avocat en matière de titre foncier

Le caractère plus qu'exceptionnel de cette compétence fait opérer un changement de statut de l'avocat qui ne laisse pas indifférent. C'est que l'avocat se retrouve revêtu des compétences qui sont allouées dans le reste du Cameroun au notaire.

1. Les actes concernés

Puisque les actes concernent les transactions foncières, l'avocat agira comme le notaire l'aurait effectué. Ces actes sont ceux dits translatifs / extinctifs ou constitutifs de droits réels immobiliers[222]. Il apparaît donc que sous peine de nullité, les actes portant vente-acquisition, fusion, démembrement, et échange de droits réels immobiliers doivent être constitués par un avocat sur toute l'étendue des régions du Nord-ouest et du Sud-ouest Cameroun.

2. Le rôle conféré

Il n'est pas classique de voir l'avocat jouer le rôle du notaire. Etant donné que ces deux régions du Cameroun n'ont pas connu la création de charge de notaire, il devait en découler l'existence d'un vide dans l'effectuation des actes rattachés à ladite fonction. Ce déni du service notarial n'a pas eu lieu parce que le système de Common Law qui a servi de cadre juridique à cette partie du Cameroun dépourvue de l'office de notaire, avait confié ses charges à l'avocat. C'est de cet héritage colonial que se tire la présence aujourd'hui de l'avocat en la matière.

Il est vrai que les textes qui organisent la profession d'avocat[223] ne sont pas détaillés là-dessus. Ces textes étendent le rôle de l'avocat à la matière judiciaire, et à celle extrajudiciaire. L'une consistant dans l'exercice de l'action en justice

---

[222] Par comparaison aux fonctions du notaire, cf.art 74 de la loi n°90/059 du 19 décembre 1990 portant organisation de la profession d'avocat.
V. TADJUDJE (W), « La déconcentration de la gestion foncière au Cameroun : une analyse du décret n°2005/481 du 16 décembre 2005 », mémoire de DEA, Université de Yaoundé II, p.45. In www.memoireonline.com/04/08/1018/m-déconcentration...

[223] Cette profession a successivement été organisée par les lois n°72/LF/5 du 23 mai 1972 ; 74/11 du 16 juillet 1974 ; 76/16 du 8 juillet 1976 ; 77/28 du 6 décembre 1977 ; 80/3 du 14 juillet 1980 et 87/018 du 15 juillet 1987. Elle est aujourd'hui réglementée par la loi n°90/59 du 19 décembre 1990 réglementant la profession d'avocat qui a abrogé et remplacé tous les textes antérieurs. Il faut aussi mentionner la loi n°2009/014 du 14 novembre 2009 portant assistance judiciaire.

en la représentation des parties au procès ; l'autre étant confinée au conseil juridique[224]. Ces deux fonctions font dire que le rôle de l'avocat est d'ordre judiciaire[225] et la confirmation vient non seulement du rôle du barreau, mais aussi et surtout de la tutelle qu'y exerce le ministre de la Justice, garde des Sceaux. Ainsi, l'avocat est un auxiliaire de justice.

A cette fonction d'auxiliaire de justice vient se greffer une autre prévue à titre provisoire par les textes cités, s'agissant des transactions immobilières. Quand l'avocat agit en lieu et place du notaire, et que ses actes posés sont tout autant valides, il s'enrobe dans l'onguent du notaire et change donc de casquette. D'auxiliaire de justice, il se transmute en officier ministériel parce qu'il se retrouve en train de passer des actes dans le cadre de la confection du titre foncier.

La compétence de l'avocat est ainsi identique à celle du notaire[226] dans la mesure où il participe à l'établissement du titre foncier. Il a en effet le pouvoir d'authentifier les actes portant transactions immobilières. A ce titre, il dresse l'acte de mutation de propriété (de propriétaire) qu'il transmet au service de la conservation foncière compétent pour mutation du titre foncier.

Des personnes étrangères à l'Administration participent donc à l'établissement du titre foncier. Les particuliers à la situation juridique encore plus contestable (section 2), sont avec les professionnels sus indiqués, ces acteurs majeurs qui font croître ce caractère original du titre foncier, pris comme acte administratif unilatéral.

Section 2- L'intervention des particuliers

L'acte administratif est un acte qui est pris par une autorité administrative et qui émane d'un processus administratif[227]. Par processus administratif, il faut entendre la réalisation intra administrative de l'acte qui en sort. La notion d'administration n'admet donc pas qu'à loisir, un acte qui lui est attribué ne soit pas exclusivement sorti d'elle, et même qu'elle ne doit être ce qu'elle est que parce que c'est elle -l'Administration - qui l'a fait[228]. Le préalable est posé ; il vaut règle. Mais à l'observation, il faut réaliser que ce n'est pas tout à fait cela du fait qu'il existe des actes administratifs (tel que le titre foncier) qui

---

[224] SOCKENG, *Les institutions judiciaires au Cameroun,* Op.cit, p.102.

[225] ESSOMBA (L.F.), « La profession d'avocat au Cameroun », mémoire de maîtrise en droit, Université de Yaoundé, 1988, p.9.

[226] Art 74 de la loi n°059 du 19 décembre 1990 portant organisation de la profession d'avocat.

[227] SABOURIN (P), « Peut-on dresser le constat de décès du critère organique en droit administratif français ? », R.D.P, 1972, p.589.

[228] Lire TIMSIT (G), *Le rôle de la notion de fonction administrative en droit administratif français,* LGDJ, 1963.

connaissent une forte implication d'acteurs non administratifs dans leur processus d'établissement.

Le titre foncier est l'illustration même de « ces étrangers » qui, pouvant être des autorités publiques parfois[229], sont aussi des particuliers. Les titres fonciers connaissent déjà dans leur processus d'établissement une certaine participation du titulaire du terrain à immatriculer qui détient la prérogative de faire initier la confection de son titre. Hormis le cas du domaine privé des personnes morales de droit public pour lequel ledit titulaire reste tout de même une structure publique[230], celui qui intéresse ici est la mise en perspective du terrain d'un particulier[231]. Cette participation qui ne réside que dans l'initiative est bien moindre par rapport à celle des autorités traditionnelles (paragraphe 1) à coté des riverains (paragraphe 2) qui eux, ont des rôles plus actifs dans l'établissement dont il est question.

Paragraphe 1- Les autorités traditionnelles

Des acteurs non administratifs (particuliers), il faut citer les autorités traditionnelles. Celles-ci participent à plus d'un égard aux travaux relatifs à l'établissement du titre foncier. Déjà présentées, il faut d'abord faire des précisions sur l'une d'elles qui a un statut pour le moins particulier, il s'agit du chef traditionnel[232]. Tel que relevé, ce dernier, tout en étant un particulier, doit être vu comme auxiliaire de l'Administration pour son rôle joué dans sa circonscription traditionnelle, l'autorité et le traitement qui lui sont dus par l'Administration et ce, sans ignorer son mode de désignation[233]. La catégorie qui intéresse ici l'étude est celle des collaborateurs des chefs traditionnels (A) qui jouent un rôle dans le processus de titrisation de la propriété foncière (B).

A- Les autorités intervenantes

Il est question des autorités traditionnelles de second rang. Elles ne sont pas le chef, mais elles sont à son service. Elles détiennent suffisamment de pouvoir pour se prononcer sur des affaires importantes, aidant ainsi le chef à administrer. L'autre différence est qu'elles ne sont pas rattachables à l'Administration. Quelle que soit la dénomination traditionnelle de ces autorités, les textes qui les évoquent parlent d'eux en les désignant comme étant des notables.

---

[229] Supra

[230] GUGLIELMI, *La notion d'administration publique dans la théorie juridique française*, Op.cit, pp.34 et s.

[231] Indifféremment de ce que ce soit une personne physique ou une personne morale de droit privé.

[232] Supra.

[233] L'Administration officialise sa désignation en dernier lieu. Cf : CS/CA, jugement n°08 du 31 octobre 2002, Bateg Daniel contre État du Cameroun.

1. Les notables

Un notable ne saurait être pris comme un agent administratif. Comme tout citoyen, il pose des actes plus ou moins utiles à la collectivité. Il est tout simplement une autorité traditionnelle parce qu'il est amené à aider le chef de village à administrer une circonscription traditionnelle. Le choix des notables, leur nombre et leur hiérarchie, dépend des us et coutumes locaux. De façon générale, ils ont hérité de cette fonction.

En matière de titre foncier, le notable intègre la commission consultative parce qu'il en est membre[234]. Le texte initial de 74 parle de la présence des représentants des autorités traditionnelles[235]. Plus tard, les textes ont précisé qu'il s'agissait des chefs traditionnels (chef de village) et des notables. Il faut y voir non plus la présence des « représentants », mais plutôt celle des autorités elles-mêmes[236].

Normalement, la commission consultative comprend deux notables[237]. Il peut néanmoins survenir des situations dans lesquelles le nombre de notables dans la commission est appelé à changer. Elles sont au nombre de deux : d'abord la survenue d'un incident ou d'aléas faisant que le bornage ne puisse être achevé en présence de tous les membres de la commission. Auquel cas, le Sous-préfet, président de la commission, va désigner un comité *ad hoc* pour effectuer lesdits travaux ; comité comprenant obligatoirement un notable[238]. Et en second lieu, il faut citer l'hypothèse de la présence de plus de deux notables auxdits travaux parce que « ***lorsque l'immeuble à immatriculer intéresse plusieurs circonscriptions administratives, les commissions consultatives concernées siègent ensemble, à l'initiative de celle qui détient le dossier*** »[239]. En réalité, il y a, là, deux notables par commission . Il faut ainsi en conclure que ces hypothèses exceptionnelles font voir que le nombre normal de notables devant participer aux travaux de la commission est de deux (02).

---

[234] Art 16 de l'ordonnance n°74/1 précitée : « ***Le domaine national est administré par l'Etat…A cet effet, sont créées des commissions consultatives présidées par les autorités administratives et comprenant obligatoirement les représentants des autorités traditionnelles*** ».

[235] Ibid.

[236] Sauf à considérer que « l'autorité traditionnelle » est le chef supérieur les concernant, le juge administratif a considéré une commission comme étant illégalement constituée du fait de la présence d'un chef supérieur.

Cf : CS/CA, jugement n°29 du 25 mars 1982, Beyissa Adolphe Mazarin contre État du Cameroun.

[237] Art 12 du décret n°76/166 du 27 avril 1976 fixant les modalités de gestion du domaine national.

[238] Art 13 (7) du décret n02005/481, précité.

[239] Ibid, Art 13(5).

2. *Leur mode de désignation*

Il n'est pas ici question de la désignation du notable en tant que notable ; mais de la désignation de ce dernier, en tant que membre de la commission consultative. Qui du chef traditionnel ou de l'autorité administrative est habilité à le désigner ? Ou plutôt, est-il connu d'avance et expressément affecté à cette cause ?

La désignation des notables devant participer aux travaux de la commission est une nomination. L'autorité de nomination est le Sous-préfet[240]. Il nomme tous les membres de la commission. Il faut imaginer qu'il le fait pour les notables de façon discrétionnaire, les textes et décisions de justice restant muets là-dessus. Le rôle des notables (B), dans l'établissement du titre foncier, vient donc du fait qu'ils font partie de la commission consultative dont la place est indéniable dans l'opération visée.

B- Le rôle des notables

Dans l'opération d'établissement du titre foncier, le notable, de façon générale, fait partie à la commission consultative de constat et d'évaluation. Mais surtout, au sein de cet organe, il a un rôle particulier qui, à la vérité, fait de lui une personne incontournable dans la commission.

1. *Attestation de « la propriété coutumière »*

La part des notables dans la commission consultative est semblable à celle des chefs traditionnels[241]. De surcroît leur participation à ces travaux fait rentrer le contradictoire dans les éléments à exploiter de sorte que les avis émis par la commission soient mieux éclairés.

De longue date, les opérations de gestion des localités, et en particulier, les questions liées au fonds ont toujours fait intervenir les autorités traditionnelles[242]. Cette pratique est anciennement ancrée dans la gestion foncière camerounaise[243]. Des consécrations de ce mode, il ne faut pas passer à côté de celles afférentes à la gestion de l'environnement dont le foncier est également tributaire. La déclaration de Rio recommande que « ***les collectivités locales soient présentes à l'entreprise de la gestion de l'environnement*** » [244].

---

[240] Art 12 du décret n°76/166, précité.

[241] Supra.

[242] ARNAUD (A.J), « Réflexions sur l'occupation, du droit romain au droit moderne », *Revue historique du droit français*, 1968, p.186.

[243] MPESSA (A), « Essai sur la notion et le régime juridique des biens domaniaux au Cameroun », thèse de doctorat en droit public, Université de Paris 1-Panthéon-Sorbonne, 1998, pp.76 et s.

[244] PRIEUR (M), « Démocratie et droit de l'environnement et du développement » R.J.E, 1/1993, p.16.

Cette recommandation n'est pas restée lettre morte puisque le législateur camerounaise l'a faite sienne[245].

S'agissant de l'établissement du titre foncier, les notabilités présentes dans la commission consultative ont un rôle à part bien spécifique : attester la propriété coutumière[246]. Qui mieux qu'une autorité traditionnelle peut attester la propriété immobilière. Dans les traditions, l'occupation ou l'exploitation vaut titre[247]. Il faut pour autant que celle-ci soit reconnue par la collectivité et c'est cette reconnaissance de l'occupation que les chefs et les notables sont appelés à effectuer pour éviter que l'immatriculation soit entachée d'irrégularités. Effectivement, les notabilités et les chefs sont les dépositaires de « l'histoire du sol » et sont les mieux à même d'éclairer la commission en participant à ses travaux.

2. Participation au travail de la commission

Les notables sont membres de la commission consultative. Cette commission a plus d'un rôle dans la procédure d'établissement du titre foncier[248]. Il s'agit notamment de l'émission d'un avis sur chaque demande d'établissement de titre foncier et d'examiner, le cas échéant, les litiges qui en découlent. En font partie : les oppositions à immatriculation, les inscriptions[249]… Le plus important est qu'elle constate la mise en valeur des terrains pour l'obtention du titre foncier[250].

Certains auteurs ont pensé à tort que l'essentiel est que l'autorité traditionnelle soit représentée dans la commission : ce, par « ***le chef ou deux notables du village ou de la collectivité où se trouve le terrain*** » [251]. S'il est exact qu'il faut qu'ils soient représentés, il ne l'est pas par contre de penser que cela est alternatif. Au même titre que le chef de village, la présence des notables est obligatoire[252] sous peine de nullité du fait de la composition insuffisante de la commission consultative.

---

[245] Art 7 de la loi n°94/01 du 20 janvier 1994 portant régime des forêts, de la faune et de la pêche : « ***l'Etat, les communes, les communautés villageoises, et les particuliers exercent sur leurs forêts…*** ».
Lire : ABANDA NGONO (F), « Décentralisation et gestion durable des forêts au Cameroun », mémoire de DEA en droit, sous la direction du professeur TCHEUWA Jean-Claude, Université de Yaoundé II-Soa, 2009, 105 pages.
[246] MPESSA, « Essai sur la notion… », Op.cit.
[247] KOUASSIGAN (G.A.), *L'homme et la terre. Droits fonciers coutumiers et droits de propriété en Afrique occidentale*, ORSTOM, pp.35 et s.
[248] Art 14 du décret n°76/166, précité.
[249] NYAMA, *Régime foncier et domanialité publique au Cameroun*, Op.cit, p.294s.
[250] CS/CC, Arrêt n°52 du 6 janvier 1983, Ngankam Justine-contre Wouateur Norbert, R.C.D, n°31, 1986, p.310.
[251] NYAMA (J.M), Op.cit, p.122.
[252] Art 13 (7) du décret n°2005/481, précité.

A côté des notables, un autre acteur non négligeable en la personne du riverain (paragraphe 2), participe également à l'opération de titrisation de la propriété foncière.

Paragraphe 2- Les riverains

Parmi les particuliers qui interviennent dans l'opération d'immatriculation foncière, s'il y en a dont le rôle après réflexion semble justifié, mais qui est résolument en rupture avec la déterminante organique de l'acte administratif : c'est le riverain. Cette notion qui doit être précisée (A) fait intervenir des individus anonymes dans la confection d'un acte (B) qui est pourtant supposé être purement administratif.

A- La notion de riverains en matière d'immatriculation foncière

La procédure d'immatriculation fait intervenir des particuliers que les textes désignent comme étant les riverains. L'expression est imprécise. Les lexiques considèrent que le riverain est celui qui habite le long d'une rivière ou dans une rue[253]. Cette détermination n'est pas tout à fait celle qui est retenue lorsqu'il s'agit de l'immatriculation. Le riverain y a une sphère duale.

1. Les voisins directs du terrain à titrer

L'imprécision de l'expression pousse l'intuition à poser l'hypothèse du riverain comme étant le voisin direct. Pour l'étayer et faire la vérification, un domaine marquant est utilisé : celui du régime foncier. S'y trouve la notion de **droit de riveraineté**. Ce droit est l'ensemble des prérogatives appartenant à l'occupant des abords d'un cours d'eau telles, la possibilité de se servir de l'eau pour irriguer ses terres, d'extraire la vase et le sable, le droit de pêcher…[254]. Pour l'implantation des ouvrages, cette notion se fait voir dans le cadre de la mitoyenneté et des servitudes. La réglementation y accorde aux riverains, c'est-à-dire aux voisins[255], un certain nombre de droits et d'obligations[256].

En droit administratif spécial, la notion de riverain intervient dans l'étude de celle d'aisance de voirie[257] qui accorde au riverain de la voie publique, le droit de vue, le droit d'accès et le droit d'égout[258]. Plus précis, le code de voirie routière français accorde au riverain un droit de préemption pour l'acquisition des parcelles situées au droit de leur propriété[259], c'est-à-dire voisines. Par

---

[253] *Le petit Larousse illustré*, op.cit, p.938.
[254] Art 644 C.Civ.
[255] CARBONNIER (J), *Droit civil, tome 3 :Les biens*, PUF, 1995, p.273.
[256] Art 637s C.Civ.
[257] BASTID, « Les aisances de voirie », RDP, 1930, p.609s.
[258] MORAND-DEVILLER (J), *Cours de droit administratif des biens*, 2e ed, Paris, Montchrestien, 2001, p.173.
[259] Loi du 22 juin 1989, art L.112-8.

importation, le riverain dont il est question dans l'immatriculation foncière serait donc principalement le voisin direct du fonds à titrer.

2. Les habitants intéressés

L'expression laconique de la notion de riverain laisse entrouverte la porte à une conception *lato sensu*. Le riverain pourrait ne plus être le voisin direct, mais est plutôt tout habitant intéressé.

Ce tiers qui vient participer à la titrisation de la propriété foncière au vu des usages, est assujetti à deux conditions. La première est qu'il faut que ce tiers soit un voisin du terrain à titrer. Seulement, il n'est pas tenu d'être mitoyen ou voisin immédiat. Il faut tout de même reconnaître que cette approche est un appel d'air dans la mesure où il y a là un commencement d'extension géographique non délimité qui peut prêter à équivoque. La seconde condition est celle de l'intérêt du tiers qui vient assister aux travaux de bornage. Il est en effet admissible de requérir pour celui-là qui n'est pas voisin direct, qu'il ait intérêt à agir[260]. Les pratiques ont ouvert cette brèche[261]. Cette ouverture n'est pourtant pas à condamner au vu du rôle du riverain (B) dans la procédure de confection du titre foncier.

B- Le rôle des riverains

L'intervention du riverain dans la procédure d'établissement du titre foncier n'est pas fortuite. Celui-ci y joue un rôle considérable dans la validation des travaux de la commission parce qu'il siège en son sein. Il permet aussi de faire qu'il y ait le cas échéant contradiction pour que le titre constitué ne soit pas entaché d'irrégularités.

1. Faire la contradiction

La présence du riverain dans la commission consultative n'est pas prévue de façon explicite dans le texte donnant la constitution de cette commission[262]. Le fait en est que les riverains ne sont pas préalablement désignés par le Sous-préfet qui est l'autorité qui nomme les membres de la commission. La demande d'immatriculation du requérant est affichée[263]. L'affichage sert à informer le public. C'est à ce niveau que le riverain intéressé est mis au courant de l'intention d'immatriculation et des détails tels le lieu et l'heure de la descente de la commission.

---

[260] CE sect 19 octobre 1956, société Le béton, rec.375 in GAJA, D, 13e édition, pp.517 et s.

[261] TPI de Douala-Ndokoti, Ordonnance de référé n°107 du 21 avril 2010, affaire association AGRODICEDI FAH contre l'Université de Douala.

[262] Art 12 du décret n°76/166, précité.

[263] Art 13 du décret n°76/165, précité.

A l'évidence, l'affichage de l'extrait de la demande d'immatriculation est la manifestation de la quête d'information pouvant confirmer ou troubler l'opération à entreprendre. Telle une publication des bans, elle est une invitation aux oppositions[264] et demandes d'inscription[265] s'il y en a. Pour éviter d'établir un titre foncier qui souffrirait d'irrégularités, il est tout à fait normal d'informer le public de ce que la commission consultative va se tenir. Pour les immeubles bâtis occupés et voisins du terrain à titrer, il est même de tradition pour la commission d'en faire appeler les propriétaires ou leurs représentants dès l'entame des travaux pour qu'ils certifient bien que le terrain n'est pas déjà titré et que le bornage effectué a fidèlement respecté les limites du terrain à titrer.

2. Signer le procès-verbal de bornage

Même si les textes font des riverains des acteurs secondaires dans la procédure d'immatriculation, ceux-ci restent tout de même importants.

A part la contradiction qu'ils sont susceptibles d'amener, ils ont un rôle encore plus relevé dans la constitution du procès-verbal de bornage. Ils sont des sortes de témoins qui attestent que le bornage s'est effectué sans incident[266], et que les règles du bornage dont ils ont connaissance ont été respectées.

Le champ d'intervention du riverain est ici le bornage. Il signe le procès-verbal de bornage[267]. Les textes sont précis là-dessus, ce qui laisse envisager qu'un procès-verbal de bornage qui porte toutes les signatures à l'exception de celle des riverains serait entaché de vice.

---

[264] TIENTCHEU NJIAKO, *Droits fonciers urbains au Cameroun*, Op.cit, p.460.
[265] NYAMA, *Régime foncier et domanialité publique au Cameroun*, Op.cit, p.137.
[266] Ou avec incident.
[267] Art 13 (3) du décret n°76/165, et art 13(6) et 14 du décret n°2005/481, précités.

CONCLUSION DU CHAPITRE

Les rapports entre un citoyen et son administration changent. Ils procèdent de plus en plus vers la consultation des administrés par l'Administration[268]. Cette relation remaniée n'a pour autant pas refait les critères de l'acte administratif[269]. Assurément, l'acte administratif unilatéral est organiquement pris par une autorité administrative. Il n'est pas excessif de tenir compte de ce qu'il est issu du travail administratif. Aussi, des acteurs non administratifs ne sont pas supposés participer à son édiction. Pour le titre foncier, cette vérité doit s'incliner au constat de l'intervention d'acteurs particuliers. Il s'agit des avocats, des notaires, des notables et des riverains qui, malgré leur simple qualité de citoyens, ont à contribuer dans des cas précis à l'établissement du titre foncier. Cette rareté que présente la certification foncière quant à ses acteurs ne pouvait pas laisser indifférent.

---

[268] PISSALOUX (J-L), « Relations avec les administrations : le changement dans la continuité », 1ère partie, *Petites affiches*, 14 février 2001, n°32, p.4s.

[269] V. notamment CHALTIEL (F), « Le régime juridique de l'acte administratif individuel (développements récents) », *Petites affiches*, 27 avril 2001, n°84, p.10.

CONCLUSION DU TITRE

Le titre foncier est un acte juridique parce qu'il crée des droits et des obligations[270]. Il est signé par l'autorité administrative mais n'est pas un acte administratif classique[271]. La maîtrise de sa confection reste bien l'affaire de l'Administration. Seulement, et c'est là le point qui édifie la position, cet acte n'est pas le produit unique de l'Administration. Certains acteurs publics participent dans certaines circonstances à sa confection.

La catégorie la plus édifiante est celle de ces intervenants qui n'ont normalement pas la qualité d'agents administratifs. Les actes qu'ils ont à poser revêtent souvent une importance qui fait que leur absence empêche que le titre soit établi[272] ou alors, plus tard, elle pourra être la source des assauts contentieux visant à faire plier l'inattaquabilité de cet acte quand il est dressé[273]. Assurément, le titre foncier est un acte administratif particulier. Ce trait accentué par le cadre matériel de son élaboration (Titre II) est fortement déterminé par ce cocktail d'acteurs qui participent à son établissement.

---

[270] EISENMANN (C), *Cours de droit administratif*, Op.cit, p.684.
[271] Arrêt n°20/CFJ/CA du 20 mars 1968, Ngongang Njanke, Op.cit.
[272] C'est le cas du notaire qui doit dresser l'acte de mutation.
[273] CS/CA, jugement n°5 du 23 nov 1989, Nteppe Clermond et autres contre État du Cameroun.

TITRE II :

LA SPÉCIFICITÉ DU CADRE MATÉRIEL DE L'ÉLABORATION

L'élaboration de l'acte administratif est administrative, c'est-à-dire qu'il est élaboré par l'Administration et soumis à des formalités de création relevant des autorités administratives. Or, l'élaboration par l'Administration du titre foncier sort des sentiers habituels[274] par les fortes interventions d'acteurs non administratifs[275]. Cette spécification a des conséquences sur le plan du mode d'élaboration du titre foncier.

L'ensemble des acteurs du mode d'élaboration du titre foncier joue un rôle déterminant dans la validité du titre foncier/acte administratif. Ce rôle déterminant est tel que l'absence de la participation de certains acteurs non administratifs est susceptible de vicier la validité de la procédure de confection du titre et donc d'invalider le titre élaboré[276]. La prérogative de puissance publique revêtant l'acte administratif d'acte de pouvoir, en prend un coup.

C'est que l'Administration détient un pouvoir général d'agir unilatéralement[277]. Ce privilège fait qu'il y a dans l'acte administratif tout au moins une idée de puissance[278]. Et le titre foncier lui, est un acte qui est établi de concert avec les administrés. Ce particularisme déjà présenté fait percevoir comme une démarcation du titre foncier de l'acte administratif classique.

Accentuation du constat de la spécificité du titre foncier dans son élaboration : sa procédure d'établissement (chapitre 1). Le rôle joué par ces acteurs non administratifs, associés à l'octroi de cet acte juridique à des personnes normalement exclues de ce champ (les non nationaux dans les zones frontalières) est source de spécification. Il n'est pas non plus à exonérer cette originalité perceptible dans l'appréciation matérielle du titre élaboré (chapitre 2) comme provenant même de l'objet de cet acte juridique : certifier la propriété immobilière en étant l'un des conducteurs de la politique juridique de sacralisation du droit de propriété (immobilière) [279]. Le droit de propriété est effectivement élevé au haut rang des droits et obligations juridiques fondamentaux à telle enseigne qu'il est protégé par le préambule de la

---

[274] SABOURIN, « Peut-on dresser le constat de décès du critère organique en droit administratif français ? », Op cit, 1971, p.589.

[275] Supra.

[276] Art 13 (7)(8) du décret n°2005/481 du 16 décembre 2005 modifiant et complétant certaines dispositions du décret n°76/165 du 27 avril 1976 fixant les conditions d'obtention du titre foncier.

[277] CHAPUS (R), *Droit administratif général*, tome 1, 15e édition, Paris, Montchrestien, 2001, p.470.

[278] VENEZIA (J-C), « Puissance publique, puissance privée », in *Mélanges EISENMANN*, 1975, p363.

[279] LAVIALLE (C), « De la fonction du territoire et de la domanialité dans la genèse de l'État en France sous l'ancien régime », *Revue droits*, n°15, 1992, p.19. V. aussi CAILLOSSE (J), « Plaidoyer pour le domaine public naturel », R.J.E., 4, 1990, pp.384 et s.

constitution camerounaise[280]. La répercussion logique en est que l'acte juridique de consécration et de protection de la propriété immobilière ne pouvait pas lui-même être ordinaire.

[280] Loi n°96-06 du 18 janvier 1996 portant révision de la constitution du 12 juin 1972.

CHAPITRE 1

LA PROCÉDURE D'ÉTABLISSEMENT DU TITRE FONCIER

La procédure d'immatriculation foncière a deux grandes étapes à savoir le bornage du terrain et la confection à proprement parler du titre foncier. Cette représentation est tout de même fort simpliste parce que l'établissement du titre peut être sujet à plusieurs aléas exprimant la nécessité de mieux catégoriser le type de l'établissement du titre foncier. Il y a ainsi, l'établissement normal (section 1) qui est procédurière à côté de l'établissement simplifié (section 2). Ce deuxième moyen de la confection du titre foncier diffère du premier en ce qu'il concerne en particulier la translation de propriété ayant déjà fait l'objet d'une première certification.

Section 1- L'établissement normal du titre foncier

Pour qu'un acte administratif ne soit pas annulé pour vice de forme et de procédure, il faut que son élaboration ait été conforme aux formalités de création de l'acte administratif. Ce type de vice est constitutif de l'illégalité externe de l'acte administratif[281]. Au niveau de la procédure, la seule éventualité dans laquelle l'autorité émettrice de l'acte administratif partage quelque peu son pouvoir exclusif de faire l'acte, est celle de la consultation[282]. Mais la consultation, qu'elle soit de l'ordre de l'avis obligatoire, facultatif ou conforme[283], permet de requérir l'avis de l'Administration.

Le cercle clos de la confection classique de l'acte administratif ne l'est pas pour le titre foncier qui, au-delà des conditions de forme et de procédure de l'acte administratif, admet des particularismes telle que la participation d'acteurs autres qu'administratifs. En la matière, l'établissement non contentieux du titre foncier (paragraphe 1) est la règle même si dans les faits, de nombreuses contestations donnent à l'établissement contentieux (paragraphe 2), un poids non négligeable allant même jusqu'à faire croire que le *principe du contentieux* est devenu la règle normale qui accompagne la confection du titre foncier.

---

[281] MORAND-DEVILLER (J), *Cours de droit administratif*, 9e édition, Paris, Montchrestien, 2005, pp.715 et s.

[282] V. SIMONNIAN-GINESTE (H), « *Nouveau regard sur l'avis consultatif* », RDP 1999, p.112.

[283] Sur le régime des consultations : Cf : ABANE ENGOLO (P.E), « L'application de la légalité par l'Administration au Cameroun », Op cit, pp.171 et s.

Il faut aussi souligner la possibilité de consulter des organes en principe non administratifs. C'est le cas du conseil d'Etat français qui est dans certains cas consulté par le gouvernement. V. PEISER (G), *Contentieux administratif*, 10e édition, Paris, Dalloz, 1997, pp. 9 et s.

Paragraphe 1- L'établissement non contentieux du titre foncier

Par établissement non contentieux, il faut entendre le déroulement de la confection du titre foncier sans qu'aucun incident ne survienne, ou qu'aucune circonstance particulière ne vienne complexifier ce déroulement. L'introduction de la demande (A) est la première étape. Elle n'est pas le propre de l'établissement non contentieux quant aux attributs du demandeur puisqu'elle est aussi le commencement de l'établissement contentieux. Ce qui particularise par contre l'établissement non contentieux du titre foncier est, à part l'absence d'évènement particulier à son déclenchement[284], la simplicité du traitement administratif (B).

A- L'introduction de la demande

Pour qu'un titre foncier soit établi, il faut que la demande en soit faite. La formulation d'une demande est donc l'élément déclencheur de la procédure d'établissement du titre foncier. Les conditions de la demande concernent les attributs du demandeur et la contexture du dossier de demande.

1. La qualité du demandeur

Le demandeur est celui qui formule le désir de voir immatriculer son terrain. De nombreuses règles juridiques déterminent la qualité du demandeur, et certaines dérogations les accompagnent. Le demandeur doit être de nationalité camerounaise. Pour la dérogation, il faut nécessairement que l'acte d'attribution en propriété d'un terrain à un étranger[285] soit revêtu du visa du ministre chargé des Domaines[286], que le terrain ne soit pas situé en zone frontalière[287] et que soit mise en jeu, dans certains cas, la condition de réciprocité[288] qui s'applique, elle, aux représentations diplomatiques.

Sans plus de détail, les textes parlent de ***« personne habilitée à solliciter l'obtention d'un titre foncier »***[289]. Le fait est que l'obtention du titre foncier est un droit garanti par l'État[290] et comme tout droit, il s'exerce quand les conditions de droit commun sont remplies. Le demandeur doit avoir la capacité

---

284 Infra.

285 Personne physique et personne morale.

286 Art 10 de l'ordonnance n°74/01 du 6 juillet 1974 fixant le régime foncier.

287 Ibid. L'exception à cette règle de la non-attribution de propriété foncière aux étrangers dans les zones frontalières est la dérogation accordée aux populations nigérianes habitant à Bakassi en application de l'accord de Greentree.

Cf. BILIGHA-BI-HOUNDOUL (P.I), « L'exercice des droits fonciers par les ressortissants nigérians dans la zone à régime spécial transitoire de la presqu'île de Bakassi », Op cit, pp.46 et s.

288 Supra.

289 Art 11 (1) du décret n°2005/481 du 16 décembre 2005 modifiant et complétant certaines dispositions du décret n°76/165 du 27 avril 1976 fixant les conditions d'obtention du titre foncier.

290 Art 1 de l'ordonnance n°74/01, précitée.

juridique[291]. Ceci veut dire que le demandeur doit disposer de toutes des facultés mentales et qu'il ait atteint la majorité civile qui est fixée à 21 ans accomplis[292]. Il ne doit pas également être sous le coup d'une condamnation qui l'en prive[293]. Pour les mineurs et les personnes incapables, ils ne peuvent agir qu'à travers leurs représentants[294] ; représentants qui ont l'interdiction de faire établir les titres fonciers en leurs noms propres[295].

L'action en demande de titre foncier est personnelle. Elle peut tout de même être exercée par un représentant comme pour le cas des mineurs et des incapables. La condition ici reste la même. Celui qui reçoit autorisation d'agir et de représenter le réel demandeur ne peut faire immatriculer le terrain en son nom sous peine de nullité. Dans l'affaire Zibi Zanga s'est posé ce type de problème[296].

Le sieur Zibi Zanga a demandé l'annulation du titre foncier établi au nom de Zibi Edima. Ce dernier qui est son neveu a obtenu de lui la charge de constituer pour lui et suivre le dossier du titre foncier d'une parcelle de terrain appartenant au plaignant. Le sieur Zibi Zanga en a profité pour plutôt faire établir le titre en son nom. A part ce vice, d'autres, telle l'absence d'autorités traditionnelles lors du travail de la commission consultative, ont motivé le juge de la chambre administrative à annuler le titre foncier malencontreusement établi au nom d'un représentant.

Une interprétation stricte des textes veut également que le demandeur soit l'occupant, ou l'exploitant du terrain à titrer[297] puisque la commission consultative doit effectuer une descente pour constater qu'il y a occupation ou exploitation effective. A la vérité, il faut reconnaître que les occupants et les exploitants (traditionnels) ont de plus en plus tendance à vendre leurs terrains non encore immatriculés. Ils pourront faire immatriculer plus tard alors qu'ils ne sont plus les réels occupants ou exploitants, ouvrant aux acheteurs la possibilité de morceler. Tout comme ces acquéreurs peuvent personnellement et directement se faire établir un titre foncier sur leurs propriétés. La façon la plus fiable éprouvée est d'acquérir la propriété par acte notarié tel que précédemment présenté.

---

[291] Art 31 (1) du décret n°76/165 du 27 avril 1976 fixant les conditions d'obtention du titre foncier.

[292] Art 488 C.Civ.

[293] ABA'A OYONO (J-C), « La compétence de la juridiction administrative en droit camerounais », thèse de doctorat en droit, Université de Nantes, 1994, p.77.
V. GUIMDO DONGMO (B.R.), « Le droit d'accès à la justice administrative au Cameroun, contribution à l'étude d'un droit fondamental », *Droit prospectif*, 121e numéro, P.U.A M, 2008.

[294] TIENTCHEU NJIAKO (A), *Le titre foncier au Cameroun*, Yaoundé, Arika, 2009, p.22.

[295] Art 10 du décret n°76/165, précité.

[296] CS/CA, Jugement n°1 du 26 novembre 1998, Zibi Zanga Jean contre État du Cameroun.

[297] Art 13 (2) du décret n°2005/481, précité.

2. *Le dossier de demande*

L'enclenchement de la procédure d'établissement non contentieux du titre foncier démarre avec la formulation d'une demande introduite en vue de la constitution du dossier y afférent ; « ***le dossier est déposé auprès du Sous-préfet du lieu de situation de l'immeuble*** »[298] contre récépissé.

Le dossier de demande de titre foncier sur une dépendance du domaine national comprend une demande en quatre exemplaires dont l'original est timbré[299]. La demande doit contenir les éléments nécessaires à l'identification du demandeur et du terrain. Les noms et prénoms, filiation, domicile, profession et régime matrimonial du demandeur, sont requis dans la demande. Sa nationalité aussi pour se rassurer qu'il s'agit d'un Camerounais, pour ce type de procédure. Autant que possible, toutes ces indications figurant dans le demande doivent être accompagnées de pièces justificatives par la présence de copies certifiées de ces éléments dans le dossier.

La demande doit indiquer le nom sous lequel l'immatriculation doit être effectuée. De même, elle doit être signée[300] et donner la description de l'immeuble « ***situation, superficie, nature de l'occupation ou de l'exploitation, estimation de sa valeur, indication des charges qui le grèvent*** »[301]. La fourniture de l'ensemble de ces paramètres permet de situer le terrain dans une circonscription, de faire la lumière sur l'existence ou non d'éléments devant être indiqués par prénotation administrative[302]. Ces paramètres permettent aussi d'imposer le demandeur.

L'imposition est faite par le moyen de la taxe foncière sur les propriétés immobilières, et par celui du revenu sur la propriété foncière. Le premier est fixé selon la superficie de la surface à titrer[303], et le second sur la nature de l'occupation ou de l'exploitation en particulier quand il s'agit d'utilisation génératrice de revenus du fonds à immatriculer.

Le dossier de demande d'immatriculation (complet) déposé à la sous-préfecture contre récépissé déclenche la phase administrative (B), ce qui donne ouverture à l'immatriculation du terrain par l'Administration.

---

[298] Ibid, art 12(1).
[299] Art 11(1).
[300] Idem.
[301] Ibid.
[302] Art 168 du décret du 21 juillet 1932 instituant au Cameroun le régime de l'immatriculation (encore en vigueur pour certaines de ses dispositions).
[303] TIENTCHEU NJIAKO, *Droits fonciers urbains au Cameroun*, Op cit, pp.79-93.

B- Le traitement administratif de la demande

Dès réception du dossier, le Sous-préfet doit délivrer dans soixante-douze heures un récépissé sans aucune formalité préalable sur le terrain[304]. Il a huit jours pour transmettre le dossier à la délégation départementale des affaires foncières[305] dont le délégué, dans les quinze jours, fait publier par le chef de service départemental des affaires foncières, un extrait de la demande par voie d'affichage[306]. Puis sur proposition de ce chef de service, le Sous-préfet fixera par décision la date de constat.

1. Le constat et le bornage

La commission consultative est chargée du constat et de l'évaluation. Présidée par le Sous-préfet et constituée de membres établis désignés par le Préfet[307], la commission consultative descend sur le terrain pour constater que le terrain à titrer fait l'objet d'une occupation ou d'une exploitation. La composition de la commission est mixte, ce qui notamment revêt la procédure d'immatriculation d'un visage quelque peu différent de celui de la procédure d'élaboration des autres actes administratifs[308]. A côté des agents administratifs, siègent des chefs de villages, des notables et des riverains[309].

Le constat est établi par ce qui est visible sur le terrain, par les rapports des autorités traditionnelles présentes dans la commission et des riverains, généralement voisins de l'immeuble à titrer. En cas de doute, la preuve de l'occupation ou de l'exploitation qui incombe à celui qui en fait la demande peut être produite par tout moyen de droit dont les constats d'huissier[310] déjà retenus par le juge avec les témoignages qui font partie des moyens opérants.

Sans incident, le constat de l'occupation ou de l'exploitation effective est établi par la commission qui, immédiatement va faire borner l'immeuble par un géomètre assermenté du cadastre[311]. Le géomètre effectue le bornage en

---

304 Art 12 (2) du décret n°2005/481, précité.

305 Ibid.

306 Ibid, art 13(1).

307 Art 12 du décret n°76/166 du 27 avril 1976 fixant les modalités de gestion du domaine national.

308 Supra

309 Art 13 (7) du décret n°2005, précité.

310 Décret n°79/448 du 05 novembre 1979 portant réglementation des fonctions et fixant le statut des huissiers de justice, modifié par le décret n°98/170 du 27 août 1998.

V. cour d'appel du centre, arrêt n°177/Civ du 4 février 2005, affaire n°647/RG/04-05 du 1er octobre 2004, Mme Nankeu née Tchinda Sabine, Nankeu Pierre contre sieur Nguedi Ebala Joseph, cour d'appel de l'ouest, Arrêt n°01/Civ du 14 octobre 1999, affaire ayants droit de feu Minwouo Marie Noël contre Maître Tsouapague et hôpital Ad lucem de Bafang in *Juridis périodique* n°50, juin 2002, p.47. obs. Tiemtchueng Moïse.

311 Art 13(6) du décret n°2005/48, précité.

présence de la commission consultative. Le bornage d'immatriculation consiste à reconnaître, délimiter et matérialiser les limites du terrain à immatriculer. L'implantation des bornes obéit à des règles techniques[312] que le géomètre va respecter. Le constat et le bornage donnent lieu à l'établissement d'un plan signé uniquement du géomètre, et d'un procès-verbal de bornage « ***signé du géomètre, du président de la commission consultative, du chef de service départemental des affaires foncières, du chef de village concerné et des riverains*** »[313]. Le procès-verbal dressé, reste à achever l'immatriculation.

2. L'immatriculation proprement dite

Après avoir dressé le procès-verbal de bornage, le délégué départemental des affaires foncières transmet dans les trente jours qui suivent au délégué régional, le dossier de demande d'immatriculation[314] auquel il joint le procès-verbal de la commission consultative, le procès-verbal de bornage et cinq exemplaires du plan[315]. Le chef de service régional des affaires foncières va enregistrer le dossier. Ce dossier est transmis à la délégation régionale des domaines et des affaires foncières qui élabore l'avis de clôture de bornage[316], puis transmet le dossier au conservateur foncier pour immatriculation de l'immeuble[317] consistant en l'immatriculation sur le livre foncier et en la délivrance d'un titre foncier.

La procédure de délivrance du titre foncier se présente comme étant déconcentrée avec un conservateur qui est localisé au département et dont la fonction est de parachever ce processus par l'immatriculation, soit l'établissement et la délivrance du titre foncier. Il exerce cette charge seul quand il n'y a pas eu d'incident.

En cas de contestation, le Gouverneur de région devra par arrêté donner au conservateur la conduite à suivre[318]. La déconcentration dans la région de l'essentiel de la procédure de confection du titre foncier présente, pour ces cas, cet acte comme fortement localisé[319]. La publication de l'avis de clôture de bornage au bulletin des avis domaniaux et fonciers précède l'établissement du titre foncier afin de permettre que d'éventuelles contestations encore possibles soient émises pour au maximum éviter d'entacher la validité du titre à former.

---

[312] LAPOINTE (L) et MEYER (G), *Topographie appliquée aux travaux publics, bâtiment et levers urbains*, Paris, Editions Eyrolles, 1986, pp. 26 et s.
[313] Art 14(2) du décret n°2005/481, précité.
[314] Supra.
[315] Art 15(1) du décret n°2005/481, précité.
[316] Ibid, Art 15 (2).
[317] Art 15(3) et 19.
[318] Infra.
[319] CF TADJUDJE, « La déconcentration de la gestion foncière au Cameroun : une analyse du décret n°2005/481 du 16 décembre 2005 », Op cit,

La survenue de contestations va modifier la procédure d'établissement en lui donnant une forme contentieuse (paragraphe 2) qui complexifie la confection du titre foncier concerné.

Paragraphe 2- L'établissement contentieux du titre foncier

Il y a établissement contentieux quand survient un incident qui est de nature à perturber la procédure normale d'établissement du titre foncier. Par la voie administrative (A), le contentieux soulevé peut être résolu. La démarcation de la tradition de fabrication de l'acte administratif ressort de la procédure juridictionnelle (B) qui est un autre moyen de faire établir le titre foncier quand se pose un problème qui perturbe la confection normale. Le caractère d'acte administratif du titre foncier se trouve par ce second moyen questionné.

A- La procédure administrative

Lors de l'établissement du titre foncier, certaines difficultés ou un certain nombre de contestations peuvent être soulevées. En première intention, il revient à l'Administration de trouver la solution à la contestation afin d'établir un titre foncier véritablement définitif. Doivent donc être successivement présentés : le fait générateur et la solution administrative.

1. Le fait générateur

L'élément générateur de contentieux dans la phase administrative de l'établissement du titre foncier est essentiellement l'opposition.

L'opposition est identifiée dans les lexiques du droit comme un moyen de la procédure contentieuse administrative[320]. Elle est une voie de recours ordinaire[321] permettant à l'opposant partie au procès n'ayant pas pu faire valoir un de ses moyens[322], de la soumettre au juge de l'instance pour lui faire rétracter sa décision.

L'opposition n'est pas seulement un moyen évocable devant le juge. Il peut être employé dans divers autres domaines : le cas de l'opposition à mariage[323]. Il s'agit de l'acte juridictionnel (ou non) par lequel une personne intéressée empêche légalement l'accomplissement d'un acte. Dans la procédure d'établissement du titre foncier, l'opposition est donc la contestation soulevée en vue de faire obstacle à l'immatriculation d'un terrain.

---

[320] Cf : FEUER (G), « Contributions à la théorie de l'appel dans la procédure contentieuse administrative », RDP, 1958, pp. 19 et s.
[321] A la différence de l'appel et de la cassation.
[322] Il s'agit généralement des jugements par défaut.
[323] Art 172 et s C.civ.

C'est par l'opposition proprement dite que le contentieux est élevé[324]. Une de ses déclinaisons est la demande d'inscription de droit[325].

La possibilité de faire des contestations est ouverte à partir du jour du dépôt à la sous-préfecture de la demande d'immatriculation jusqu'à trente jours à compter de la publication, au bulletin des avis domaniaux et fonciers, de l'avis de clôture de bornage. C'est dire que la contestation peut être soulevée à tout moment durant l'immatriculation foncière jusqu'au terme de trente jours après publication de l'avis de clôture de bornage au bulletin des avis domaniaux et fonciers. Elle peut concerner la composition ou l'avis émis par la commission consultative, le bornage (étendue du terrain), les levés ou la qualité du géomètre, l'inscription de droit,... [326].

Dans la mesure où l'Administration est à la recherche de la vérité quand elle procède à l'immatriculation, les conditions concernant l'opposant ne sont pas complexes parce que l'éclairage peut venir de partout. Les formes concrètes de contestations sont :

« - ***Soit par voie d'opposition uniquement, s'il y a contestation sur l'auteur ou l'étendue de la mise en valeur ;***

- Soit par demande d'inscription de droit, en cas de prétention élevée sur l'existence d'un droit réel ou d'une charge susceptible de figurer au titre à établir » [327].

Les contestations soulevées sont formées par requête timbrée comportant les identifiants de l'opposant, l'objet de la contestation et les titres ou pièces sur lesquels elles sont appuyées (preuves) pour permettre à l'Administration d'y donner suite.

2. La solution administrative

Quand la contestation est soulevée avant la descente sur le terrain de la commission consultative, celle-ci aura à s'y prononcer le jour de ladite descente. La contestation soulevée après le constat et le bornage est consignée dans le registre des oppositions par le conservateur foncier[328] et notifiée à celui qui a demandé l'immatriculation dans un délai de trente jours[329].

L'Administration permet ainsi à toutes les parties de réagir. Elle a fait la publicité de l'immatriculation demandée et a ainsi ouvert la possibilité de

---

[324] Art 16(1.a) du décret n°2005/481, précité.
[325] Ibid, art 16(1.b).
[326] NYAMA, *Régime foncier et domanialité publique au Cameroun*, Op cit, p.134.
[327] Art 16 du décret n°2005/481, précité.
[328] Ibid, art 17 et 18.
[329] Art 18.

contester au tiers pour être édifié sur l'existence du litige. Pour ne toujours pas entacher d'irrégularités l'immatriculation, elle adresse la contestation à celui qui a requis de faire immatriculer pour qu'il exerce son droit de réponse : la procédure d'immatriculation et la solution administrative de résolution des contestations sont donc contradictoires.

A l'issue du délai de réponse accordé au demandeur en immatriculation et après étude de ses réponses (si elles ont été faites), l'Administration doit prendre une décision. Contrairement à l'immatriculation non contentieuse où le conservateur agit de sa propre initiative[330], la survenue de contestations donne autorité d'action au gouverneur de région[331]. La décision de la suite à donner à la demande d'immatriculation est prise par le Gouverneur par arrêté et l'exécution de cette décision relève du conservateur foncier.

L'opposant peut retirer son opposition, le demandeur peut apporter des réponses satisfaisantes faisant mourir la contestation. Dans ces deux hypothèses, il y a mainlevée de l'opposition et le conservateur foncier va alors procéder à l'immatriculation sur ordre du gouverneur[332]. Sinon, le Gouverneur peut autoriser le conservateur foncier à immatriculer le terrain au nom du demandeur d'immatriculation, mais avec inscription des droits, ou faire exclure la parcelle contestée de l'immatriculation, ou enfin simplement rejeter la demande d'immatriculation[333]. Quand le contentieux est soulevé devant le juge (B), les solutions ne sont pas trop différentes.

B- La procédure juridictionnelle

Il est étrange, voire anormal que le juge, corps étranger à l'Administration fasse acte d'administration. Autant la théorie du ministre juge[334] est dissoute, autant celle du juge qui gouverne[335] l'est aussi, le tout au nom de la séparation de l'Administration active de la juridiction[336]. Cette scission quelquefois non respectée ne l'est pas aussi ici. Le juge a le pouvoir de participer à l'établissement du titre foncier, et le titre confectionné, œuvre non exclusive de l'Administration, sera alors un acte à la qualification administrative équivoque du point de vue de son critère formel.

---

[330] Supra.

[331] Art 20 du décret n°2005/481, précité.

[332] Art 19.

[333] Art 20.

[334] ISAMBERT, *Recueil général des anciennes lois françaises*, plon, T.XVII, n°375, p.403.

[335] DE BECHILLON (D), « Le juge et son œuvre. Un an de fabrication du droit administratif dans la jurisprudence du conseil d'Etat », in *L'architecture du droit, Mélanges en l'honneur du professeur Michel Troper*, Economica, 2006, p.362.

[336] DELVOLVE (P), « Paradoxes du paradoxe sur le principe de séparation des autorités administratives », in *Mélanges RENE CHAPUS*, Montchrestien, 1992, n°16, p.145.

1. Le fait contentieux

L'intervention du juge dans la confection du titre foncier est incidente. A titre principal, l'Administration a la maîtrise totale de la procédure d'établissement du titre foncier. La naissance de contestations introduit l'établissement du titre par des procédures différentes de celle qui est suivie quand il n'y a pas d'incident.

Comme pour la résolution administrative en cas de contentieux, celle juridictionnelle est également fondée sur l'existence de l'opposition. Les catégories d'oppositions sont les mêmes que pour le fait générateur du contentieux solutionné par l'Administration[337]. Il s'agit des contestations sur l'auteur ou l'étendue de la mise en valeur, et de la demande d'inscription des droits en cas de prétention élevée sur l'existence d'un droit réel ou d'une charge susceptibles de figurer dans le titre à établir[338]. Les contestations soulevées sont présentées à l'Administration qui doit ou non y donner suite.

Le juge n'intervient qu'après l'Administration. Si la personne qui a demandé l'immatriculation d'un terrain n'est pas satisfaite de la décision de l'autorité administrative au sujet de l'opposition qui en est née, ou si son auteur n'est pas satisfait de la décision de l'Administration, les parties au litige peuvent saisir le juge pour faire annuler la décision de l'Administration.

L'autorité qui tranche le litige est le Gouverneur[339]. Puisque la juridiction compétente est la juridiction administrative[340], l'action devant elle est conditionnée par la préalable tentative de résolution administrative du recours gracieux préalable[341]. Le recours gracieux contre la décision du gouverneur est formé devant le ministre chargé des Affaires foncières. L'insatisfaction de la suite donnée à ce recours par le ministre ouvre la voie à l'action devant le juge administratif.

2. Le traitement juridictionnel

Le juge administratif compétent[342] saisi, s'il juge le recours recevable, va statuer sur la question de droit à l'origine de l'opposition à immatriculation.

---

[337] Supra.

[338] Art 16 (1) du décret n°2005/481, précité.

[339] TADJUDJE, « La déconcentration de la gestion foncière au Cameroun : une analyse du décret n°2005/481 du 16 décembre 2005 », Op.cit, p.20.

[340] Art 20(4) du décret n°2005/481, précité.

[341] NCHOUWAT (A), « Le juge et l'évolution du droit administratif au Cameroun », thèse de doctorat de 3e cycle, Université de Yaoundé II, 1994, pp.151-155.

[342] Le tribunal administratif du chef-lieu de région où se situe le terrain à la lecture de la loi n°2006 /022 du 29 décembre 2006 fixant l'organisation et le fonctionnement des tribunaux administratifs.

Le fait que l'affaire soit jugée ne suspend pas la procédure d'établissement du titre foncier puisque le recours juridictionnel n'est pas suspensif du moment que le Gouverneur a pris un arrêté donnant l'ordre au conservateur foncier de délivrer le titre foncier. Compte tenu de la durée des instances en justice, le titre peut être délivré et son bénéficiaire peut entamer des travaux alors que le litige est encore pendant. Cet état de choses peut justifier le recours au sursis à exécution[343] pour suspendre la procédure d'établissement du titre foncier. Dans le cas contraire, une ordonnance peut toujours être obtenue devant le président du tribunal de première instance du lieu de situation de l'immeuble pour obtenir arrêt des travaux sur le terrain dont le titre est querellé[344].

En guise de décision, le juge administratif peut, selon le cas aller dans le même sens que la décision du gouverneur. Ou plutôt, il peut prendre la décision contraire. De manière générale, il a le pouvoir de faire rectifier les coordonnées du plan[345], de faire rectifier le titre, d'ordonner la délivrance ou non du titre foncier. Il a en fait le pouvoir ici de donner des ordres à l'Administration[346]. Le juge a aussi le droit d'ordonner que certaines inscriptions soient faites sur le titre. Le juge fait ainsi inscrire une prénotation judiciaire quand il est saisi en urgence. Le juge judiciaire, puisqu'il s'agit de lui[347], prendra cette mesure qui sera provisoire dans l'attente de l'aboutissement du contentieux dont a été préalablement saisi le juge du fond.

Le juge n'est pas l'autorité qui confectionne le titre foncier. Comme le Gouverneur pour la procédure administrative, le juge statue sur le litige et la suite de la procédure, c'est-à-dire l'exécution de la décision de justice revient au conservateur foncier[348]. Le juge, sans être l'auteur du titre peut y jouer un rôle déterminant, ce qui déteint sur la fixité de la nature juridique de cet acte. Même dans l'établissement simplifié du titre foncier (section 2), certains éléments tendent à identifier cet acte comme non ordinaire dans la catégorie des actes administratifs.

---

[343] OWONA (J), *Droit administratif spécial de la République du Cameroun*, Paris, Edicef,, 1985, P.219.
[344] V. Ordonnance de référé n°170 du 14 mai 2009, TPI de Douala-Ndokoti, monsieur Manga Louis Roger Marie contre Mandjeck Martin, Djiekak Noupoué et autres…
[345] Ordonnance de référé n°363 du 22 octobre 2009, TPI de Douala-Ndokoti, l'association humanitaire Afrique Future contre monsieur le chef de service régional des domaines et des affaires foncières du Littoral à Douala.
[346] Infra.
[347] Art 163, 168 et 146 du décret de 1932 précité.
[348] Art 6 du décret n°76/165, précité.

Section 2- L'établissement simplifié du titre foncier

Les titres fonciers accordés aux étrangers et aux représentations diplomatiques[349] auraient pu entrer dans cette catégorie. Leur originalité est due à l'exigence préalable de visas de certains ministres[350]. Mais sans plus, puisque dès que ces autorisations sont obtenues, l'établissement du titre devra suivre la procédure normale. L'hypothèse de l'établissement simplifié est autre (paragraphe 1). Ce qui décomplexifie encore plus ce mode d'établissement du titre foncier est sa procédure (paragraphe 2).

Paragraphe 1- L'hypothèse de l'établissement simplifié

Elle s'applique selon qu'il s'agit de l'appropriation privée (A) ou de l'hypothèse où c'est l'Administration qui acquiert le terrain (B) qui doit être titré. Dans ces deux cas de figure, les conditions de l'appropriation sont telles qu'il y a un certain nombre de formalités qui ne sont pas nécessaires par rapport à l'immatriculation dite normale.

A- L'appropriation privée

Le premier pan de l'hypothèse de l'établissement simplifié du titre foncier est celui de l'appropriation privée. Comme pour l'établissement normal, la personne demanderesse de l'immatriculation est une personne physique ou morale de droit privé. La différence qui existe réside dans la catégorie de la parcelle à titrer.

1. L'acquisition d'une propriété immatriculée

L'établissement normal du titre foncier suppose que le terrain à titrer fasse partie du domaine national.

Le domaine national est constitué de deux catégories de dépendances[351] : les terres libres de toute occupation effective et les terrains d'habitation, de cultures, de pâturage ; bref, des terrains soumis à une emprise évidente de l'homme. Les terres libres de toute occupation effective ne sont sujettes qu'à concession[352]. Les terrains qui subissent les emprises « évidentes » de l'homme sont, pour leur part, susceptibles d'appropriation privée[353].

Ce qu'il faut dire de la phase d'établissement normal du titre foncier est qu'il est effectué sur une parcelle du domaine national occupée ou exploitée. La parcelle à acquérir est en elle-même sans propriétaire officiel qui puisse

[349] Supra.
[350] Art 10 de l'ordonnance n°74/1, précitée.
[351] Art 15 de l'ordonnance n°74/1, précitée.
[352] Art 11(3) du décret n°2005/481, précité.
[353] Ibid, Art 11(1).

nominativement être désigné[354]. La conséquence en est qu'elle est non immatriculée et non encore officiellement délimitée. La procédure engagée va consister à l'immatriculer pour la toute première fois et à la borner également pour la première fois.

L'appropriation d'un terrain privé déjà immatriculé est simplifiée par rapport à l'appropriation d'une dépendance du domaine national. Quand l'acquéreur achète la totalité de la propriété, il n'a plus à la faire borner, et à faire constater l'occupation ou l'exploitation, étant donné que cela avait déjà été effectué lors de la première immatriculation. Il a juste à faire constater la vente par acte notarié[355] et à obtenir la mutation du titre de l'ancien propriétaire[356]. Quand il n'a acquis qu'une partie du terrain titré, il doit procéder au morcellement[357] dont la procédure est tout aussi moins complexe que quand il n'y a jamais eu de titre foncier sur une propriété immobilière.

2. *L'acquisition d'une propriété appartenant au domaine privé des personnes morales de droit public*

Aucune procédure d'acquisition en propriété sur le domaine public n'est envisageable. En réaction à la prodigalité des monarques du Moyen Âge, le principe de l'inaliénabilité du domaine public fut inséré dans le serment du sacre et solennellement consacré par l'édit de Moulins de 1566[358]. Cette protection n'allait pas seule ; à part l'inaliénabilité, le domaine public est insaisissable et imprescriptible[359]. Le fait en est que le domaine public est sous le coup d'un régime particulier. Il est constitué de façon originale et n'est pas soumis à immatriculation. Sa constitution se fait par voie de décret[360], on dit qu'elle est déclarative. Le domaine public est affecté à l'utilité publique[361], c'est-à-dire à l'usage direct du public ou à l'usage du service public. L'inaliénabilité qui frappe les dépendances de ce domaine y interdit tout acte possessoire[362]. Cette protection du domaine public qui a été reprise au Cameroun[363] n'admet l'aliénation qu'à la condition du déclassement pour

---

[354] KAMTO (M), « La chose publique », RASJ, vol 2, n°1, 2001, pp.9-11.
[355] Art 8 de l'ordonnance n°74/1, précité.
[356] Art 22 à 44 du décret n°76/167, précité.
[357] Infra.
[358] MORAND-DEVILLER (J), *Cours de droit administratif des biens*, 9e ed,, Paris, Montchrestien, 2001, p.159.
[359] Ibid, pp.167 et s.
[360] Ex :art 5 de l'ordonnance n°74/2 du 6 juillet 1974 fixant le régime domanial.
[361] C.E, 21 novembre 1952, ministre des Travaux publics, Rec.528 ; CE., 26 décembre 1952, département de la corrèze, Rec.605.
[362] T.C., 24 février 1992, Couach.
[363] Art 2 de l'ordonnance n°74/2, précitée.

affectation inopérante[364]. Les biens déclassés intègrent alors le domaine privé de la personne morale de droit public.

Le domaine privé des personnes morales de droit public peut pour sa part être aliéné. L'acquéreur peut être une personne publique ou une personne privée. Précision vaut que le domaine privé de l'État et des autres entités publiques est immatriculé[365]. Son acquisition par une personne physique ou morale de droit privé ne passe donc plus par le constat, le bornage et l'immatriculation initiale. L'acte d'acquisition, certifié par la personne publique[366] est valable et va servir au nouveau propriétaire pour juste faire muter le titre foncier. Il faut tout de même préciser que pour les acquéreurs de terrains domaniaux les ayant obtenus par vente, pèse souvent une obligation : celle de mettre en valeur le terrain dans un délai de trois ans[367]. L'inobservation de cette clause entraîne en principe résolution de la vente.

Le second pan de l'hypothèse qui est l'appropriation publique (B) [368] met également en évidence des situations dans lesquelles le formalisme de l'établissement du titre foncier est considérablement diminué.

B- L'appropriation publique

Par appropriation publique, il faut entendre l'acquisition d'un bien immobilier par la personne morale de droit public. Cette acquisition fait rentrer ledit immeuble dans son domaine privé. Le domaine public n'est pas considéré ici dans la mesure où il est rarement titré[369], qu'il est constitué par constatation[370], ou par un acte exprès de classement. L'acquisition concernée ici est celle par laquelle le domaine qui en bénéficie fait l'objet de l'immatriculation. L'acquisition peut être faite de façon forcée, ou à l'amiable.

1. L'acquisition amiable

Il y a acquisition amiable quand la personne morale de droit public entre en possession d'un bien sans passer outre la volonté de celui qui en est dépossédé. Malgré leurs prérogatives exorbitantes[371], il peut arriver que les personnes

---

[364] Ibid, art 5(3).
[365] Ibid.
[366] KONE NGOUH, « Le domaine privé de l'Etat au Cameroun », Op cit, p.65.
[367] Art 7 et 10 du décret n°76/27 avril 1976 fixant les modalités de gestion du domaine privé de l'Etat.
[368] TIENTCHEU NJIAKO, *Le titre foncier au Cameroun*, Op.cit, p.25.
[369] Art 3 de l'ordonnance n°74-2, précitée.
[370] MORAND-DEVILLER, *Cours de droit administratif des biens*, Op.cit, p.106.
[371] HECQUARD – THERON (M), « De la prérogative de puissance publique à la prérogative de décision », in *Mélanges MOURGEON*, Bruyant, 1998, p.671.

publiques acquièrent leurs biens par les moyens de droit commun. Il s'agit d'un procédé essentiellement[372] utilisé pour la constitution du domaine privé.

L'État, les collectivités territoriales décentralisées et les autres entités publiques peuvent constituer leurs domaines privés par :

- l'achat[373] : il suffit que le vendeur et l'acquéreur se soient entendus sur le prix. La législation donne le droit d'achat prioritaire à l'État (droit de préemption) lorsque le bien vendu appartient à un étranger[374] ;
- l'échange[375], qui permet à la personne publique d'acquérir un immeuble contre un autre à la condition qu'il n'y ait pas de perte (d'où les compensations) au sortir de l'évaluation réciproque des immeubles échangés ;
- les libéralités[376] qui, sous forme de legs et de dons font entrer un immeuble dans le domaine privé du bénéficiaire ;
- la prescription[377] et l'abandon[378] des droits fonciers coutumiers.

Par l'acquisition amiable, les personnes morales de droit public vont pouvoir faire rentrer dans leurs domaines privés des terrains dont la plupart sont déjà objet de titre foncier. Pour les terrains non titrés, la procédure normale de la titrisation sera suivie ; ce cas rare s'applique surtout à l'abandon des droits fonciers coutumiers par les particuliers. Il est plus courant que le terrain acquis soit déjà titré. Il s'agira alors d'opérer une simple mutation de titre sans plus passer par le constat et le bornage.

2. L'acquisition forcée

Différente de l'acquisition par la voie amiable, l'acquisition forcée se manifeste par la mise en jeu des prérogatives exorbitantes de l'Administration publique pour faire rentrer des immeubles dans sa propriété.

De façon graduelle, il y a les confiscations pénales[379] au profit des personnes morales de droit public et l'incorporation de certaines dépendances[380] dans leurs domaines privés qui ne mettent pas en évidence l'exorbitance de façon

---

[372] Non pas exclusivement parce que le domaine privé des entités publiques peut également être constitué par l'usage de prérogatives exorbitantes.
[373] V. Décrets n°75/343 et n°75/344 du 21 mai portant acquisition d'immeubles sis à Yaoundé et à Kribi.
[374] Art 10 de l'ordonnance n°74/1, précitée.
[375] Art 13 du décret n°76/167.
[376] Art 11, 12, 13, 14,15 du décret n°76/167, précité.
[377] OWONA, *Droit administratif spécial de la République du Cameroun*, Op.cit, pp.130 et s.
[378] KONE NGOUH, *Le domaine privé de l'Etat au Cameroun*, Op.cit, pp.22-23.
[379] Art 35, 118-120, 184 du Code pénal.
[380] Cf : ABANE ENGOLO (P.E), « Le régime des déguerpissements au Cameroun », mémoire de DEA, Université de Yaoundé II, 2006, p.22.
Art 11 de l'ordonnance n°74/2, précitée.

considérable. Là où elle se trouve le plus, c'est dans l'acquisition par expropriation. Les textes camerounais donnent à l'Administration publique le pouvoir d'exproprier[381] pour des raisons d'utilité publique.

L'expropriation permet de constituer le domaine public et le domaine privé des administrations publiques. Pour le domaine public, « ***le décret de classement vaut acte d'expropriation*** » [382] et fait rentrer le bien classé dans le domaine public. Le principe est même que l'expropriation ne fasse pas passer un bien d'un patrimoine privé, à un autre patrimoine privé du fait même de la vocation d'utilité publique de cette opération. Une exception à ce principe est tirée de ce que l'utilité dont il est question peut être celle de l'usage par un service public. Or, certains services publics font dans le secteur rentable (les services publics industriels et commerciaux) et n'ont de patrimoine que leur domaine privé. Ce qui fait que l'expropriation effectuée fera passer un bien d'un patrimoine privé dans un autre patrimoine privé[383]. Le juge administratif français a même validé l'expropriation effectuée au bénéfice direct d'une personne morale de droit privé au motif de « l'intérêt public » de son activité[384]. Le juge camerounais et la législation en vigueur[385] n'ont pas encore admis cette éventualité n'ouvrant l'expropriation qu'au bénéfice des personnes morales de droit public.

Pour qu'il y ait expropriation, il faut que le terrain objet de cette procédure soit attribué à une personne identifiable et qu'il ait le titre qui certifie qu'il en est propriétaire : le titre foncier[386]. A titre de dérogation, l'expropriation peut avoir lieu quand l'établissement du titre foncier de l'exproprié est en cours[387] ; cela a notamment été observé lors de la construction du pipeline Tchad-Cameroun[388] où subitement, le chantier annoncé, la plupart des propriétaires coutumiers ont entamé la procédure d'immatriculation de leurs terres ; assurément ils étaient bien avisés.

Le principe demeure que l'exproprié est détenteur d'un titre foncier. La conséquence logique en est que le nouveau propriétaire n'aura plus à trop se formaliser puisque l'expropriation vaut mutation de la propriété (paragraphe 2).

---

[381] Notamment : préambule de la loi constitutionnelle n°96-06 du 18 janvier 1996 ; l'ordonnance n°74/03 du 06 juillet 1974 relative à la procédure d'expropriation pour cause d'utilité publique et aux modalités d'indemnisation.
[382] Art 5(2) de l'ordonnance n°74/2, précitée.
[383] MORAND-DEVILLER, *Cours de droit administratif des biens*, Op.cit, p.408.
[384] C, 20 décembre 1935, établissements VEZIA.
[385] Art 3 et 10 de l'ordonnance n°74/3, précitée.
[386] OWONA (J), « L'expropriation pour cause d'utilité publique », chapitre XVI, tome V de l'encyclopédie juridique de l'Afrique, NEA, 1992, p.271s.
[387] Cf : TIENTCHEU NJIAKO, *Droits fonciers urbains au Cameroun*, Op.cit, pp. 381-382.
[388] Lire *Cameroon Tribune* n°7377/3666 du 27 juin 2001.

Paragraphe 2- La procédure simplifiée d'établissement du titre foncier

Les hypothèses posées font montre de ce que l'établissement du titre dans ces cas est moins formalisé que dans d'autres[389]. Il y a ainsi simplification de la procédure parce que certaines formalités ne sont plus ou pas utiles ici (A) et aussi dans la mesure où l'immatriculation va s'effectuer de façon directe (B), parce que la procédure est allégée.

A- Les dispenses

Quand l'immatriculation d'un terrain a lieu pour la première fois, obligatoirement, il faut passer par les levés topographiques, le constat, puis l'expédition des rapports de ces travaux à l'autorité compétente afin qu'elle procède à la confection du titre foncier. La procédure simplifiée n'est pas ainsi faite au vu des dispenses qui y existent.

1. La dispense de constat et de bornage

Pour qu'il y ait immatriculation, il faut que le propriétaire en fasse la demande. La demande en question doit être constituée de façon particulière[390]. Déposé à la sous-préfecture, le dossier de demande est transmis au service départemental des domaines et un extrait de la demande est affiché[391] avant qu'une commission soit formée.

L'ensemble de la procédure qui vient d'être représentée n'est normalement pas suivi quand il y a immatriculation simplifiée.

Plus importantes encore sont les formalités de constat et de bornage. Le constat d'occupation ou d'exploitation est le fait de la commission consultative. Cette dernière doit, lors de la descente sur le terrain, faire procéder au bornage par un géomètre du cadastre[392] ; puis dresser les procès-verbaux à adresser au conservateur foncier pour établissement de titre foncier quand il n'y a pas eu de contestation. Toute cette procédure, jonchée de formalisme, n'est pas applicable dans le mode d'établissement simplifié du titre foncier.

Suivant les hypothèses avancées, la remarque qui doit être faite est que la propriété acquise fait déjà l'objet d'une immatriculation[393]. Cette observation n'est pas inutile puisqu'elle révèle que le terrain objet de la transaction a déjà eu à subir toutes les phases de l'immatriculation possible ; la preuve est qu'il est

---

389 Supra.

390 Art 11 du décret n°2005/481, précité.

391 Ibid, art 13.

392 NYAMA, *Régime foncier et domanialité publique au Cameroun*, Op.cit, p.132.

393 Sauf des exceptions dans l'expropriation où l'immatriculation peut ne pas encore avoir été achevée.
- Cf : CS/CA, arrêt du 16 août 1990 ; Albert ONO NGAFOR contre État du Cameroun, *Juridis périodique*, n°46, 2001, p.39s, note Célestin Keutcha.

couvert d'un titre foncier. Deux situations sont alors possibles : l'acquisition vise uniquement la totalité de l'immeuble titré. Très simplifiée, la procédure admet la dispense totale et seul l'acte du notaire (appropriation privée)[394], ou l'acte de l'Administration (appropriation publique)[395] suffit pour qu'il y ait tout juste une mutation de titre. Deuxième possibilité : l'acquisition vise une parcelle de l'immeuble immatriculé ou déborde la superficie de l'immeuble titré. Il s'agit respectivement du morcellement et de la fusion d'immeubles. De la procédure habituelle, celle du morcellement ne requiert que le bornage[396]. Mais, le constat d'occupation ou d'exploitation n'est pas nécessaire. La fusion d'immeubles[397] ne donne lieu à bornage partiel que quand il y a une fusion entre un immeuble immatriculé et une parcelle voisine d'un autre immeuble immatriculé. Il n'y a pas de constat d'occupation ou d'exploitation dans la procédure de certification immobilière quand il y a fusion d'immeubles contigus titrés.

2. Le caractère congru des contestations

Ce n'est certainement pas une dispense, mais le caractère congru des contestations participe à déterminer la simplification des procédures. Habituellement, les oppositions et les demandes d'inscriptions de droits peuvent être soulevées dès l'entame de la procédure du bornage. C'est-à-dire que, dès le dépôt de la demande d'immatriculation jusqu'à 30 jours à compter de la publication de l'avis de clôture de bornage, des contestations peuvent être soulevées et mettre en branle la procédure contentieuse d'établissement du titre foncier.

Étant donné que les terrains objets de transaction sont, dans les hypothèses évoquées, déjà titrés et que l'acquisition en cause ne nécessite plus le constat et l'exploitation, il va de soi que l'ensemble du contentieux pouvant naître à la suite de contestations sur le constat où l'occupation, est à exclure. S'agissant du bornage, il est également difficile de voir surgir des contestations sur le bornage effectué puisqu'il s'effectue dans les limites ayant au préalable été déterminées. La difficulté et voire l'impossibilité de contestations font que le législateur a même simplifié la procédure en confiant le pouvoir de faire le lever du plan au seul géomètre. Il faut rappeler que quand le terrain est à sa première immatriculation, « ***à peine de nullité, aucun bornage d'immatriculation ne peut être effectué par le géomètre seul*** » [398], il effectue le bornage en présence de la commission consultative. L'établissement d'un titre sur un immeuble ayant déjà été immatriculé au moins une fois, dispense du constat ; le bornage

[394] SOCKENG (R), *Les institutions judiciaires au Cameroun*, 1ère édition, Groupe saint-françois,
[395] Supra.
[396] Art 22 à 29 du décret n°76/165, précité.
[397] Ibid, et art 29 (nouveau) du décret n°2005/481, précité.
[398] Art 13(8) du décret n°2005/481, précité.

est effectué par le géomètre seul qui, assermenté, n'est pas obligatoirement du cadastre[399].

La possibilité de contestations est encore plus réduite pour le cas des appropriations par la voie de droit commun où le notaire joue un rôle central. Cette possibilité est réduite parce que le notaire est tenu (avant d'établir l'acte de la transaction) de procéder à toutes les vérifications utiles. L'immatriculation est directe (B) dès que la transaction est effectuée.

B- L'immatriculation directe

Le fait qu'il y ait de nombreuses dispenses, et donc un certain nombre de formalités exclues quand il y a changement de propriétaire pour les terrains déjà immatriculés, a pour conséquence que la « translation » de propriétaire s'effectue de façon directe. Les procédures sont abrégées de sorte que l'autorité qui établit le titre se retrouve directement saisie.

1. La compétence directe du conservateur dans l'acquisition privée

Quand le terrain devant être titré en est à sa première immatriculation, le conservateur n'est saisi que lorsque la commission consultative a eu à établir le procès-verbal de descente sur le terrain et celui du bornage avec le géomètre[400]. Par la suite, ces procès-verbaux sont transmis à la délégation régionale des domaines et des affaires foncières[401]. C'est seulement à la fin de ce processus que le conservateur sera saisi, soit par le service régional des domaines quand il n'y a pas de contestation, soit par le Gouverneur de région quand est née une contestation à l'occasion de l'établissement du titre foncier[402].

L'acquisition d'immeuble par la voie de droit commun fait intervenir le notaire. Le notaire qui a pour rôle d'établir l'acte de la transaction immobilière[403] doit personnellement veiller à la régularité de l'opération pour éviter de tomber sous le coup d'une sanction pénale[404]. Il revient au notaire ayant établi l'acte de vente constitutif, translatif ou extinctif de droits réels immobiliers, de monter le dossier de mutation du titre foncier.

Il formule une demande timbrée comportant les mentions identiques à celles que contient la demande d'un titre foncier original. A la demande, il joint les pièces justificatives du statut civil de l'acquéreur, un croquis ou un plan de l'immeuble visé par le chef de service du cadastre compétent et une copie du

399 Art 26 du décret n°76/165, précité.
400 Art 13 du décret n°2005/481, précité.
401 Ibid, art 15.
402 Supra.
403 SOCKENG, *Les institutions judiciaires au Cameroun*, Op.cit, p.104.
404 Art 8 de l'ordonnance n°74/1, précitée.

titre foncier initial[405]. Le dossier ainsi constitué est adressé au conservateur foncier du lieu de situation de l'immeuble.

Ce qui signifie que le conservateur foncier, dans ce cas de figure, n'est plus saisi par le chef de service régional des domaines ou par le Gouverneur ; mais il l'est par le notaire. La compétence du conservateur est directe.

Directement saisi par le notaire, le conservateur foncier doit transformer le titre. Au préalable, il vérifie l'authenticité des pièces qui lui sont fournies[406] et c'est le visa confirmatif des services du cadastre qui le fondera à établir le titre foncier. Ce visa doit notamment certifier que la configuration de l'immeuble concerné est concordante avec celle initiale, et qu'il n'empiète pas sur les dépendances du domaine public[407].

2. L'immatriculation d'office pour l'Administration

L'Administration publique peut acquérir des biens selon les voies de droit commun, comme elle peut le faire en usant de ses prérogatives exorbitantes. Les moyens de droit commun font intervenir le notaire tel que présenté. Par contre, les acquisitions faites par voie d'autorité et en particulier l'expropriation, montrent un changement sans formalisme de propriétaire.

> ***« L'expropriation pour cause d'utilité publique est prononcée par décret au terme de la procédure définie par la présente ordonnance. Ce décret entraîne immédiatement transfert de propriété et permet de muter les titres existants ou d'immatriculer d'office… »[408].***

Il faut en dire que, quand il y a expropriation, la propriété des fonds change de bénéficiaire et l'immatriculation s'opère d'office, c'est-à-dire sans formalité. Le décret d'expropriation équivaut à l'acte de mutation du titre de propriété. L'implication en est que les actes valant expropriation entraînent également immatriculation d'office. Le classement en fait partie parce que « ***le décret de classement vaut acte d'expropriation*** »[409]. Dans ces cas de figure, l'immatriculation d'office est opérée.

---

405 Art 23 du décret n°2005/481, précité.
406 Ibid, art 31.
407 TIENTCHEU NJIAKO, *Le titre foncier au Cameroun,* Op.cit, p.17.
408 Article premier de l'ordonnance n°72/3, précitée.
409 Art 5(2) de l'ordonnance n°74/2, précitée.

CONCLUSION DU CHAPITRE

Pour un acte administratif, le titre foncier sort des sentiers battus. Quel est donc cet acte administratif qui, dans le commencement de sa confection, est sujet à publicité[410], qui est soumis à publicité au milieu de sa procédure d'établissement[411], et à la fin de celle-ci ? On sait que l'acte individuel est plus notifié que publié[412], mais le titre foncier est publié. Ce n'est pas le seul acte administratif individuel qui est publié, mais ils ne sont pas nombreux. On sait aussi que l'acte administratif est sous maîtrise et sous confection unique de l'Administration ; le titre foncier est confectionné avec la participation de personnes non administratives. La place du juge et celle du notaire en sont des illustrations[413].

Autant que dans sa représentation (chapitre 2), le titre foncier par son établissement constitue un acte dont l'intégration dans la catégorie des actes administratifs à l'examen pose quelques interrogations.

---

[410] Art 13(2) décret n°2005/481, précité.

[411] Ibid, art 15(2).

[412] CHALTIEL (F), « Le régime juridique de l'acte administratif individuel (développements récents) », *Petites affiches*, 27 avril 2001, n°84, pp. 9 et s.
CS/CA, Jugement n°29 du 03 mai 1990, affaire Mbarga Symphorien contre État du Cameroun. Obs KEUTCHA TCHAPNGA (C), *Juridis périodique* n°43, 2000, pp.62 et s.

[413] Supra.

CHAPITRE 2

LES SPÉCIFICATIONS DU TITRE FONCIER A ÉLABORER

Le titre foncier est un acte administratif qui, matériellement, se distingue des autres. Il est vrai que dans la typologie des actes pris par l'Administration, divers actes aux aspects singuliers cohabitent. Parmi les actes pris unilatéralement par l'Administration se trouvent deux actes qui n'obéissent pas à la rigidité des critères connus :

- d'abord les décisions d'espèces. Par tradition, l'acte administratif est, soit individuel, soit réglementaire. La décision d'espèce n'est, ni individuelle, ni générale[414]. Sans nominativement désigner personne, elle n'est pas non plus réellement générale et impersonnelle[415] ;
- et ensuite, les actes mixtes « *pour partie réglementaires et pour partie contractuels...* »[416], le cas des contrats de concession.

Des actes pris par l'Administration, le titre foncier fait sa contribution au brouillage des critères souvent arrêtés. Des facteurs déjà exposés le démontrent. Ici, la matérialité du titre foncier (section 1) fait voir un acte qui est atypique dans sa présentation physique, mais aussi un acte dont l'objet (section 2) est de matérialiser la consécration d'un droit fondamental ; celui de la garantie de la propriété.

Section 1- La particularité physique du titre foncier

C'est en situant un élément dans son milieu et en l'opposant aux autres éléments de son milieu qu'il peut ou non être affirmé que le premier est particulier par rapport aux autres. Ce rapport déjà pris en compte dans la démonstration le sera davantage ici : le titre foncier et les autres actes administratifs. Habituellement, l'acte administratif est isolé ; ce n'est pas le cas pour le titre foncier (paragraphe 2). Mais avant d'évoquer ces « accompagnements » du titre foncier, il faut en soi le présenter physiquement (paragraphe 1) pour saisir les traits de ses spécifications matérielles.

---

414 POIROT – MAZERES (I), « *Les décisions d'espèce* », RDP, 1992, p.443.

415 CE, 11 octobre 1985, Fédération nationale des syndicats de cadres des industries chimiques, p.455, DA 1986, n°497.

416 CHAPUS (R), *Droit administratif général*, tome 1, 15e édition, Paris, Montchrestien, 2001, p.496.

Paragraphe 1- La matérialité du titre foncier

Le titre foncier sort de l'ordinaire dans sa présentation physique. Il est un acte juridique volumineux (A) et son volume est notamment tributaire du nombre de mentions qu'il porte. Le formalisme de sa délivrance est aussi original (B). Ce second aspect ne sera pas développé dans le cadre de l'établissement du titre foncier, mais plutôt des modalités de son entrée en vigueur qui sont attachées à certains préalables qui le démarquent de l'acte administratif classique.

A- Un acte juridique volumineux

Le volume de l'acte administratif varie selon qu'il comporte ou non plusieurs dispositions. Pendant que certains actes administratifs tiennent à peine sur une seule page, d'autres vont bien au-delà. Cette réalité ferait dire que si le titre foncier est volumineux, il n'inaugure pas une tradition. Ce qui n'est pas souvent relevé et qui devrait l'être est que les actes volumineux le sont souvent parce qu'ils portent des dispositions générales. Ainsi, le principe[417] est que l'acte volumineux est un acte réglementaire, et par analogie, que l'acte moins fourni soit un acte individuel.

Le titre foncier est généralement un acte individuel puisqu'il désigne nommément son bénéficiaire. Même quand le titre est délivré à un ensemble de personnes ou à une personne morale, leurs noms figurent toujours dans le titre foncier[418]. Un arrêté de nomination, comme la plupart des actes individuels, n'est pas volumineux, mais le titre foncier, acte individuel, l'est.

1. La forme de livre du titre foncier

Le titre foncier est un acte juridique à part. Dans sa présentation extérieure, il a une forme de livre. Le titre foncier est un livre. Cet aspect est sûrement dû au fait qu'il a succédé au livret foncier[419] qui, avec le *certificate of occupancy*[420], étaient les moyens de certifier sa propriété foncière respectivement dans les anciens Cameroun français et britannique.

Le livret foncier permettait à son titulaire de jouir de ses droits fonciers même si le droit de propriété n'était constitué dans sa totalité que par la formalité de l'enregistrement[421]. Le fait est que le livret foncier était un acte se

---

[417] Qui n'est qu'un principe factuel.

[418] LEVY (B), *Les actes non réglementaires et l'urbanisme*, Droit et ville, Paris, 1990, p. 5.

[419] TIENTCHEU NJIAKO, *Droits fonciers urbains au Cameroun*, Op cit, p.111.
Art 4 de l'ordonnance n°74/1 du 6 juillet 1974 fixant le régime foncier.

[420] Ibid.

[421] NGWASIRI (C.N), *Land Law*, *Third year law degree course*, University of Yaoundé, tome II, (s-d), pp. 54 et s et p. 93.

présentant sous forme de carnet[422]. Cette forme a sûrement influencé celle du titre foncier d'aujourd'hui qui lui aussi est une sorte de petit livre dans lequel est mentionné un ensemble d'éléments permettant d'identifier le titre, son propriétaire et comportant l'indication du terrain qui fait l'objet de l'immatriculation. Le titre foncier est donc un livre avec normalement une couverture à l'extérieur, et qui, à l'intérieur, contient vingt-quatre pages.

2. Les pages du titre foncier

Plusieurs mentions doivent être marquées dans le titre foncier. Quand le titre est établi à la suite d'une transaction sous seing privé, le notaire transmet certaines informations au conservateur foncier. Ce dernier peut en tenir compte comme il peut les ignorer ; ce sont les mentions facultatives. D'autres mentions, elles, obligatoires, ne peuvent ne pas figurer dans le titre foncier. Les unes sont relatives au propriétaire, et les autres à l'immeuble.

Les mentions obligatoires relatives au propriétaire sont l'indication de son état civil[423]. Y figurent ses noms et prénoms, domicile, profession, nationalité et régime matrimonial. Et « ***lorsqu'un titre foncier est établi au nom d'un mineur ou de tout autre incapable, l'âge du mineur et la nature de l'immeuble sont indiqués sur le titre***[424] ». Ces indications personnelles ont, dans l'ensemble, pour but de donner des informations aux tiers voulant effectuer des transactions avec le propriétaire. Pour le cas du mineur et de l'incapable par exemple, l'aliénation de leurs biens est soumise à l'action par leurs tuteurs sur accord du conseil de famille[425].

Le titre foncier, à part l'identification de son titulaire, doit aussi indiquer l'immeuble dont il est objet. Les mentions obligatoires relatives à l'immeuble sont : la description de l'immeuble (sa consistance, sa contenance, sa situation, ses limites…), les droits réels existant sur l'immeuble et les charges qui le grèvent, le plan, un numéro d'ordre et un nom particulier[426]. Il s'agit de pouvoir identifier le terrain, le localiser dans un département, déterminer le contenu de l'immeuble[427] et d'informer les tiers sur la présence ou non d'inscriptions, droits et charges sur l'immeuble. Ces inscriptions sont : l'usufruit[428], l'emphytéose, les

[422] Ibid, pp.55-56.
[423] Art 35 du décret n°2005/481 du 16 décembre 2005 modifiant et complétant certaines dispositions du décret n°76/165 du 27 avril 1976 fixant les conditions d'obtention du titre foncier.
[424] Art 36 du décret n°76/165 du 27 avril 1976 fixant les conditions d'obtention du titre foncier.
[425] Art 457-C.Civ.
[426] Art 36 du décret n°76/165, précité.
[427] Si par exemple l'immeuble est bâti, il faut que soient décrites les mises en valeur.
[428] Art 578, 579, 939 et 2118 C.civ.

droits d'usage et d'habitation, le droit de superficie[429], les garanties immobilières dont font partie les hypothèques[430].

Dans l'ordre, les vingt-quatre pages du titre foncier contiennent :

- dans le premier feuillet, la désignation et la description de l'immeuble, l'état civil du propriétaire, le numéro de la copie du titre foncier, le lieu et la date de délivrance ainsi que le cachet du conservateur ;
- dans les deuxième et troisième feuillets, les modifications liées à l'exercice du droit de propriété, les baux à terme, les charges et servitudes[431]… ;
- dans les sixième et le septième feuillets, sont mentionnées les différentes aliénations et mutations autorisées ;
- dans les huitième et le neuvième feuillets, figurent les droits grevant l'immeuble et la situation de l'immeuble avec le visa obligatoire des services du cadastre et de l'urbanisme.

Les feuillets du titre foncier sont organisés en cinq sections ayant des objets différents[432] :

- la section 1 intitulée « Description et désignation de l'immeuble » est un feuillet en recto et verso ;
- la section 2 intitulée « Modifications dans la consistance de l'immeuble » a quatre feuillets en recto et verso. Il y est reporté les modifications matérielles sur l'immeuble : augmentation, acquisition de parcelles contiguës, diminutions … ;
- la section 3 intitulée « Modifications dans l'exercice du droit de propriété » tenant sur deux feuillets recto et verso contient les droits réels constitués et les clauses d'indisponibilité ; par exemple, l'inscription d'une clause résolutoire de mise en valeur ;
- la section 4 intitulée « Mutations » en deux feuillets recto et verso, permet d'inscrire les mutations partielles (morcellement) ou totales (aliénation totale) ;
- la section 5 intitulée privilèges et hypothèques tient sur un feuillet en recto et verso. Il y est inscrit les droits grevant l'immeuble. C'est le cas de l'obtention d'un crédit auprès d'une banque ou d'un établissement de crédit, l'hypothèque au profit de la banque ou de cet établissement provoque, en cas de défaillance du client, la vente de l'immeuble après décision de justice.

---

[429] Art 547 et 3181 C. Civ.

[430] Sur l'ensemble, V. NYAMA, *Régime foncier et domanialité publique au Cameroun*, Op cit, p.266s.

[431] Ibid, p.288.

[432] Cf : titre foncier annexé à la thèse ; et conservation foncière du Mfoundi.

B- Les caractéristiques liées aux formalités

L'établissement du titre foncier comprend plusieurs opérations. Les formalités qui achèvent cet établissement font partie desdites opérations. Ces formalités qui achèvent la confection sont pour l'Administration celles tenant à l'authentification de l'acte et pour le requérant le versement du prix du terrain en cas d'acquisition, majoré des frais d'enregistrement et de timbre.

1. L'authentification

Pour que le titre foncier soit valable et qu'il entre en vigueur, il doit être passé par un certain nombre d'opérations qui servent à l'authentifier.

L'enregistrement fait partie de ces opérations qui se tiennent à la fin du processus. D'abord, la réception des procès-verbaux[433] donne lieu à enregistrement sous un numéro[434]. Avant de délivrer le titre foncier, le conservateur foncier immatricule l'immeuble sur le livre foncier[435], ce qui est un autre enregistrement dont les mentions sont exactement celles qui figurent dans le titre foncier.

Visibles au niveau des pages du titre, les visas et les cachets des services compétents permettent d'authentifier un titre foncier. Toutes les pages du titre foncier portent le cachet de service du conservateur foncier du lieu de situation de l'immeuble. Son visa est également opposé dans les feuillets et à la page de couverture du titre. Dès qu'un feuillet porte une mention, il doit l'authentifier en rajoutant au bas du feuillet le cachet de la conservation qui figure déjà sur tous les feuillets (mais au-dessus), et son cachet nominatif sur le feuillet qui porte la mention et sa signature. Ces éléments figurent obligatoirement sur le premier feuillet puisqu'il comporte toujours des mentions.

Le titre foncier, pour entrer en vigueur, doit faire l'objet de publicité. Pour un acte administratif individuel, il n'est pas notifié[436], mais publié. C'est que les tiers, intéressés par l'opération, doivent être informés afin d'en tirer les conséquences et d'agir en connaissance de cause. « ***Il est de principe pour les actes individuels que leur publication est réalisée, soit par voie de publication au journal officiel, soit par voie de notification, c'est-à-dire par un avertissement écrit apporté personnellement à l'intéressé*** »[437]. Le cas du titre

---

[433] Supra.
[434] Art 15 (2) du décret n°2005/481, précité.
[435] Ibid, art 19.
[436] CS/CA, jugement n°29 du 03 mai 1990, affaire Mbarga Symphorien contre État du Cameroun, obs KEUTCHA TCHAPNGA, *Juridis périodique*, Op.cit.
[437] Idem.

foncier est particulier. Sa publicité n'est faite que par le moyen du bulletin des avis domaniaux et fonciers[438].

Le bulletin des avis domaniaux et fonciers est le moyen de la publication des actes et opérations relatifs à l'immatriculation foncière[439] sauf pour la demande d'immatriculation[440]. A la différence du journal officiel, le bulletin des avis domaniaux est déconcentré parce qu'il y en a normalement un par région[441] ; il est sous la responsabilité de la délégation régionale du ministère chargé des Domaines et des Affaires foncières[442]. Les avantages sont nombreux ; les zones enclavées peuvent désormais procéder à des immatriculations sans plus qu'il n'y ait de dysfonctionnement en matière de délais[443] de publicité au regard de la périodicité de parution du bulletin des avis domaniaux qui est le journal officiel en matière foncière et domaniale.

2. Le coût

N'étant pas un élément qui incombe à l'Administration, le paiement des frais peut ne pas être considéré comme une formalité. Seulement, les formalités d'établissement et de délivrance ne sont effectuées que si le requérant s'est acquitté des frais y afférents. Et surtout, certains éléments du coût sont visibles dans le titre foncier puisqu'ils y sont mentionnés.

Le service public fonctionne par application de certains principes ou lois. Il est admis que l'Administration, structure « de serviteurs du public », ne se fait pas rémunérer. Ce principe qui est celui de la gratuité concerne notamment les actes administratifs et les infrastructures qui, pour les administrations classiques, sont fournis et utilisés sans contrepartie financière[444]. Si ce principe ne rentre pas dans les lois de Rolland et qu'il est même incertain, ce qu'il faut constater c'est que la majeure partie des actes administratifs, surtout ceux réglementaires, sont sans frais pour leurs destinataires[445]. De la demande d'établissement jusqu'à la délivrance du titre foncier, le requérant dépense. Les

---

438 Sur la publicité foncière, V. NYAMA, *Régime foncier et domanialité publique au Cameroun*, Op.cit, pp.265 et s.

439 TJOUEN (A.D.), *Droits domaniaux et techniques foncières en droit camerounais*, Economica, 1982, pp.162 et s.

440 Supra.

441 Le Cameroun est subdivisé en dix régions mais en compte onze en matière foncière et domaniale.

442 Art 15(4) du décret n°2005/481, précité.

443 OWONA MANY (G.B.), « L'Etat actuel du contentieux de l'immatriculation en droit camerounais », mémoire de DEA, Université de Yaoundé II, 2005, pp. 34 et s.

444 GUGLIELMI (G.J.) et KOUBI (G), *Droit du service public*, Paris, Montchrestien, Domat, 2000, n°1118.

445 WALINE (M), « Gratuité ou rémunération des services publics », RDP, 1951, p.497.
HERTZOG (R), « *Le prix du service public* », AJDA, 1997, n° spécial : *Le service public, unité et diversité*, p. 55.

frais de timbres, d'enregistrement et de diverses opérations s'accumulent[446]. La superficie et le lieu de situation sont des déterminants du coût, le type d'opération (morcellement, inscription…) en fait également partie[447]. Certaines indications sont visibles ; c'est le cas du coût du bordereau analytique, acte qui accompagne le titre foncier (paragraphe 2) dont le prix est marqué au bas de la page.

Paragraphe 2- Un acte administratif accompagné

Certains actes administratifs ont des annexes. Mais ces annexes n'ont aucune autonomie et ne sont que les compléments, voire des parties de l'acte administratif dont il est question. Le titre foncier, lui, est accompagné par d'autres actes administratifs qui sont exploitables de façon autonome mais associés au titre. Le plan, le procès-verbal de bornage (A) et le bordereau analytique (B), constituent la catégorie d'actes qui sont insérés dans le titre foncier.

A- Le plan et le procès-verbal de bornage

Le titre foncier est essentiellement constitué de sa couverture, ses feuillets dont seul le premier est en face unique, les autres étant en double (recto verso). Le plan et le procès-verbal de bornage n'en font donc pas originairement partie.

1. Le plan

Que l'immatriculation soit directe, c'est-à-dire effectuée sur le domaine national de première catégorie ou indirectement par la transaction sur un immeuble ayant déjà fait l'objet d'une première immatriculation, elle est toujours faite sur la base du bornage du terrain. L'autorité compétente pour effectuer le bornage et donc établir le plan est le géomètre[448]. Le plan est signé par le géomètre[449] qui doit être assermenté, et visé par le chef de service départemental du cadastre du lieu de situation de l'immeuble[450].

Le plan est annexé au titre foncier[451]. Cela signifie qu'il n'est pas à l'origine partie au titre. Il est établi à part, puis inséré. Le fait est que le plan peut être modifié suivant les transactions que pourra subir l'immeuble tel que le morcellement. Il faut donc que ces modifications qui vont faire retirer l'ancien plan et insérer sa version modifiée[452], n'entachent pas l'intégralité physique du

---

[446] V. Guide de l'usager : *Comment obtenir un titre foncier ?* Edition MINUH 2003.
[447] Cf. Loi des finances n°91/003 du 30 juin 1991, notamment art 14.
[448] Art 13 (4) et 14 du décret n°2005/481, précité.
[449] Ibid.
[450]Ibid, art 35.
[451] Ibid, art 37.
[452] Art 40 du décret n°76/165, précité.

titre foncier, ce qui fait qu'il est annexé, accolé au titre, mais qu'il n'est pas dans le titre ; tout comme le procès-verbal de bornage.

2. Le procès-verbal de bornage

Le plan et le procès-verbal de bornage sont intimement liés, mais ils ont des destins différents. Le premier est annexé à la fin du titre foncier, le second n'est pas annexé au titre foncier. Cependant, ces deux actes sont liés. Le plan est la représentation graphique et imagée du terrain borné. Le procès-verbal en est la représentation littéraire.

Le procès-verbal de bornage est signé du géomètre, du président de la commission consultative, du chef de service départemental des affaires foncières, du chef du village et des riverains. Les noms des participants, les indications sur les mises en valeur et sur les limites du terrain y sont mentionnés.

Sans être annexée au titre foncier, une copie du procès-verbal de bornage est adressée au propriétaire. Il est donc un acte non accolé au titre mais qui est dressé à l'occasion de la procédure d'immatriculation[453] et également adressé au propriétaire. Il faut préciser que cette règle n'est pas absolue parce que souvent, elle n'est pas appliquée pour les immatriculations indirectes alors que sans exception, ce procès-verbal est adressé à l'acquéreur d'une immatriculation directe sur le domaine national de première catégorie. Un autre acte qui accompagne le titre foncier, le bordereau analytique (B), mérite bien d'être présenté.

B- Le bordereau analytique

La dénomination anglophone du bordereau analytique qui d'ailleurs en dit long est « Abstract of the certificate ». Il a été dit que le titre foncier « certificate » est constitué de neuf feuillets qui indiquent l'état civil des propriétaires, l'immeuble et les droits réels, ainsi que les charges qui grèvent l'immeuble[454]. Le bordereau analytique en est l' « abstract », c'est-à-dire le résumé.

> ***« Les bordereaux analytiques sont des imprimés devant contenir une analyse sommaire des droits publiés à la conservation foncière et servant d'appui aux énonciations du titre foncier »***[455].

---

[453] Art 14 du décret n°2005/481, précité.

[454] Ibid, art 35.

[455] http//docsgoogle.com/viewer ?a-bordereau analytique.

Les droits et charges inscriptibles sont le droit de propriété et ses démembrements (usufruit, emphytéose, droits d'usage, droit de superficie[456]...), les garanties immobilières (antichrèses[457], privilèges, hypothèques) et les actions immobilières[458]. Le bordereau analytique relève du conservateur foncier. Il est formé sur spécimen. Il peut être consécutif à un jugement[459] ou aux indications de l'acte de mutation notarié[460].

Les bordereaux analytiques sont des imprimés, ce qui signifie qu'ils sont des actes à part, ne faisant pas partie des feuillets du titre foncier. Ils donnent des informations sur l'origine et les opérations foncières ayant eu lieu et celles en cours sur le terrain. Le bordereau est obligatoirement sollicité, délivré, et facturé. Il est délivré contre paiement d'une quittance et il doit être rectifié si des modifications interviennent sur le terrain ou sur les droits qui le grèvent. Le bordereau analytique est inséré au titre foncier juste après le neuvième feuillet et avant le plan.

Au final, le titre foncier est un acte administratif qui annexe d'autres. Il est volumineux, coûteux et complexe. Ces éléments sont les généralités, des détails qui traduisent le caractère singulier du titre foncier comme acte administratif. La matérialisation du droit de propriété (section 2), juridiquement porteur de symbole, peut sûrement expliquer ces particularités dont l'aspect matériel vient d'être présenté.

Section 2- Le contenu du titre foncier

Le titre foncier est un acte dont l'importance est tirée de son objet : la titrisation foncière (paragraphe 1). Il s'agit de reconnaître à une personne son droit de propriétaire et de le faire également reconnaître par les tiers, et ensuite de le sécuriser. L'appropriation foncière (paragraphe 2) qui en découle fait que la nature même du titre foncier se retrouve duale avec en ligne de mire l'objet de l'appropriation.

Paragraphe 1- La titrisation foncière

En faisant établir un titre sur la propriété de l'immeuble, le législateur entendait authentifier le droit de propriété (B). Cette préoccupation s'est construite autour de l'idée que le droit à la propriété est un droit fondamental

---

[456] Art 547 C.Civ.

[457] Art 2085 C.Civ.

[458] V. NYAMA, *Régime foncier et domanialité publique au Cameroun*, Op.cit, pp.266-282.

[459] Ex : livre foncier du département de l'Océan, 01 août 2005, vol 7, n°5527, titre foncier n°612.

[460] Ex : livre foncier du département de l'Océan, 09 juin 2008, vol 1, n°895, titre foncier n°3589. Cf. TIENTCHEU NJIAKO (A), *Le titre foncier au Cameroun*, Op cit., p.17.

qu'il faut sécuriser (A). Le titre foncier tire ainsi son importance sur ce qu'il représente et cela a probablement influencé son allure originale.

A- La sécurisation foncière

Les immeubles comme les meubles sont des biens. Il faut observer que le régime de protection des immeubles est excessif. Assurément, le rôle qui lui est attribué y est pour quelque chose. Considérés comme étant importants, leur protection ne pouvait pas être autre.

1. La fondamentalité du droit de propriété immobilière

Dans la théorie libérale est énoncé le droit de propriété. Anciennement, les théoriciens et les jurisconsultes, quand ils parlaient de propriété, ne s'attardaient (principalement) que sur les immeubles. **Jean-Jacques Rousseau** consacre un chapitre entier à la propriété[461]. Ce prestigieux homme de science conçoit que le contrat social s'est bâti sur certaines bases qu'il a d'ailleurs pour but de protéger. « **Le domaine réel** », c'est-à-dire la propriété immobilière, en fait partie[462]. Elle doit être encadrée et protégée.

Le Bill des droits de 1689 et la déclaration des droits de l'Homme et du citoyen du 27 août 1789 sont des actes de haute portée qui ont juridiquement établi ce que les théories proposaient ou ont récupéré. La déclaration de 1789 proclame un ensemble de droits et libertés qu'elle estime naturels à l'homme. La liberté de penser, la liberté religieuse, l'inviolabilité du domicile…le droit de propriété. Cette déclaration proclame inviolable et sacré le droit de propriété[463]. Même si certains, à l'image de **Robespierre,** voulaient la restreindre à l'usage et à la jouissance[464], ce droit quel qu'en était le contenu, était très protégé.

Aujourd'hui encore, cette déclaration faisant corps avec le préambule de la constitution de 1958, conserve toute son importance dans la hiérarchie des normes en droit positif. Au Cameroun, le préambule de la Constitution[465] mentionne les exercices de la propriété et consacre sa protection. La valeur de la protection de la propriété est celle de la place de la norme qui la consacre dans le droit positif. Déterminée par la loi[466], la sacralité du droit de propriété vient de ce qu'il est posé par le préambule du texte constitutionnel qui a une valeur

[461] ROUSSEAU (J.J.), *Du contrat social*, Paris VIè, Union générale d'éditions, 1973, pp.79-82.
[462] Ibid.
[463] Art 17 de la déclaration des droits de l'Homme et du citoyen du 27 août 1789.
[464] MORABITO (M), « La résistance à l'oppression en 1793 », *Revue histoire de droit français et étranger*, 1994, p. 235s.
[465] Loi n°96/06 du 18 janvier 1996 portant révision de la constitution du 2 juin 1972.
[466] Ibid, art 26(2.b).

constitutionnelle indiscutable[467]. Cette reconnaissance induit la fondamentalité du droit de propriété immobilière et la spécialité du titre qui le protège.

2. L'apport d'une sécurité juridique

La sécurisation foncière est le fait de l'acte qui certifie la propriété sur l'immeuble. Si le caractère spécial de cet acte n'est pas toujours répandu comme en France, ou en Espagne où le titre foncier n'existe pas, la spécialité de la procédure d'acquisition et de certification du fonds est fort répandue.

Au Cameroun, la procédure est particulière et l'acte qui en découle aussi. Il s'est agi de donner une certitude et une sécurité à la propriété du fonds pour éviter que l'objet fondamental protégé ne le soit plus. En obtenant un titre foncier, le propriétaire du fonds bénéficie de droit de l'avantage de jouir de son droit de propriété et de l'obligation pour l'État de lui garantir cette sécurité juridique. Ainsi, « ***la sécurité foncière…est assurée par l'État aux détenteurs des titres de propriété, des actes transformables en titres fonciers, des actes de droit de jouissance et des autorisations d'occupation du sol*** »[468].

Deux conséquences juridiques découlent de cette disposition :

- la première qui est directe est liée à la nature de l'obligation car, l'État a une compétence liée dans la mesure où il est obligé d'agir[469]. Il lui revient de mettre sur pied les règles et les organes de protection du titre foncier. De surcroît l'État ne peut pas refuser d'offrir ses services quand il est sollicité pour résoudre un litige foncier ;
- la deuxième qui est indirecte est l'interdiction d'empiétements irréguliers. A l'égard de la puissance publique, les emprises et voies de fait administratives en sont des illustrations. Elles sont notamment des atteintes à la propriété immobilière privée[470]. Leur détachement des cas admissibles de l'acte administratif illustre la protection contre les atteintes à la propriété foncière.

En se référant au droit de propriété comme étant un droit fondamental qui a participé à la création de l'État de société (contrat social), en le reconnaissant et en le garantissant au plus haut niveau de la hiérarchie des normes, une place

[467] Lire MOUANGUE KOBILA (J), « Le préambule du texte constitutionnel du 18 janvier 1996 : de l'enseigne décorative à l'étalage utilitaire », *Lex lata* n° 023-024, 1996, p. 33s.

[468] Art 95 de la loi n°2004/003 du 21 avril 2004 régissant l'urbanisme au Cameroun.

[469] Pour quelques développements sur l'obligation d'action. Cf ONDOA (M), « La constitution duale : recherches sur les dispositions constitutionnelles transitoires au Cameroun », RASJ, 2000, vol1, n°2, pp. 51-54.

[470] CS/AP, arrêt n°7 du 16 décembre 2004, Affaire Kuela Valeri Norbert et MINLO Auguste contre adjudant chef Eben Edouard.

V. BIGLIONE (F), *La notion de privation de propriété : Etude relative à la propriété immobilière*, PUAM, 1999.

importante lui a été accordée. Le titre de certification juridique de ce droit (B) ne pouvait par conséquent être ordinaire.

B- La validation juridique du droit de propriété foncière

La prise en compte de l'importance du droit de propriété (immobilière) et le grand nombre de conflits qui naissent sur l'utilisation, la jouissance et surtout sur l'appropriation foncière, ont amené à instituer des modes de détermination de la propriété. L'immatriculation est aujourd'hui la forme de détermination de la propriété qui certifie et permet de garantir le droit fondamental qui est celui de la propriété.

1. Le mode ancien de certification de la propriété

Avant d'en arriver au titre foncier, la propriété foncière était déjà l'objet de titres qui la conféraient à un propriétaire, et qui peu ou prou montraient l'importance qui lui était accordée.

Très ancien, le mode coutumier d'appropriation foncière établissait deux régimes : d'une part les propriétés de la collectivité marquées par l'interdiction d'appropriation privative[471], la gestion et l'utilisation collective et l'obligation d'entretien collective[472] ; d'autre part, les propriétés immobilières privées. Celles-ci sont sous le coup de l'appropriation privée. Le mode d'appropriation presque unanime a été l'utilisation du fonds prolongée dans le temps dont les déclinaisons sont l'exploitation ou l'occupation[473]. La règle employée était celle de l'appropriation par le premier occupant qui devait délimiter ses fonds, notamment en plantant des arbustes et fleurs particuliers. Les forêts éloignées, les points d'eau potable, les fleuves, les pistes et les routes étaient dans la propriété collective. Le reste, y compris les parcelles de rivières traversant un fonds privé était dans l'appropriation dite privative.

C'est avec l'arrivée des Occidentaux que le mode de certification de la propriété a été modifié. Le mode coutumier de l'appropriation a été remplacé par la délivrance d'un acte de propriété qui passait par l'enregistrement[474].

---

[471] V. KOUASSIGAN (G.A), *L'homme et la terre, droits fonciers coutumiers et droits de propriété en Afrique occidentale*, ORSTOM, pp. 23 et s.

[472] Ce régime traditionnel est semblable à celui actuel des immeubles, patrimoine commun de l'Humanité.

Cf. KAMTO (M), « Les forêts, patrimoine commun de l'humanité » et droit international », in *Droit, Forêt, et développement durable*, Actes des 1ères journées scientifiques du réseau « Droit de l'Environnement » de l'AUPELF-UREF à Limoges, France, 7-8 novembre 1994, (s-d) MICHEL PRIEUR et S. DOUMBE BILLE, Bruylant 1996, pp.79 et s.

[473] V. MARITEW (C.D.) et NJOMKAP (J.C.), *La terre et le droit*, Yaoundé, Inades, document, 56p.

[474] MPESSA (A), « Essai sur la notion et le régime juridique des biens domaniaux au Cameroun », thèse de doctorat en droit public, Université de Paris I. Panthéon-Sorbonne, 1998, tome 1, pp. 23-78.

L'une des formes les plus récentes de la certification de la propriété foncière est l'établissement du livret foncier ou le *certificate of occupancy* [475] dont la délivrance et la reconnaissance passaient par des opérations d'enregistrement[476]. Ces fluctuations de la certification foncière qui aujourd'hui ont abouti à l'immatriculation, sont le fait de la récurrence des différends fonciers et de la prise en compte de l'importance socio-économique et politique des fonds. Nécessité d'un acte spécial se faisait de par le caractère singulier de l'élément à titrer.

2. L'immatriculation : mode contemporain

Le mode de certification foncière en vigueur est l'immatriculation. L'occupant ou l'exploitant d'un fonds doit faire immatriculer son terrain, ce qui lui donne droit à l'obtention d'un titre foncier. « ***Le titre foncier est la certification officielle de la propriété immobilière*** » [477].

Le titre foncier est établi de façon originale pour un acte administratif[478]. La course vers le sol est de longue date source de conflits ; il a fallu encercler le droit de propriété immobilière d'une certitude par sa certification. Le titre foncier a été institué pour jouer ce rôle. Par voie de conséquence, l'importance du titre foncier et sa spécificité tiennent fortement sur les éléments formels déjà présentés ; mais aussi, hormis ses spécificités matérielles[479], l'envergure du titre foncier a une source plus profonde. Le mode d'établissement complexe qui, par moments, fait intervenir des corps étrangers à l'Administration, se justifie par l'objet du titre foncier : la titrisation juridique de la propriété foncière dont la fondamentalité[480] n'est pas à démontrer.

En dernière analyse, une autre implication matérielle du titre foncier est l'appropriation foncière (paragraphe 2) dans la mesure où cet acte juridique permet implicitement de déterminer les parcelles qui sont susceptibles d'appropriation privative.

Paragraphe 2- L'appropriation foncière

La délivrance du titre foncier est conditionnée par le fait que la propriété immobilière objet de la titrisation soit titrable. Il en ressort que l'étendue du titre foncier est limitée (A). La technique de l'appropriation foncière a une autre

---

[475] Décret du 21 juillet 1932 instituant au Cameroun le régime foncier de l'immatriculation.
[476] NGWASIRI, *Land law*, Op cit., pp.54 et 62.
[477] Art 1 du décret n°76/165, précité.
[478] Supra
[479] Infra
[480] RIVERO (J) et VEDEL (G), « Les principes économiques et sociaux de la constitution », *Droit social*, mai 1974, pages de doctrine, pp. 93 et s.

implication ; celle de tendre vers le remaniement de la nature juridique de cet acte (B).

A- L'étendue de l'immatriculation

Le titre foncier est susceptible d'être établi sur des parcelles dont les caractéristiques et la nature diffèrent de celles dites non titrables.

1. Les restrictions à l'appropriation privative

L'appropriation privative est le fait de faire rentrer un immeuble dans la propriété privée d'un particulier ou d'une personne morale de droit privé ou de droit public autre que l'État du Cameroun et ses démembrements.

Il est dit que le titre foncier est la certification officielle de la propriété immobilière[481]. Ceci laisse penser que toute propriété immobilière ne peut être reconnue et certifiée que par le titre foncier. Que non, le titre foncier n'est pas délivré partout et à tous. Les restrictions qui existent sont d'ordre domanial et personnel à tel point que par prétérition, le champ d'application de l'immatriculation est par lui-même répartiteur de son étendue.

Le domaine national est en partie susceptible d'immatriculation. Il est divisé en deux catégories. La deuxième catégorie est constituée des terres libres de toute occupation effective, et la première catégorie comprend les parcelles qui subissent une emprise évidente de l'homme[482]. Cette seconde catégorie est sujette à l'immatriculation parce que occupée ou exploitée. La première catégorie est exclue de l'immatriculation.

Les dépendances du domaine public sont également en principe exclues de la titrisation du fait du mode autoritaire d'établissement du domaine public. A l'origine, le domaine public a été considéré comme incompatible avec la propriété : « ***le domaine public n'est donc à personne, ni même pour l'État, un domaine de propriété… (le domaine public) ne s'applique qu'à des choses qui n'appartiennent prioritairement à personne*** » [483]. Cette posture dépassée[484] a pour avantage d'avoir montré que le domaine public n'est pas semblable au domaine privé. S'il est objet d'appropriation, sa destination unique est l'utilité publique. Son mode d'établissement est alors surtout déclaratif et les voies de droit commun sont exceptionnellement utilisées pour sa constitution.

---

[481] Art 1 du décret n°76/65, précité.
[482] Art 15 de l'ordonnance n°74/1, précitée.
[483] PROUDHON (M), *Traité du domaine public*, 2e édition, tome 1, 1843, pp.241-243.
[484] HAURIOU (M), *Précis de droit administratif et de droit public*, Sirey, 9e édition, 1919, pp.716 et s.

L'attribution des propriétés foncières dans les zones frontalières à des non nationaux est aussi limitée[485] ; les textes camerounais interdisent cette éventualité[486] et seul l'accord de Greentree conclu entre le Cameroun et le Nigeria accorde exceptionnellement cette possibilité aux ressortissants nigérians de la zone de Bakassi[487] ; encore que cette disposition est limitée dans le temps, et que ces Nigérians, s'ils n'optent pas eux-mêmes pour la nationalité camerounaise, auront des fils qui par naissance seront Camerounais. La conséquence en est qu'avec le temps, les Nigérians deviendront Camerounais et que les terrains attribués en propriété seront au final acquis par des Camerounais.

2. Les domaines titrables

Seules les parcelles de terrain susceptibles d'appropriation privée font partie du domaine titrable. C'est la règle. Le domaine des personnes privées et le domaine privé des personnes morales de droit public sont ainsi visés dans la mesure où la plupart des transactions qui s'y opèrent pour le domaine immobilier donnent lieu à établissement de titres fonciers dès qu'il y a translation de propriété foncière[488]. Les dépendances immobilières du domaine privé de l'État et des autres personnes morales de droit public sont titrées[489] ; c'est le cas des forêts domaniales[490]. Le transfert d'une de leurs dépendances à un tiers implique la mutation du titre foncier[491].

Le domaine national est également susceptible d'appropriation privée et d'établissement du titre foncier. Il s'agit essentiellement de la première catégorie du domaine national constituée de terres sous l'emprise directe de l'homme[492]. La condition d'occupation et (ou) d'exploitation est remplie par cette emprise, ce qui donne droit à une « immatriculation directe » [493]. Celle-ci consiste à faire constater l'emprise évidente de l'homme, à borner, à

---

485 Supra.

486 Notamment art 10 (1) de l'ordonnance n°74/1, précitée ; art 10 de la loi n°80/21 du 14 juillet 1980 modifiant et complétant certaines dispositions de l'ordonnance n°74/1 du 6 juillet 1974 fixant le régime foncier.

487 BILIGHA-BI-HOUNDOUL (P.I.), « L'exercice des droits fonciers par les ressortissants nigérians dans la zone à régime spécial transitoire de la presqu'île de Bakassi », Op cit., p. 50.

488 supra

489 Art 26 du décret n°2005/178 du 21 mai 2005 portant organisation du ministère des Domaines et des Affaires foncières.

490 Art 25 de la loi n°94/01 du 20 janvier 1994 portant régime des forêts, de la faune et de la pêche.

491 Art 7(3) de la loi n°76/167 du 27 avril 1976 fixant les modalités de gestion du domaine privé de l'Etat.

492 Art 15 de l'ordonnance n°74/1, précitée.

493 TIENTCHEU NJIAKO (A), *Droits réels et domaine national au Cameroun*, Op.cit, p.173.

immatriculer et donc à délivrer à celui qui en fait légitimement et régulièrement la demande, un titre foncier.

Par le titre foncier, il peut être établi une division : celle des terres titrables, et celle des terres qui ne le sont pas. Le titre foncier a directement pour objet de certifier officiellement la propriété immobilière. Son champ d'application qui est déterminé lui donne pour objet indirect la distinction de la propriété privée de celle qui ne l'est pas. Une transmutation (B) peut ainsi s'opérer par la nature juridique même de cet acte.

B- La transmutation du titre foncier

En certifiant officiellement la propriété immobilière, le titre foncier constate l'existence du droit réel immobilier de son détenteur. La relecture des facteurs de sa formation et de ceux de son emploi révèle un acte dont la nature juridique est muée, ce qui a forcément des conséquences sur le plan du droit.

1. Le changement de la nature juridique du titre foncier

Sans que cela ne soit officiel et explicite, le titre foncier qui est un acte administratif, a dans sa nature juridique des facteurs qui appellent à sa transformation même si cet état de choses n'est pas reconnu.

Comme acte administratif, le titre foncier est un acte juridique émis « ***par une autorité administrative dans l'exercice d'un pouvoir administratif et créant des droits et des obligations pour des particuliers*** »[494].

Hormis ces critères, l'acte administratif est unilatéral. Le titre foncier est le résultat de la contribution de plusieurs auteurs dont certains sont hors de l'Administration. De ces contributeurs, certains ont même le pouvoir de prendre dans la procédure de titrisation, des décisions qui lient l'Administration[495] ; évidemment, c'est l'unilatéralité qui en sort dénaturée[496]. Les modalités de l'établissement du titre foncier font constater que la participation des tiers et la possibilité de contradiction[497], relativisent le critère de cet acte.

Dans son champ d'application, constat doit être fait que le titre foncier est la certification de la propriété immobilière privée, et donc qu'elle s'emploie généralement, voire uniquement pour le domaine privé des particuliers et des personnes morales. Il est donc un acte de création de droits privés. Ce dernier élément est davantage accentué parce que, après que le titre est délivré, s'il n'a

---

[494] CFJ/CAY, arrêt n°20 du 20 mars 1968, Ngongang Njanke Martin contre État du Cameroun.
[495] Supra.
[496] FERRARI (P), « Essai sur la notion de coauteurs d'un acte unilatéral en droit administratif français », in *Mélanges Eisenmann*, p.215.
[497] Avec la publication de la demande d'immatriculation ou encore de l'avis de clôture du bornage pour informer ceux qui ont des droits à revendiquer.

fait l'objet d'aucune contestation, son détenteur en fera plus usage dans ses relations avec les personnes privées comme pour confirmer cette nature changée aux conséquences importantes.

2. Les conséquences de la transformation

La complexification des actes administratifs a donné naissance à plusieurs catégories hybrides tel que l'acte unilatéral négocié[498]. Ce type d'acte unilatéral serait beaucoup plus présent dans les secteurs du service public industriel et commercial[499]. Il consiste à faire participer les agents et leurs représentants à leur élaboration.

« ***La contractualisation de l'acte administratif*** » [500] est passée par le titre foncier. Il n'est pas tout à fait un acte négocié, mais l'association de méthodes non traditionnelles, et d'auteurs (acteurs) dépossédés du pouvoir administratif n'est pas neutre. Quand il est délivré, le titre foncier qui certifie la propriété privée est attribué à une personne physique ou morale qui l'emploiera comme tout acte juridique de droit commun. Etant donné que la compétence suit le fond, la matérialisation de cette transmutation est l'ouverture des conflits relatifs au titre foncier devant le juge judiciaire[501]. Le juge administratif connaît du contentieux, de l'établissement et de la contestation des empiètements administratifs. Le juge judiciaire, lui, est juge des litiges spécifiques ayant trait aux droits contestés : les droits lésés, les prénotations judiciaires, les cas d'indivisions[502]...Le titre foncier délivré par l'Administration est ainsi un acte qui sert davantage son bénéficiaire (dans une stature privée) que l'Administration.

---

[498] CHAPUS, *Droit administratif général*, Op.cit, pp.493-500.
[499] Idem, p.493.
[500] DE BECHILLON (D), « Le contrat comme norme dans le droit positif », RFDA, 1992, p.15.
[501] Art 2(2) du décret n°76/165, précité.
[502] CS. Arrêté /CC du 16 juillet 1987, affaire Koum in *Juridis infos* n°3, spécial 1990, p.99, note ELOMO-NTONGA, C.S. arrêt n°88/CC du 15 juillet 1985, RJA, 1990, n°3, p.75, note ANOUKAHA François ; CS arrêt n°24 /CC. Arrêt n°24/CC du 14 octobre 1993, *Juridis infos* n°20, décembre 1994, obs TCHAKOUA ; CA du centre à Yaoundé, arrêt n°168/Civ du 18 février 2004, affaire n°878/RG du 21 août 2002, Delake André contre Maetur.

CONCLUSION DU CHAPITRE

Le titre foncier est un acte qui n'a pas un aspect anodin. Sa présentation physique et sa représentation qui en est le support édifient là-dessus.

S'agissant de sa présentation physique, le titre foncier est un acte au volume considérable. Invariablement, il est constitué d'une couverture recouvrant neuf (9) pages ou feuillets[503] en recto verso, sauf la première page. C'est qu'il y a un certain nombre de mentions qui peuvent (facultatives) ou doivent (obligatoires) [504] être inscrites dans le titre foncier. Le formalisme attaché au processus d'établissement et aux obligations de formes[505] n'est pas non plus négligeable. Ce qui l'est encore moins, c'est le fait que le titre foncier soit accompagné d'actes qui lui servent de compléments[506].

Le contenu et davantage l'objet du titre foncier sont aussi des éléments qui expliquent la singularité de cet acte. La fondamentalité du droit de propriété[507] et la course vers ce droit sont telles que les autorités publiques ne pouvaient traiter la question de façon banale. L'option du législateur camerounais qui n'est pas isolée a donc été de faire un acte particulier et différent des autres pour la titrisation foncière.

---

[503] TIENTCHEU NJIAKO, *Le titre foncier au Cameroun*, Op.cit, p.15.

[504] Art 35 du décret n02005/481, précité.

[505] KOUASSI (K.B), « Pour une rationalisation de l'appréciation du caractère substantiel ou accessoire des formalités administratives dans le recours pour excès de pouvoir », LPA, janvier 1993, p.4.

[506] Supra.

[507] SERIAUX (A), SERMET et (L), VIRIOT-BARRIAL (D), *Droits et libertés fondamentaux*, Ellipses. CRFPA-ENM, 1998, pp.9 et s.

CONCLUSION DU TITRE

Au sujet de la spécificité du cadre organique de l'élaboration du titre foncier, la matérialité du titre de la propriété foncière fait constater que la mainmise de l'Administration sur son acte est loin d'être absolue. L'établissement du titre foncier peut connaître l'intervention du juge et d'autres acteurs qui ne sont pas titulaires du pouvoir administratif.

Établi, le titre foncier, probablement à cause de son objet, s'illustre par ses aspects physiques dont les plus originaux sont son volume, les mentions qui y sont insérées et son caractère non isolé. Ces éléments sont de nature à rompre la rigidité de la vision du titre foncier comme étant un simple acte administratif.

CONCLUSION DE LA PARTIE

Dans la classification des actes que passe l'Administration, les catégories avancées sont celles du contrat et de l'acte administratif. A l'intérieur de cette seconde catégorie, il est rigidement arrêté que l'acte en question est pris par les agents administratifs à la suite d'une procédure dont ils ont la totale maîtrise.

Deux options se présentent : soit accepter cette conception de l'acte administratif unique et donner une nature juridique autre à quelques actes qui ont des points de divergence avec les critérium arrêtés, soit admettre que l'acte administratif a en son sein des catégories.

La seconde position adoptée relève qu'il y a des actes pour partie réglementaires, et pour partie contractuels[508] ; et qu'il y en a qui ne sont ni individuels, ni généraux[509]...

Dans la procédure d'édiction de l'acte, les actes unilatéraux négociés tiennent une bonne place avec de plus en plus la prise en compte des avis des agents... dans la prise de décisions[510]. Le titre foncier tient une place à part dans ces types de l'acte administratif. Il n'est pas un acte mixte, une décision d'espèce, ou un acte unilatéral négocié parce que pour ce dernier cas, il n'intervient pas dans un but professionnel[511] ; il est à part.

Il faut, à côté de la spécialité de son objet, voir dans sa présentation un acte volumineux. Il arrive très souvent que d'autres actes administratifs le soient aussi, mais pour le titre foncier, le volume est invariable quel qu'il soit. De surcroît, il s'accompagne toujours d'un bordereau analytique et d'un plan qui y sont annexés, le procès-verbal de bornage n'étant pas incrusté comme les autres au titre foncier, mais étant aussi délivré à l'occasion de la procédure.

Ce qui est plus marquant, c'est davantage l'association des personnes intéressées[512] à la procédure d'établissement ; les riverains et les notabilités pour certifier l'occupation ou l'exploitation en vue d'éviter qu'il n'y ait de vice, et le requérant pour permettre la contradiction le cas échéant. Le juge et parfois le Gouvernement ont également dans des cas précis des prérogatives dans la

[508] Il s'agit des actes mixtes. V. DOUENCE (J.C), « Les conventions entre personnes publiques », *Mélanges stassinopoulos*, LGDJ, 1974, p. 13
[509] Les décisions d'espèce. V. POIROT-MAZERES (I), « Les décisions d'espèce », RDP, 1992, p.443.
[510] Supra.
[511] CHAPUS (R), *Droit administratif général*, Op.cit, p. 493.
[512] Supra.

confection du titre foncier. Tous ces éléments sont de nature à diminuer la maîtrise de l'établissement du titre foncier par la seule administration. Cet agrégat de facteurs et d'éléments fait du titre foncier un acte administratif associé pour essayer de dire sa différence d'avec les autres.

A ces aspects qui rendent le titre foncier particulier, il faut rajouter la spécificité liée à son mode de protection (titre II). C'est que la minutie de la procédure d'établissement de cet acte n'est pas gratuite. Elle vise à garantir cet acte des vices parce qu'après son établissement, le titre foncier tombe sous le coup de l'acte administratif rigide.

DEUXIÈME PARTIE :

LA SPÉCIFICITÉ LIÉE AU MODE DE PROTECTION DU TITRE FONCIER

Pour établir le titre foncier, l'Administration se rassure qu'il n'y a pas d'incidents et d'irrégularités non levés. Des précautions prises, il faut d'abord citer l'association du propriétaire ou de son représentant, mais surtout et de façon formelle, la présence de riverains[513] et de notabilités[514] quand il s'agit de l'immatriculation d'une dépendance du domaine national de première catégorie.

Ensuite, il y a toutes les formalités qui entourent la confection du titre foncier. De celles qui concernent les formes de l'acte, il faut distinguer les éléments de procédure, ce dernier aspect fait ressortir les obligations de publicité. La demande d'immatriculation est publiée[515], l'avis de clôture de bornage également[516], comme pour faire appel à d'éventuelles revendications.

Enfin, le titre peut être établi à la suite d'une décision de justice comme à la suite d'un acte de mutation dressé par le notaire. Le cas du notaire[517] doit être soulevé parce que comme le conservateur et le géomètre habilités à effectuer les levés, il est assermenté. Le notaire a l'autorité légale exclusive d'authentifier les transactions des droits réels fonciers[518]. Son implication dans la procédure, tout comme l'exigence du serment du conservateur foncier et du géomètre, visent à authentifier l'acte confectionné.

A l'évidence, le titre foncier est un acte de précaution. Tous ces appels à la contradiction (publicité) et à son authentification sont justifiés dans la mesure où le titre foncier est un acte administratif rigide. En effet, il est dit intangible (Titre I) ce qui limite les possibilités de manipulations administratives susceptibles de survenir après son élaboration. De même, il est dit inattaquable (Titre II) comme pour ligoter le pouvoir d'annulation du juge.

Dans la hiérarchie des actes juridiques se trouve la constitution à son sommet. Il y a des constitutions qui sont rigides. Cela ne veut pas dire qu'elles ne sont pas non révisables, plutôt, la procédure de révision de ce type de constitution est difficultueuse[519], ce qui fait qu'elle semble intouchable. Presque tous les actes d'aspect rigide sont sous ce régime. Le titre foncier en fait partie. D'apparence intouchable, à l'étude, cet acte juridique révèle une vérité plus contrastée.

---

513 Art 13(6) du décret n°2005/481 du 16 décembre 2005 modifiant et complétant certaines dispositions du décret n°76/165 du 27 avril 1976 fixant les conditions d'obtention du titre foncier.

514 Idem, art 13(7).

515 Ibid, art 13(1).

516 Ibid, art 15(2).

517 Il est remplacé à titre provisoire par l'avocat dans les provinces du Nord-ouest et du Sud-ouest Cameroun. Cf art 74 de la loi n°90/059 du 19 décembre 1990 portant organisation de la profession d'avocat.

518 Art 8 de l'ordonnance 74/1 du 6 juillet 1994 fixant le régime foncier.

519 Cf. BIGAUT (C), « Le réformisme constitutionnel des parlementaires », communication au IIIe congrès de l'Association française des constitutionnalistes, Dijon, juin 1996.

TITRE I :

LE TITRE FONCIER : UN ACTE INTANGIBLE

Le titre foncier est un acte qui fait l'objet d'une rigoureuse protection juridique. Pour comprendre cet état de choses, il faut probablement chercher dans son objet pour voir qu'il titre la propriété foncière dont l'importance n'est pas discutée dans la doctrine[520]. Le titre foncier est l'acte qui consacre le droit de propriété. Le protéger c'est par conséquent protéger le droit de propriété contre d'éventuels empiètements.

Conserver leurs intégrités semble être la ligne directrice de la politique juridique d'encadrement de la propriété immobilière et du titre foncier. A cette fin, le titre foncier est réputé définitif (chapitre I) pour justement pouvoir le conserver intact et par conséquent garantir la propriété immobilière contre toutes formes d'atteintes. Mais, contrairement à la solennité de la consécration de l'intangibilité du titre foncier, il est insidieusement constaté que cette règle est fortement mise à mal (chapitre II) tant par des éléments juridiques que par des aléas factuels. Ceux-ci, par leur importance et par leur banalisation, ne manquent pas de mettre le doute dans un esprit édifié sur la règle de la rigidité du titre foncier. Bon nombre de possibilités, pour déroger à la règle, sont effectivement acquises à l'Administration publique, tout comme certaines personnes privées, quelles qu'elles soient, peuvent aussi légalement ou non porter atteinte à ce principe.

---

[520] Infra.

CHAPITRE I

LE PRINCIPE DU CARACTÈRE DÉFINITIF DU TITRE FONCIER

Dès qu'il est établi, il sort de la sphère d'atteinte de l'Administration. Le titre foncier est ainsi un acte dit définitif parce que par principe intangible.

L'intangibilité consacrée ici est de même nature que celle qui concerne l'ouvrage public. Ayant pris sa forme en 1853, le principe de l'intangibilité de l'ouvrage public signifie qu' « ***il n'appartient en aucun cas de prescrire aucune mesure de nature à porter atteinte, sous quelque forme que ce soit, à l'intégrité ou au fonctionnement d'un ouvrage public*** » [521]. Il est question d'éviter que l'acte ou l'objet sujet d'intangibilité ne soit plus, dès lors qu'il rentre dans une catégorie, susceptible de subir quelques atteintes que ce soit.

Le titre foncier est également un acte intangible. Cette prérogative de protection est censée garantir la propriété foncière contre d'éventuelles atteintes provenant des agissements administratifs. Mais le caractère définitif et donc intangible du titre foncier est quelque peu différent de l'intangibilité reconnue à l'ouvrage public[522]. L'intangibilité de l'ouvrage public est surtout une interdiction faite au juge et ensuite, elle est plutôt rigide[523]. Par contre, l'intangibilité du titre foncier, si elle affecte un peu le pouvoir du juge, est principalement une interdiction faite à l'Administration. Ensuite et surtout, elle est souple.

« ***Sous réserve des dispositions des articles 2 (alinéa 3) et 24 du présent décret, le titre foncier est …intangible, définitif*** » [524].

Ce qui veut dire que le principe du caractère définitif du titre foncier est reconnu (section 1), mais aussi, à la lecture de cet article, il est admis que légalement, il peut être passé outre cette intangibilité (section 2) dans des circonstances bien précises. L'outrepassement du principe du caractère définitif et intangible du titre foncier n'est donc pas constitué si les supposées atteintes rentrent dans les catégories légalement admises par le texte. Par contre, il l'est si

---

[521] MORAND-DEVILLER (J), *Cours de droit administratif des biens*, Op.cit, p.627.
[522] CE.S. Conflits, 7 juillet 1853, Robin de la Grimandière, S, 1854, II.113.
Cf-BLAEVOET, « *De l'intangibilité des ouvrages publics* », D., 1965, Chron, p.241.
[523] Idem.
[524] Art premier (2) du décret n°76/165 du 27 avril 1976 fixant les conditions d'obtention du titre foncier.

par d'autres hypothèses légales ou non, cette intangibilité viendrait à être défaite.

Section 1 : La règle de principe

La règle du caractère définitif et intangible du titre foncier[525] apparaît comme le principe ou la variante fondamentale de l'intangibilité du titre foncier qui est donc à double variante.

Il est difficile, voire impossible, de rencontrer en dénombrant les différents autres actes administratifs, un qui soit réputé dès sa conception intouchable par l'autorité administrative. Le titre foncier est donc spécial parce qu'il admet d'emblée sa pérennité.

L'acte administratif unilatéral est entouré d'une force juridique qui se décline en prérogative d'exécution d'office[526] et droits acquis. Ces deux facteurs et surtout celui des droits acquis militent en faveur de l'intégrité de l'acte administratif devenu définitif pour éviter de remettre en cause des situations créées par ledit acte[527].

Ce qui est indiscutable. C'est que l'acte vicié lors de son établissement est irrégulier et que l'irrégularité n'a pas de prescription quand il s'agit de le rapporter si le vice est substantiel. Il n'est d'ailleurs pas superflu de rappeler que seul le titre foncier affiche ouvertement son caractère définitif parmi les autres actes administratifs. Les implications de cette règle de l'intangibilité (Paragraphe 2) sont profondes et cette protection réside assurément sur l'élément qui fait l'objet de garantie par ledit titre (paragraphe 1).

Paragraphe 1 : La garantie du droit de propriété immobilière

Comment comprendre autrement que par sa base (A) la reconnaissance du caractère définitif du titre foncier (B) ? Le droit de propriété foncière est effectivement garanti par les textes normatifs de la première importance du fait même de son emprise sur la société manifestée par la course vers le fonds. Désignée comme étant une aspiration essentielle des populations[528], la propriété immobilière doit être protégée de par son importance[529] et cette protection passe

---

[525] Ibid.

[526] VEDEL (G), *Droit administratif*, tome 1, thémis, 1958, p.33s et pp.110 et s.

[527] CFJ/SCAY, jugement ADD n°55 du 25 mars 1969, Emini Tina Etienne contre État fédéré du Cameroun Oriental.

[528] Infra.

[529] V. MESTRE (J-L), *Introduction historique au droit administratif français*, PUF, coll. Droit fondamental, 1989, p.98s. CHEVRIER (G), « *Remarques sur l'introduction de la distinction du jus privatum et du jus publicum dans les œuvres des anciens juristes français* », arch.philo du droit, 1952, pp.11 et s.

par celle de son titre juridique. D'ailleurs, le caractère sacré des droits « essentiels » et donc des actes de certification de ces droits[530] est un truisme.

A- La base de la garantie

Le titre foncier est l'acte juridique qui atteste l'existence du droit de propriété immobilière et qui détermine le propriétaire légal qui n'est autre que celui à qui le titre est délivré. Le fait qu'il soit intangible peut être expliqué par l'importance qui est accordée au droit de propriété immobilière. Quand un droit est constaté et consacré par un texte, la protection dont le texte est sujet établit l'importance du droit consacré et protégé. Le caractère définitif et intangible du titre foncier est ainsi la conséquence de la matière que le titre foncier garantit.

1. Le caractère fondamental du droit de propriété immobilière

Deux facteurs peuvent être retenus pour déterminer la fondamentalité d'un droit. Le premier est d'ordre sociologique. Du point de vue sociologique, il faut rechercher ce qui est ontologiquement rattaché à l'être humain c'est-à-dire ce sans quoi il ne peut être. Sans s'alimenter ou sans respirer par exemple, l'homme ne peut vivre. Situé dans la société, l'homme se retrouve nécessairement en présence de certains éléments qui lui permettent de se doter d'une sécurité matérielle tout en consolidant ses acquis : droits et biens. J.J. Rousseau estime que l'appropriation est le fruit pour l'homme de « ses propres efforts »[531]. Et lui de considérer que la propriété immobilière, étant un des éléments fondateurs de la société civile[532] doit par son rôle être protégée par « le corps politique »[533].

Le second facteur de la fondamentalité d'un droit après sa signification est sans nul doute son investiture juridique. Dans l'ordre du droit positif, il est consacré par les actes des plus importants, mais aussi conditionné par une protection particulière.

La déclaration universelle des droits de l'Homme est aujourd'hui sur le plan international l'instrument privilégié de la consécration de la majorité des droits fondamentaux. Quand il n'est pas volontairement repris par les États dans leur ordre juridique, ce texte leur est souvent imposé par la communauté internationale, notamment par le truchement de la conditionnalité[534]. De surcroît, le caractère obligatoire de ce texte fait de lui une exception parce qu'il

---

[530] Infra.

[531] ROUSSEAU (J.J), *Discours si le rétablissement des sciences et des arts a contribué à épurer les mœurs*, Union générale d'éditions, Paris VIe, 1973, p.238.

[532] Supra.

[533] ROUSSEAU (J.J), *Du contrat social*, Union générale d'éditions, 1973, pp.79-84.

[534] ONDOA (M), « Ajustement structurel et réforme du fondement théorique des droits africains post-coloniaux : l'exemple camerounais », *Revue africaine des sciences juridiques*, vol 2, N°1, 2001, pp.83 et s

est immédiatement applicable dans les États[535] à la différence des autres actes du droit international.

La constitution camerounaise a fait siens les droits de la déclaration universelle des droits de l'Homme de 1948 et la valeur légale du préambule qui en est le réceptacle a, depuis 1996, une valeur juridique incontestable[536]. C'est dans ce même préambule, fragment indissociable du texte constitutionnel que se trouve consacré le droit de propriété immobilière. La consécration constitutionnelle du droit de propriété immobilière et la protection qui l'entoure ne pouvaient être effectuées en dehors de la garantie de l'acte juridique qui sert de moyen à l'exercice des droits réels immobiliers.

2. La titrisation du droit de propriété foncière

Ce n'est que conséquence logique que l'acte juridique par lequel le droit de propriété immobilière se trouve consacré et constaté soit « surprotégé ». Comme quoi, à droit exceptionnel, protection exceptionnelle. Le législateur n'a pas dérogé en la matière. Pour éviter que les fonds, objets de nombreuses convoitises, soient sources de disputes, la solution retenue a été de mettre le titre qui certifie la propriété foncière dans une muraille, celle de son caractère définitif et intangible.

« ***Le titre foncier est…intangible, définitif. Il en est de même des actes constatant les autres droits réels attachés à la propriété*** » [537]. En titrant la propriété foncière, le titre foncier certifie que la propriété et les différents droits réels immobiliers y relatifs sont constatés et constitués sans qu'il n'y ait des irrégularités. Il est aussi question de donner une sécurité juridique à celui au profit de qui le titre est établi. Cette garantie est telle qu'il ne doit pas voir son droit de propriété menacé, car il est détenteur d'un acte intangible et définitif. A la différence de l'occupant sans titre d'un domaine qui peut facilement être évincé[538], le titulaire du titre foncier ne peut subir que des procédures spéciales sur son fonds[539] et celles-ci sont par ailleurs juridiquement très encadrées pour

---

[535] BOUKOUNGOU (J.D), « *Le droit international des droits de l'homme : mirage ou protection juridique ?* », Université de Dschang, Annales de la FSJP, tome 1, vol 1, AES sa Yaoundé, 1997, p.118.
V. aussi NGUEFACK (M.R), « Le droit international, instrument pour la défense devant le juge camerounais : regard de l'avocat », *Juridis périodique* n° 63, édition spéciale, 2005, p.109s.
[536] Art 65 de la loi n°96-06 du 18 janvier 1996 portant révision de constitution de la République du Cameroun.
[537] Art premier (2) du décret n°75/165, précité.
[538] ABANE ENGOLO (P.E), « Le régime juridique des déguerpissements au Cameroun », Université de Yaoundé II, mémoire de DEA en droit public, année 2006, pp.24-29.
[539] C'est le cas des procédures plutôt encadrées que sont l'expropriation et la réquisition. Pour la réquisition ; V. loi N°68/LF/4 du 14 juin 1968 portant organisation du régime des réquisitions, notamment articles 15 et 26.

éviter que très légèrement, la garantie qui est celle du titre juridique qu'est le titre foncier, ne soit une protection chimérique.

B- La reconnaissance du caractère définitif du titre foncier

Si le titre foncier est intangible et définitif, c'est parce que les textes de droit positif ont consacré ce fait. La mesure de cette garantie est également perceptible et continuée non seulement par l'œuvre du juge, mais aussi par l'implication de l'Administration qui, à la première heure, doit faire que le titre foncier soit réellement intangible.

1. La consécration juridique

La protection du titre foncier est la conséquence logique des garanties qui entourent le droit de propriété (immobilière). Outre les textes internationaux qui sacralisent ce droit, il faut davantage s'attarder sur le droit national qui d'ailleurs est pour plusieurs matières, une reprise de la législation internationale[540]. Le préambule de la constitution camerounaise énonce ainsi l'inviolabilité du droit de propriété – et conditionne rigoureusement les atteintes à l'obligation d'utilité publique[541]. C'est la même constitution qui dispose que le régime « ***de la propriété immobilière*** » ressortit du domaine de la loi[542].

Le propriétaire ne doit pas être contraint dans l'exercice légal de l'un de ses droits immobiliers[543]. Davantage encore, le bénéficiaire d'un immeuble est pénalement protégé[544]. S'agissant spécifiquement du titre foncier, son attribution est faite après diverses procédures dont celle du bornage. Garantir l'intangibilité du titre c'est garantir celle de ses procédures et à cette fin, est par exemple pénalement réprimée la destruction de bornes[545]. Le titre foncier, certificat de la propriété immobilière, ne pouvait être autrement que très protégé. Il est ainsi intangible et définitif[546] et les atteintes qu'il peut subir sont réprimées par la juridiction.

---

540 NGUEFACK (MR), « Le *droit international, instrument pour la défense devant le juge camerounais : regard de l'avocat* », Op.cit, p.110.
541 Supra.
542 Art 26 (b-3) de la loi constitutionnelle de 1996.
543 Art 544, 545, 546, 55… C Civ.
544 Art 182 C.P.
545 Art 317 du CP « ***est puni d'un emprisonnement de quinze jours à un an et d'une amende de 5 000 à 50 000 francs celui qui, soit : a) supprime ou déplace une borne ou tout autre signe établi pour marquer la limite entre des propriétés différentes…*** ».
546 Art premier (2) du décret n°76-165, précité.

Même si la jurisprudence en matière de titre foncier souffre d'inconstance selon les aspects[547], elle consacre tout au moins la protection du titre foncier au nom des droits acquis. Aussi :

« ***Attendu en outre que, lorsqu'une décision d'une autorité publique a produit des effets à l'égard d'un individu, ces effets individuels doivent être respectés à cause du principe de l'intangibilité…***

Attendu que dans le cas d'espèce, il n'est pas dénié que l'acte rapporté… a créé au profit du demandeur des droits » ; qu'il faudrait au nom de l'intangibilité l'annuler, conclut la juridiction de céans.

Ces attendus de l'affaire Zangué Pius[548] ont révélé un juge administratif qui, face à un arrêté rapportant un titre de propriété immobilière par le ministre de l'Urbanisme et de l'Habitat, s'autorise à reconnaître et à préserver l'intangibilité de l'acte, du titre foncier contre des atteintes postérieures à son entrée en vigueur en raison de la protection des droits acquis.

2. Les obligations administratives de l'intangibilité

Puisque le titre foncier après son établissement devient intangible et définitif, il incombe au législateur et à l'Administration de s'assurer que tous les moyens ont été mis en jeu pour aller dans ce sens. Les textes qui régissent la procédure d'établissement du titre foncier ont ainsi constitué dans le détail un ensemble de procédures administratives tendant à mieux diligenter les actes administratifs de l'établissement du titre foncier[549].

La minutie caractérise la confection administrative du titre foncier. Par mesure de sécurité, le constat et le bornage sont effectués par des autorités précises auxquelles sont associés des notabilités[550] et des riverains[551]. Le bornage est l'œuvre d'un géomètre assermenté[552]. En plus, la procédure est publique. Le facteur principal ici est la publicité par laquelle le constat est annoncé[553], le procès-verbal de bornage est publié[554], des délais sont accordés,

---

[547] ABA'A OYONO (J.C), « *Chronique du grain de sable dans la fluidité jurisprudentielle à la chambre administrative du Cameroun* », (JP2008/1, pp. 259 et s). Il estime encore plus que nous que « ***le titre foncier devant le juge administratif camerounais montre à quel point la chambre administrative statue et décide de la manière la plus cacophonique qui soit*** », p.263.

[548] CS/CA, jugement n°22 du 25 janvier 1990, Zangué Pius contre État du Cameroun (Minuh).

[549] Supra.

[550] Art 7 du décret n°2005/48 du 16 décembre 2005 modifiant et complétant certaines dispositions du décret n°76/165 du 27 avril 1976 fixant les conditions d'obtention du titre foncier.

[551] Ibid, art 13 (6) et 14 (2).

[552] Art 13 (6).

[553] Art 13(1).

[554] Cf TADJUDJE (W), *La déconcentration de la gestion foncière au Cameroun : une analyse du décret n°2005/481 du 16 décembre 2005*, université de Yaoundé II, mémoire de DEA, in http ://www.memoireonline.com/04/08/1018/m...p.26

les oppositions attendues et l'immatriculation sont également soumises à publicité[555]. Autant de facteurs parmi d'autres qui montrent que l'Administration prend toutes les précautions d'usage pour établir le titre foncier afin d'éviter qu'il n'y ait d'irrégularité, d'omission, d'inexactitude. Ce mécanisme de sécurisation juridique du titre confectionné est justifié par le fait que dès lors qu'il est émis, il se retrouve à l'abri de plusieurs types d'actions (paragraphe 2) et qu'il faut pour cela le constituer en dehors de tout vice.

Paragraphe 2- Les implications du principe de l'intangibilité

Consacrée, la règle de l'intangibilité est censée protéger le titre foncier contre toute forme d'atteinte (A) et ainsi, de garantir les différents éléments et droits réels immobiliers y relatifs contre les modifications interdites (B). A ne pas se tromper, le droit en vigueur est pour le moins obséquieux à l'endroit de la protection du certificat de la propriété immobilière, ce qui l'affuble d'attributs plutôt particuliers par rapport aux autres actes administratifs.

A- La protection contre les atteintes

Le titre foncier, dès qu'il est établi, bénéficie de la prérogative de protection contre d'éventuelles atteintes. Ces atteintes peuvent être d'ordre privé, comme elles peuvent être publiques.

1. La neutralisation des atteintes publiques

Par atteintes publiques, il faut entendre l'ensemble des agissements des autorités publiques[556] susceptibles de constituer un préjudice à la règle de l'intégrité du titre foncier. L'Administration publique, malgré qu'elle soit détentrice d'un certain nombre de sujétions, n'en est pas pour autant absoute à s'incliner devant l'intangibilité du titre foncier. Peut-être au nom des droits acquis[557], mais assurément parce que le titre foncier est réputé définitif et intangible, l'Administration ne doit pas lui porter atteinte.

Dès que le titre foncier devient définitif, c'est-à-dire après l'expiration du délai de recours contentieux[558], l'autorité administrative se retrouve enchaînée par l'impossibilité à elle faite de modifier les droits et la situation créés par ledit titre.

Le titre foncier est donc intouchable. L'Administration, dès que le titre devient définitif, ne doit plus le retirer, ou le modifier. Les atteintes publiques,

---

[555] Supra.
[556] GUGLIELMI (G.J), *La notion d'administration publique dans la théorie juridique française. De la révolution à l'arrêt CADOT (1789-1889),* Paris, LGDJ, Bibliothèque de droit public (tome 157), Paris, 1990, p.141.
[557] CS/CA, jugement n°22/CA/CS du 23 janvier 1990, Zangué Pius, Op.cit.
[558] Art 2(5) du décret n°2005/481, précité.

quelles que soient leurs natures, deviennent par là même illégales dans plus d'une hypothèse. Le titre est protégé, la propriété foncière et les droits fonciers le sont également. L'intangibilité et le caractère définitif garantissent la propriété contre les empiétements publics dont les plus remarquables sont la voie de fait et l'emprise irrégulière[559]. Ils garantissent le titre foncier et les opérations dont il est l'aboutissement contre les manœuvres administratives. Le bornage par exemple, dès qu'il est effectué, ne doit plus être revu du moment qu'il a été bien réalisé.

Contre l'arbitraire, le titre foncier est protégé, au gré de ses humeurs et de ses caprices. L'Administration ne saurait à la légère rompre la sécurité juridique conférée au possesseur du titre foncier parce que le titre foncier est réputé définitif et intangible. Cette neutralisation des atteintes publiques s'accompagne aussi d'une interdiction des atteintes privées.

2. L'interdiction des atteintes privées

Le titre foncier est également protégé contre les atteintes privées. Dès que les délais de recours contentieux sont passés, un particulier ne peut plus exercer d'action contentieuse visant à faire retoucher le titre foncier établi. C'est ce qui doit d'emblée s'entendre dans cette prérogative de protection qu'est le caractère définitif et intangible du titre foncier. Dans l'hypothèse de la protection contre les atteintes publiques, c'est l'autorité publique qui agit seule. Dans l'hypothèse de l'atteinte privée de nature contentieuse, c'est d'abord une personne privée qui met l'action en branle et l'autorité lui emboîte le pas pour pouvoir ou non retoucher le titre foncier ; mais passé le délai imparti, cette action va en principe buter contre l'intangibilité.

Hormis l'action contentieuse, les particuliers doivent observer la propriété d'autrui[560]. Celle-ci est protégée contre les empiétements. Le titre foncier est ainsi garanti contre toute forme d'atteinte et cette implication s'applique à l'objet qui est titré (B), c'est-à-dire à la propriété foncière.

B- L'objet garanti contre les atteintes

Le titre foncier est directement visé car, c'est lui qui est explicitement sujet à intangibilité parce que réputé définitif[561]. Ce qui n'est pas dit et qui est vrai est que cette protection auréole, affirme et consolide celle de la propriété elle-même. Il s'agit en garantissant le titre foncier, de garantir ce qu'il y a à l'intérieur[562] et ce qu'il titre à savoir la propriété foncière.

---

[559] Infra.
[560] Civ.1°30 juin 1965. B. Civ.I n°439 p.326.Civ III. 18 janvier 1972. B. Civ III n°41. p.30.
[561] Art 1(2) du décret n°76/165, précité.
[562] V. art 35 du décret n°2005/481, précité.

1. L'atteinte contre la propriété foncière

En disposant que le titre foncier est la certification officielle de la propriété foncière[563], il a été question d'établir le rôle du titre foncier et son objet. Il est le titre de la propriété immobilière, et comme tel, sa garantie est en elle-même celle de la propriété immobilière certifiée. Cette dernière est ainsi protégée dans son intégrité physique. La protection dont il est question est à double variable : en protégeant le titre foncier, on protège la propriété foncière. De même, la propriété foncière établie est l'objet de protection parfois propre et cette protection s'étend au certificat qui juridiquement l'atteste : le titre foncier.

La propriété foncière est protégée contre toutes formes d'atteintes. L'empiétement peut consister à priver le propriétaire de la jouissance d'un droit que son titre de propriété lui reconnaît[564]. L'une des protections les plus significatives est celle qui régit la destruction de bornes. Celui qui « ***supprime ou déplace une borne ou tout autre signe établi pour marquer la limite entre des propriétés différentes...*** » est puni d'un emprisonnement pouvant aller jusqu'à un an[565]. Le droit de propriétaire est garanti au titulaire du titre foncier et la règle demeure que nul n'est contraint de céder sa propriété[566]. C'est d'ailleurs pour cela que les empiètements de quelque nature que ce soit sont interdits[567]. Le juge administratif[568] tout comme le juge judiciaire[569], ont d'ailleurs toujours défendu la propriété immobilière contre les empiétements publics et privés très souvent constitutifs de voies de fait irrégulières[570]. Cette protection touche également les démembrements du droit de propriété.

2. L'atteinte contre un démembrement du droit de propriété

Par la protection du titre foncier et du droit de propriété, il y a également protection des démembrements du droit de propriété : les droits d'utilisation, de jouissance[571] et de disposition. Ceux-ci peuvent normalement être librement mis en jeu par le titulaire du titre foncier. Seules quelques restrictions existent. C'est le cas des titres fonciers établis au bénéfice des personnes physiques ou morales de nationalité étrangère ou au bénéfice des représentations diplomatiques. En cas de revente, le propriétaire n'est pas libre d'en disposer à volonté. L'État

---

[563] Art 1(1) du décret n°76/165, précité.
[564] Art 554 et 555 C.Civ.
[565] Art 317 C.P.
[566] Art 545 C.Civ.
[567] POUGOUE (P.G), « *Empiétement matériel sur le terrain d'autrui (à propos de quelques décisions jurisprudentielles)* » RCD n°13-14, p.25 et *Lex Lata* n°18, 1995, pp.7-8.
[568] CS/CA, jugement n°39 du 29 avril 1993, affaire ENA MBALLA Hubert contre communauté urbaine de Yaoundé.
[569] CS. Arrêt n°83/CC du 25 mai 2000, TAMBA Charles contre TATSINDA Maurice.
[570] TIENTCHEU NJIAKO (N), *Droits fonciers urbains au Cameroun*, Op.cit, p.189.
[571] AUBY (J-M), DUCOS-ADER (R), *Droit administratif*, 5e ed., Paris, Dalloz, 1979, p.365.

jouit d'un droit de préemption sur le rachat de l'immeuble[572] en tenant compte du prix initial, de la mise en valeur et de l'amortissement.

Les droits réels immobiliers et autres charges qui pèsent sur la propriété peuvent pour leur part être modifiés. Ils ne sont d'ailleurs pas des démembrements du droit de propriété. Lors de l'établissement du titre foncier, ils y sont inscrits[573] et ces mentions peuvent être modifiées, voire retirées du titre foncier. Il s'agit de l'usufruit, de l'emphytéose, du droit de superficie, des privilèges[574] de l'antichrèse (nantissement immobilier)[575] et des hypothèques[576]. Au gré des commerces que subit le fonds, les mentions afférentes aux droits réels immobiliers peuvent dans le titre subir quelques retouches. Au-delà de ces hypothèses, le titre foncier reste et demeure intangible et définitif ; c'est le principe de la règle qui admet une exception (section 2).

Section 2- L'exception de la règle : le retrait

Le principe de la règle de l'intangibilité et du caractère définitif du titre foncier est que le titre délivré ne soit plus susceptible de retouches. L'exception qui existe est que le titre établi peut néanmoins être retiré. Seule cette exception est admise de façon expresse dans la règle de l'intangibilité. Si elle pose des questions quant à l'unité de la règle de l'intangibilité (paragraphe 2), elle n'est pas moins rigoureusement encadrée (paragraphe 1) pour éviter de banaliser l'éventualité du retrait du titre foncier au risque d'effriter le principe de son caractère définitif.

Paragraphe 1- La condition du retrait

L'exception du principe de l'intangibilité et du caractère définitif du titre foncier est la possibilité que la disposition sur l'intangibilité s'est elle-même donné : celle du retrait. Le retrait doit être justifié (A) et pour qu'il ne reste qu'une exception, le texte l'a fortement encadré quant à son mécanisme de mise en œuvre (B).

A- Le fondement du retrait

Le titre foncier ne se retire pas à volonté. L'autorité administrative qui retire ne dispose pas d'un pouvoir discrétionnaire. Elle n'a pas la latitude d'opérer un

---

572 Art 10 (2) de l'ordonnance n°74/1 du 6 juillet 1974 fixant le régime foncier.

573 Supra.

574 Art 107 et 108 de l'acte uniforme portant organisation des sûretés.

575 Art 2085 C.Civ.

576 Cf. JIOGUE (G), « La conservation du titre foncier d'un emprunteur par une banque est-elle nécessaire pour la garantie de sa créance ? », *Lex Lata* n°008, 1995, p.11.

V. aussi : MEVOUNGOU-NSANA (R) « La situation juridique de l'emprunteur immobilier en droit camerounais (introduction à la réforme du droit camerounais du crédit immobilier », *Revue juridique africaine*, 1992-1993, pp.50 et s.

choix mais doit retirer le titre si l'élément invoqué pour son annulation est valable. Ne disposant donc pas de la liberté de choisir[577], l'Administration est tenue d'agir à la condition qu'il y ait irrégularité.

1. L'irrégularité de la procédure d'immatriculation

La condition indiscutable par laquelle le retrait doit être systématiquement effectué est celle de l'irrégularité. Elle s'incarne par le non-respect de la procédure de l'immatriculation constitutive d'une violation de la loi.

Le décret de 1976 dispose qu'il n'y a de recours pour droits lésés par suite d'immatriculation que contre l'auteur du dol parce que seul le moyen du dol est ouvert[578]. Et par la suite, le même texte énonce la possibilité pour l'autorité administrative « ***en cas de faute de l'Administration, résultant notamment d'une irrégularité commise au cours de la procédure d'obtention du titre foncier, et au vu des actes authentiques produits, de procéder au retrait du titre foncier irrégulièrement délivré*** » [579]. Il est bien étrange que, pour ce cas de figure, le texte énonce que le ministre chargé des Affaires foncières « peut », comme pour lui attribuer le loisir de décider.

Difficilement admissibles sont les hypothèses d'irrégularités susceptibles de laisser le Ministre sur sa réserve. Déjà, le décret de 2005 présente clairement certains cas de figure du titre foncier nul d'ordre public[580]. Il s'agit de :

- la délivrance de plusieurs titres fonciers sur un même terrain ;
- l'établissement d'un titre foncier sur une dépendance du domaine public ;
- l'établissement d'un titre foncier sur une parcelle du domaine privé d'une personne morale de droit public ;

A part ces prescriptions, plusieurs autres, elles aussi impératives, sont à prendre en compte. Le domaine national de seconde catégorie est insusceptible d'être titré[581] ; le titre établi sur l'une de ces parcelles sera retiré. Lorsque l'immeuble s'étend sur plus d'une circonscription, il va falloir faire siéger ensemble les commissions consultatives concernées[582]. Le chef de village et un notable du lieu font obligatoirement partie de ce comité[583]. « ***A peine de nullité,***

[577] DAHER (A), « Le pouvoir discrétionnaire entre son passé et son avenir », *Rev.adm.*, 1990, p.242.

[578] Art 2(1) du décret n°76/165, précité et art 2(1) du décret n°2005/481, précité.

[579] Art (3) du décret n°2005/481, précité.

[580] Ibid, Art 2(6).

[581] Art 11(3).

[582] Art 13 (5).

[583] Art 13 (7).

- CS/CA, jugement n°29 du 25 mars 1982, Beyissa Adolphe Mazarin contre État du Cameroun.

aucun bornage d'immatriculation ne peut être effectué par le géomètre seul »[584] ; l'avis de clôture de bornage doit être publié[585]. Si l'immeuble à immatriculer l'est à l'issue d'une transaction faisant intervenir le notaire[586], le titre formé à l'insu de l'existence de cet acte notarié encourt retrait[587].

Ces irrégularités parmi bien d'autres ne donnent pas le choix de décider à l'Administration. Même si elle s'en tient généralement à l'expression « peut » pour dire qu'elle a une faculté et non une obligation d'agir et ceci à tort, il est bien évident que l'Administration est liée et le sort de ses décisions en la matière devant le juge le prouve à suffisance[588]. Seule la production d'actes contradictoires la laisse en possession de son pouvoir d'appréciation.

2. La production d'actes contradictoires

Des oppositions et des demandes d'inscriptions peuvent être formulées lors de l'établissement du titre foncier[589]. Elles sont étudiées aux fins d'établir ou non le titre en question. L'hypothèse n'est pas avancée par les textes, mais le Gouverneur - autorité de règlement des différends survenus à la suite de contestations visant l'établissement du titre foncier[590] - peut estimer que les contestations sont sans objet et faire procéder à l'immatriculation.

Ce cas de figure est plus que probable puisque la plupart des contestations soulevées devant le juge de l'excès de pouvoir naissent et sont exprimées dès la phase d'immatriculation.

Le recours administratif est adressé au ministre chargé des Affaires foncières[591] qui doit se prononcer sur les contestations soulevées dans un délai déterminé. Par ce fait, le Ministre compétent a ainsi la possibilité de défaire le titre foncier déjà constitué. Ici, il a tout de même un pouvoir qui est moins ligoté parce que les actes contradictoires font par moments jouer son pouvoir

- CS/CA, jugement n°01 du 26 novembre 1998, Zibi Zanga Jean contre État du Cameroun (Minuh). Dans l'espèce, le sieur Zibi Edima Jean, neveu du requérant, a été par lui commis à faire immatriculer une parcelle de terrain à Etoug-Ebé au nom et pour le compte du requérant. Mais le commissionnaire a plutôt immatriculé le terrain à son nom. L'action recevable a donné lieu à l'annulation du titre foncier y relatif, annulation dont l'un des motifs était qu' « ***il ressort du dossier, notamment des déclarations des notables de la collectivité environnante, qu'aucun d'entre eux n'a été associé aux opérations…*** » de la commission consultative.

[584] Art 13(8).
[585] Art 15 (2).
[586] Art 8 de l'ordonnance n°74/1, précitée.
[587] CS/CA, jugement n°34 du 17 janvier 2007, Bana Charles et Memgba Sylvie contre État du Cameroun.
[588] Infra.
[589] Art 16(1)(2) du décret n°2005/481, précité.
[590] Ibid, art 20.
[591] Ibid.

d'appréciation. La certification officielle de la propriété immobilière est ainsi susceptible d'être retirée par l'autorité administrative sous réserve du respect de certaines conditions (B).

Ne faisant pas partie des actes contradictoires, il faut tout de même signaler une autre atteinte qui est celle de la résolution d'une vente immobilière[592]. Relevant de la compétence de la juridiction judiciaire, elle entraîne la mutation du titre délivré par le remplacement du nom du propriétaire initial par celui de l'acquéreur.

B- Le mécanisme du retrait

Les conditions juridiques du retrait du titre foncier ont trait à deux aspects principaux : d'abord la condition de délai qui situe la possibilité de ce genre d'action dans un temps bien délimité, et ensuite l'élément subjectif qui concerne la partie habilitée à faire la contradiction devant aboutir audit retrait.

1. Les délais

Il ne peut être attenté à l'intégrité du titre foncier qu'à certaines conditions. Au-delà des conditions de fond qui sous-tendent le retrait envisagé, ce dernier n'est notamment possible que si les délais sont respectés.

« ***Le retrait du titre foncier ...ne peut ...intervenir que dans le délai du recours contentieux*** » [593]. Suivant la loi de 2006, le délai pour contester la validité d'un acte faisant grief est de trois mois[594]. Passé ce délai, la possibilité de retrait n'est plus ouverte, sauf cas de fraude du bénéficiaire[595]. Pour ce dernier cas, le retrait peut être effectué sans délai.

Saisie, l'autorité administrative dispose elle-même d'un délai de trois mois pour réagir[596] ; son silence étant entendu comme constitutif de refus de rapporter[597].

Le respect des délais est impératif et l'Administration ne saurait retirer un titre foncier au-delà des trois mois dont elle dispose. Dans plus d'une espèce, cette position a été affirmée par le juge administratif. Dans l'affaire Ewane Lobe[598] par exemple, le sieur Ewane a pu faire immatriculer un terrain mais par

---

592 Art 24 du décret n°76/165, précité.
593 Art 2(5) du décret n°2005/481, précité.
594 Art 17 de la loi n°2006 du 29 décembre 2006 fixant l'organisation et le fonctionnement des tribunaux administratifs.
- CS/CA, jugement n°99 du 13 août 2008, Kamga Françoise contre État du Cameroun (Minuh).
595 Art 2(5) du décret n°2005/481, précité.
596 CS/CA, jugement du 18 décembre 1986, Wouaze Michel contre commune urbaine de Dschang.
597 CS/AP, Arrêt n°02 du 27 avril 2000, Biyo'o Olinga François contre État du Cameroun.
598 CS/CA, jugement n°23 du 30 janvier 1986, Ewane Lobe Francis contre Ètat du Cameroun.

la suite, le ministre chargé des Affaires foncières, sur le motif de faute de l'Administration lors de la procédure d'immatriculation, avait six (06) mois plus tard procédé au retrait dudit titre.

« - ***S'il est constant que l'autorité administrative peut être appelée à retirer des actes administratifs irréguliers d'office, c'est à la condition que ce retrait soit prononcé dans le délai du recours contentieux…*** ».

Que le titre foncier querellé n'a été retiré que six mois après qu'il a été délivré,

« ***il y a lieu de constater la tardivité de la décision intervenue…*** ».

D'où l'annulation du retrait.

Doivent tout de même être signalés les cas d'acquisition d'un terrain sur le domaine privé de l'État. L'acquéreur est généralement obligé de mettre en valeur ledit terrain dans un certain délai. Une clause d'incessibilité est d'ailleurs introduite sur le titre foncier établi. La cession du terrain ou la non mise en valeur dans les délais prescrits fondent l'autorité administrative à prononcer la résolution de la vente et le titre foncier tombe sous le coup de la caducité[599]. Hormis cette exception où la modification ou le retrait restent longtemps possibles, le retrait est normalement enfermé dans les délais du recours contentieux.

2. Les parties intervenantes

Il s'agit des personnes ayant la capacité, la qualité et l'intérêt à agir[600]. Les textes s'attardent davantage sur l'intérêt puisque l'expression récurrente est celle de « parties intéressées ».

Pour le cas des contestations, « **toute personne intéressée** » peut demander les inscriptions de droit ou faire opposition[601]. Il s'agit par là de donner la possibilité à toute personne qui conteste l'occupation, l'exploitation, qui est titulaire d'un droit réel immobilier sur l'ensemble, ou dont les droits ont été lésés par suite de l'immatriculation, de soulever une contestation[602] devant pousser l'autorité administrative à réexaminer le titre foncier, voire à le rapporter.

Quand le terrain est acquis sur le domaine privé de l'État, à part les tiers qui peuvent saisir l'autorité administrative pour présenter quelques revendications, l'État, autorité compétente pour le retrait, peut lui-même décider d'effectuer le

---

[599] TIENTCHEU NJIAKO, *Le titre foncier au Cameroun*, Yaoundé, Op cit., 2009, p.25.
[600] Supra.
[601] Art 16 du décret 2005/481, précité ; V. aussi art 39 (1).
[602] Ibid, art 2 (1).

retrait (auto saisine)[603] au cas où le bénéficiaire du titre foncier cède l'immeuble au mépris de la clause d'incessibilité ou ne met pas le terrain en valeur dans les délais impartis.

La partie intéressée peut être le riverain, un titulaire de droits réels immobiliers, un parent du bénéficiaire[604], celui qui estime être le vrai propriétaire du terrain, l'État... La contestation soulevée peut entraîner le retrait du titre foncier. Cette éventualité met quelque peu à mal l'unité de la règle de l'intangibilité (paragraphe 2) et ce n'est que par le biais d'un raisonnement rigoureux qu'il peut être affirmé que le principe de l'intangibilité et du caractère définitif du titre foncier demeure une prescription valide qui protège le titre foncier délivré.

Paragraphe 2- L'unité de la règle de l'intangibilité

La remise en cause de la validité de la règle de l'intangibilité et du caractère définitif du titre foncier vient de ce que cette règle est proclamée et en même temps, dénudée par la même disposition normative. L'explication théorique (A) permet pourtant d'affirmer qu'il y a bien unité de la règle de l'intangibilité ; ce qui est par ailleurs confirmé par le droit positif (B).

A- L'explication théorique

Le dispositif normatif sur l'intangibilité et le caractère définitif du titre foncier peut être interprété comme étant équivoque puisqu'à la lecture, il remet lui-même en question cette règle en y joignant l'exception. Cependant, il peut être retenu au raisonnement que cette logique ne dénude pas la règle.

1. L'apparente contradiction

Le titre foncier est réputé intangible et définitif[605], ce qui laisse envisager qu'il ne peut faire l'objet d'une quelconque retouche par l'Administration dès l'instant qu'il est établi. Cette protection est rigidifiée par le fait que « ***toute personne dont les droits ont été lésés par suite d'immatriculation, n'a pas de recours sur l'immeuble, mais seulement en cas de dol, une action personnelle en dommages-intérêts contre l'auteur du dol*** »[606]. Partant de ces prescriptions et des éléments postérieurement développés, le titre foncier est représenté comme étant un acte juridique qui doit rester intact parce que dès qu'il est

---

[603] TIENTCHEU JIAKO, *Le titre foncier au Cameroun*, Op.cit ; p.25.

[604] CS/CA, jugement n°133 du 32 juillet 2009, Mme veuve Mekongo Pauline et Aboui Marcelline contre État du Cameroun (Mindaf) et Ngah Koume Da Jean-Marie (int.vol).
Sieur Aboui Albert a frauduleusement fait établir un titre foncier sur une propriété collective en son nom unique. Il a été accordé à Mekongo Pauline et à Aboui Marcelline la qualité de requérantes parce qu'avec l'auteur de la fraude, elles sont aussi membres de la succession.

[605] Art 1(2) du décret n°76/165, précité.

[606] Art 2(1) du décret n°2005/481, précité.

accordé, il devient intouchable et cette règle s'applique tant aux autorités administratives qu'aux particuliers.

Ce qui jette le trouble c'est que :

> *« toutefois, le ministre des domaines peut, en cas de faute de l'Administration, résultant notamment d'une irrégularité commise au cours de la procédure d'obtention du titre foncier, et au vu des actes authentiques produits, procéder au retrait du titre foncier irrégulièrement délivré »* [607]. Mais ce retrait ne peut intervenir que dans le délai du recours contentieux[608].

Sans se forcer, il apparaît de cette lecture croisée des dispositions des deux textes que d'abord, le titre foncier est intouchable et qu'ensuite il est touchable. Cette admission double de deux contraires fait naître le doute et laisse penser qu'au final, la prescription sur l'intangibilité et le caractère définitif est dénuée de toute valeur. Pourtant, cette règle dans sa consécration juridique conserve tout de même sa valeur.

2. Le logique enchevêtrement

En admettant que le titre foncier, définitif et intangible, puisse être retouché, le législateur aurait lui-même, après déclaration, immédiatement fait office d'abjuration.

Il ne faut pas pencher dans ce sens parce que le texte a posé des types de dispositions. L'une générale, l'autre particulière, à savoir respectivement l'intangibilité et le caractère définitif, puis la possibilité du retrait. L'aspect définitif et intangible du titre foncier annoncé en premier est ensuite affirmé par le même texte, tout comme la minutie [609] imposée à l'Administration pour établir le titre milite en faveur d'un titre foncier confectionné en observation des règles prescrites et donc en principe définitif.

La possibilité du retrait du titre foncier n'est qu'une exception dont la mise en œuvre obéit à des conditions plutôt strictes. A part la qualité liée aux parties intéressées, le retrait ne peut en principe intervenir que dans la limite du délai du recours contentieux. Tout retrait intervenant au-delà de ce délai est nul[610], sauf cas de fraudes du bénéficiaire [611] pour lequel le titre foncier se rapporte à tout moment, tout comme la nullité d'ordre public [612] et encore que le juge ne se

---

[607] Ibid, art 2 (3).
[608] Art 2 (5).
[609] Supra.
[610] CS/CA, jugement n°23 du 30 janvier 1986, Ewane Lobe Francis contre État du Cameroun.
[611] Art 2 (5) du décret n°2005/481, précité.
[612] Ibid, art 2 (6).

prive pas de réagir quand l'Administration n'a pas voulu opérer le retrait [613], argument pris qu'il y a forclusion.

Il faut donc envisager que la règle consacrée ne se destitue pas elle-même. Il est du point de vue théorique le principe général constitué de deux aspects : un aspect majeur, l'intangibilité et le caractère définitif (le principe de la règle), et un aspect mineur, la possibilité du retrait (l'exception de la règle). Cette dynamique du droit [614] sur le titre foncier, justifiée par la théorie, est bien enchevêtrée dans le droit positif (B).

B- La cohésion dans le droit positif

A la lecture des textes fixant les conditions d'obtention du titre foncier, les deux aspects de la règle de l'intangibilité et du caractère définitif du titre foncier apparaissent, la cohésion entre ces deux aspects est perceptible au niveau du négotium et du concept de nullité de l'acte qui certifie officiellement la propriété.

1. A partir de la présentation du négotium

La protection du titre foncier par la prescription de son caractère définitif et intangible est présentée en commun avec l'éventualité du retrait. Expressément énoncé, le retrait prévu reste résiduel, ce qui laisse entrevoir au sein d'un principe, l'existence d'une règle et d'une exception.

A part le caractère accessoire de l'exception, il faut souligner que le retrait ne s'effectue que dans le délai du recours gracieux : c'est la règle. Un acte administratif n'acquiert autorité de la chose décidée[615] et donc son intangibilité, qu'au bout de l'expiration du délai légal admis pour le faire annuler. Après trois mois, le titre foncier n'est plus susceptible de retrait parce qu'il a définitivement créé des droits et des obligations pour son titulaire. La sécurité juridique en serait menacée [616] et pour donc garantir les droits acquis, il est normal que le titre foncier, trois mois après sa délivrance, passe sous le coup de l'intangibilité. A son avantage, le titre foncier qui certifie la propriété immobilière ne saurait être traité comme les autres actes administratifs. Il atteste la propriété foncière et cette dernière est revêtue d'une sacralité juridique [617] qui ne permet pas que de façon ordinaire, l'Administration puisse revenir sur l'acte qui confère le droit

---

[613] CS/CA, jugement n°38 du 18 janvier 2006, Bongo Henri Aimé contre État du Cameroun (Minuh).
[614] KELSEN (H), *Théorie pure du droit*, Paris, Dalloz, 1962, notamment pp.355 et s.
[615] BINYOUM (J), *Droit administratif, cours polycopié*, Université de Yaoundé, (s-d), pp.116-118.
[616] CRISTAU (A), « *L'exigence de sécurité juridique* », rec. Dalloz, 2002, chron, n°23, p.2818.
[617] Supra.

de propriété immobilière à une personne physique ou morale. Seuls des cas exceptionnels, comme celui de la nullité, sont explicitement admissibles.

2. A partir de la nullité

Le titre foncier délivré peut être frappé de nullité. La nullité est la sanction qui frappe un acte juridique qui ne remplit pas les conditions requises pour sa formation [618]. Cette prérogative exorbitante [619] n'est utilisée pour le cas du titre foncier que dans un certain nombre d'hypothèses expressément données :

- lorsque plusieurs titres sont délivrés sur le même terrain ;
- quand le titre foncier est établi sur une dépendance du domaine public ;
- quand le titre foncier, en violation de la réglementation, est établi sur une parcelle du domaine privé d'une personne morale de droit public.

A ces hypothèses qui sont expresses [620], il faut notamment rajouter le cas de forfaiture [621] et celui où le bénéficiaire du titre a fait acte de fraudes [622]. La nullité est constatée par arrêté du ministre chargé des Affaires foncières[623].

La nullité porte élimination, résolution de l'acte juridique de l'ordre normatif. Cette inexistence prononcée n'est pas une atteinte au caractère intangible et définitif du titre foncier parce que la nullité frappe l'acte d'inexistence. Un acte qui n'a jamais existé ne peut jamais avoir produit des droits et encore moins n'être pas retirable de l'ordre normatif. La conséquence en est que la nullité reste compatible avec le caractère définitif et intangible du titre foncier.

---

[618] Art 1108 et 1304 C.Civ.

[619] Exemple pris de la nullité des contrats administratifs. Cf. FORNACCIARI (M), « Contribution à la résolution de quelques « paradoxes » », EDCE, 1988, n°39, p.93.

[620] Art 2(6) du décret n°2005/481, précité.

[621] Ibid, Art 2(8).

[622] Art 2(5).

[623] Art 2(7).

CONCLUSION DU CHAPITRE

En précisant l'intangibilité et le caractère définitif du titre foncier, les textes en la matière[624] ont voulu garantir la pérennité de cet acte juridique. Cette nécessité était notamment justifiée par la valeur accordée à la propriété immobilière. La protéger implique protéger l'acte qui la certifie, la réciproque étant évidente[625]. La règle du caractère définitif et intangible du titre foncier est unifiée avec deux composantes : le principe qui est cette protection contre les manipulations ultérieures, et l'exception qui est la possibilité du retrait.

Le retrait reste une exception parce qu'il est accessoire et très encadré. De surcroît, survenant du fait des irrégularités, il doit être pour certains cas effectué dans des délais délimités[626] et auquel cas le titre foncier n'aura pas encore créé les droits acquis et ne sera donc pas encore devenu définitif. Quand il s'agit d'un cas de nullité (d'ordre public), le titre délivré tombe sous le coup de l'inexistence. L'ensemble de ces facteurs fait que l'exception en réalité reste au principe de la règle de l'intangibilité.

Un effritement de la règle de l'intangibilité et du caractère définitif du titre foncier doit pourtant être observé (chapitre 2). Celui-ci provient de l'existence de situations et d'actes juridiques peu ou prou réguliers qui tendent à faire plier ladite règle.

---

[624] Particulièrement les décrets n°76/165 et 2005/481, précités.
[625] Parce que la protection du titre foncier emporte aussi protection de la propriété immobilière.
[626] CS/CA, jugement n°23 du 30 janvier 1986, Ewane Lobe, Op.cit.

CHAPITRE 2

LES EXCEPTIONS A LA RÈGLE DE L'INTANGIBILITÉ DU TITRE FONCIER

En disposant que « ***le titre foncier est intangible et définitif*** »[627] et en admettant que seuls les cas de nullité et celui du retrait sous condition[628] sont admis, la messe semblait dite. Le titre foncier, passé un délai, serait à la lecture de ces dispositions intouchable. Il faut savoir que le titre foncier est un acte administratif, et que comme tel, il devrait être régi par les mêmes lois. Au contraire, son champ de protection consacré par le principe de l'intangibilité est considérable. Cet élément contribue à déterminer une caractéristique, celle de l'aspect singulier du titre foncier dans la catégorie des actes administratifs.

Cependant, un certain nombre de vecteurs tendent à faire de la règle de l'intangibilité et du caractère définitif du titre foncier, un principe non étanche. En prescrivant l'intangibilité, le législateur a lui-même volontairement ou non désagrégé cette règle en acceptant dans les mêmes textes, mais un peu plus loin, des possibles retouches du titre foncier valide (section 1). Plus encore, il ne s'est pas aperçu que l'exorbitance des pouvoirs administratifs constituait au demeurant une menace en la matière pour le maintien de l'étanchéité de la règle (section 2). Un bilan doit alors être établi comme pour voir ce qu'il reste de la règle du caractère définitif du titre foncier qui fait de lui un acte administratif fait de spécificités.

Section 1- La tangibilité par les retouches acceptées du titre foncier

Les textes disposant que le titre foncier est un acte définitif et intangible font pourtant état de la possibilité d'attenter à cette règle. Contrairement au cas du retrait et de la nullité pour lesquels le titre foncier délivré est, soit pas encore totalement effectif parce que le délai du recours contentieux est encore ouvert[629], soit qu'il n'a jamais existé parce que gravement irrégulier[630], ces cas de figure, eux, sont différents.

Délivré et entré en vigueur, le titre foncier peut toujours être retouché par la rectification (paragraphe 1). Cette hypothèse admise s'accompagne d'une autre, celle de la transformation du titre foncier (paragraphe 2). Dans les deux cas,

---

[627] Art 1 (2) du décret n°76-165 du 27 avril 1976 fixant les conditions d'obtention du titre foncier.
[628] Supra.
[629] Art 2 (5) du décret n°2005/481 du 16 décembre 2005 modifiant et complétant certaines dispositions du décret n°76/165 du 27 avril 1976 fixant les conditions d'obtention du titre foncier.
[630] Ibid, art 2 (3), (5), (7).

sans faire acte d'exorbitance, l'Administration est légalement investie du pouvoir de remanier un acte supposé être définitif.

Paragraphe 1- La rectification

Rectifier un acte juridique c'est le rendre exact, adéquat. Pour qu'il y ait rectification, il faut que l'acte établi soit inexact sur certains de ses éléments. Cette opération qui consiste donc en une correction du titre foncier établi vise à le redresser pour le faire coïncider avec la réalité. La rectification est ainsi une modification du titre foncier qui, admise, incarne l'un des éléments de la porosité du principe de l'intangibilité. Ses effets (B) le prouvent, même si l'éventualité de la rectification du titre foncier est conditionnée (A).

A- La condition de la rectification

Le titre foncier qui est sujet à rectification est celui qui est inexact. La base de l'inexactitude est l'erreur ou l'omission. L'autre pendant de la rectification est la condition personnelle qui a trait à l'auteur de la rectification. La rectification à opérer sera une modification dans le titre foncier et non une modification ou un changement de titre foncier.

1. Les omissions et les erreurs

« ***Lorsque des omissions ou des erreurs ont été commises dans le titre de propriété ou dans les inscriptions, les parties intéressées peuvent en demander la rectification*** »[631].

Le fondement de la rectification est donc la présence d'inexactitudes dans le titre foncier qui se décline en omissions et en erreurs. L'omission est l'oubli d'un élément qui aurait dû être reporté dans le titre foncier. L'erreur est le report d'éléments inexacts dans le titre foncier. C'est ainsi que l'omission et l'erreur qui sont le fait du report des données obtenues à l'issue de la procédure d'immatriculation et d'inscription de droits réels immobiliers grevant l'immeuble immatriculé, concernent les mentions.

La rectification est donc la conséquence de la présence de mentions erronées ou incomplètes dans les pages du titre foncier. Ces inscriptions ont des effets profonds sur la création de droits et d'obligations sur les parties intéressées par le titre foncier, et sur l'espace matérialisé et certifié par ledit titre.

L'hypothèse la plus envisagée qui est d'ailleurs la plus vécue est la rectification sur la désignation du (des) bénéficiaire (s) du titre foncier. L'affaire dame veuve Mekongo Pauline[632] peut ici servir à la démonstration. Dans

---

[631] Art 39(1) du décret n°2005/481, précité.

[632] CS/CA, jugement n°33 du 22 juillet 2009, Mme veuve Mekongo Pauline et Aboui Marcelline contre État du Cameroun (Mindaf) et Ngah Koumeda Jean- Marie.

l'espèce, veuve Mekongo et sa nièce Aboui Marcelline sont avec le sieur Aboui Albert (un de leurs parents) héritiers d'une succession familiale. Sieur Aboui Albert est chargé par ses deux parents de faire immatriculer leur terrain en leurs trois noms. Ce dernier, par des manœuvres frauduleuses, a plutôt fait immatriculer cette parcelle en son nom et en celui de ses enfants et de deux autres personnes. La rectification accordée par le juge l'a été dans le retrait de tous les noms hormis celui d'Aboui Albert et de l'ajout des noms des deux requérantes.

Des faits similaires sont observés dans l'affaire Bongo Henri Aimé[633]. Suite au décès de leur père, le sieur Bowen Joseph Robert, cohéritier avec le requérant, a profité du manque de vigilance de l'Administration pour faire immatriculer les immeubles successoraux à son seul profit. La demande du requérant, recevable, était fondée dans le fond, ce qui a amené le juge à ordonner la rectification du titre foncier litigieux.

La rectification peut être fondée sur plusieurs autres éléments tels que l'inscription abusive de droits réels immobiliers grevant l'immeuble dans le titre foncier, les erreurs dans les levés topographiques de bornage[634], ou encore les indications sur la localisation de l'immeuble immatriculé. Elle est soulevée et traitée par des parties et des autorités bien désignées.

2. Les conditions personnelles

L'existence d'erreurs ou d'omissions dans le titre foncier établi est soulevée par toute partie intéressée. A l'observation, il s'agit principalement de ceux qui ont bénéficié du titre établi ou de ceux qui ont justement été lésés par le titre foncier[635], ce qui les fonde à en réclamer la rectification.

Auparavant, l'action en rectification était portée devant le chef de service régional des domaines[636] qui rectifiait d'office ou sur autorisation de l'autorité gouvernementale compétente dans les conditions qui sont encore d'actualité. L'autorisation de rectifier est donnée par le Premier ministre par voie de décret[637]. Elle n'est requise que si les erreurs et omissions constatées portent atteinte aux droits des tiers[638]. Dans le cas contraire, la rectification s'effectue d'office par le conservateur foncier qui, en la matière, a pris la place du chef de service régional des domaines précédemment compétent. Cette rectification

---

633 CS/CA, jugement n°38 du 18 janvier 2006, Bongo Henri Aimé contre État du Cameroun (Mindaf).
634 Infra.
635 V. jugement Bongo Henri, et aussi jugement veuve Mekongo Pauline, Op.cit.
636 Art 39 (2) du décret n°76/165, précité.
637 Art 39 (3) du décret n°2005/481, précité.
638 Ibid.

d'office n'a lieu que si les irrégularités proviennent des actes du conservateur ou de l'un de ses prédécesseurs.

Sans prescription, le conservateur foncier assure donc la rectification d'office du titre foncier et ceci sous sa responsabilité[639]. Cette responsabilité émane du fait qu'il est l'autorité qui a la charge de dresser le titre foncier[640], et que pour ce faire, il est tenu d'effectuer toutes les vérifications d'usage pour éviter qu'il n'y ait justement des irrégularités. Cette obligation de vérification concerne autant les immatriculations effectuées sur le domaine national de première catégorie[641] que sur une transformation après avoir été saisi par notaire[642] dans le cas des transactions immobilières.

Les seules autorités administratives à être habilitées à rectifier le titre foncier sont donc le conservateur et le Premier ministre[643]. Le recours contentieux reste toujours possible au cas où la rectification est refusée ou qu'elle n'est pas effectuée de façon satisfaisante. Ce recours est ouvert devant le juge administratif. Ses effets (B) constituent une atteinte à la règle de l'intangibilité.

B- L'effet de la rectification

Quand un titre foncier comporte des erreurs ou des omissions, il peut être rectifié. L'inexactitude peut résulter des manœuvres frauduleuses de l'une des parties comme elle peut survenir à cause de la négligence administrative. Ces inexactitudes entraînent une modification du titre foncier et partant, c'est la règle du caractère définitif et intangible du titre foncier qui est mise à mal, même si la rectification n'entrave pas le maintien du titre initial.

1. Le maintien du titre foncier

La procédure de retrait excipe de l'ordre juridique le titre foncier établi. Celle de la rectification opère autrement. La rectification porte correction des éléments du titre foncier, mais ce titre reste en lui-même valide.

Ce qui est quelque peu étrange, c'est que la rectification a des fondements qui des fois coïncident avec ceux du retrait. L'erreur qui notamment fonde la rectification[644] s'apparente à l'irrégularité, cause du retrait[645]. Si l'erreur est la

---

639 Art 39 (2) du décret n°2005/481, précité.

640 Supra.

641 Art 15 (3) du décret n°2005/481, précité.

642 Ibid, art 31.

643 Le juge administratif a eu à interpréter la compétence de rectifier le titre foncier de façon malheureuse en l'attribuant au président de la République en ignorance de la lettre du décret de 2005 qui attribue pourtant ce pouvoir au seul Premier ministre.
Cf. CS/CA, jugement n°46 du 15 mars 2006, Nembot Jacques contre État du Cameroun. « *...le pouvoir d'ordonner une rectification d'un titre foncier qui porte atteinte aux droits des tiers appartenant exclusivement au président de la république qui l'exerce par décret* ».

644 Art 39 (1) du décret n°2005/481, précité.

mention inexacte, l'irrégularité est, elle, un vice dans la procédure d'établissement qui est à l'origine de l'erreur. L'autorité administrative est appelée à trancher sur la question en fonction de la demande du requérant. Dans l'affaire veuve Mekongo[646], les noms des plaignantes ont été oubliés dans le titre parce que leur parent, le sieur Aboui Albert, a pu faire effectuer par l'Administration un titre à son seul nom, l'Administration étant ainsi induite en erreur. Dans l'affaire Bongo Henri, l'Administration induite en erreur a elle-même fait preuve de négligence et de mauvaise application du droit[647] en établissant un titre foncier au seul profit de Bowen Joseph alors que le requérant en est cohéritier[648].

Plus encore, l'affaire Zibi Zanga[649] retient l'attention. Le requérant a confié à son neveu, le sieur Zibi Edima, la charge de lui faire titrer sa propriété. Ce dernier en a profité pour faire l'immatriculation foncière en son nom. Que l'Administration est elle-même fautive car la commission consultative était insuffisamment constituée parce qu'aucune notabilité n'a été associée aux opérations de constat et de bornage. Ces erreurs dans l'établissement du titre foncier ont poussé le juge à l'annuler. Sûrement parce que le requérant avait demandé cette annulation. En aurait-il été autrement si c'était plutôt la rectification qui était par lui requise ? Ce qu'il faut en dire, c'est que les dimensions du terrain inchangées, la procédure d'établissement validée, seul le nom du titulaire aurait été modifié. Mais probablement qu'un changement radical de nom n'est pas possible, sauf à passer par l'annulation du titre foncier contesté.

La rectification n'est pas l'annulation du certificat de propriété immobilière, il est juste une modification dans le titre foncier[650] parce que le titre est en soi maintenu et seuls ses éléments sont retouchés.

2. *La retouche des éléments du titre foncier*

Le titre foncier est un tout constitué du titre lui-même et des éléments annexés. La rectification a une influence sur l'ensemble du titre foncier puisqu'elle s'opère sur les mentions contenues dans les feuillets qui sont elles-mêmes reprises dans les documents annexés.

---

645 Ibid, art 2 (3).

646 CS/CA, jugement n°33 du 22 juillet 2009, Mme veuve Mekongo Pauline, Op.cit.

647 V. arrêté n°0165/Y.7/MINUH/D120 du 23 août 2002 réhabilitant le titre foncier n°4852/Haut-Nkam.

648 CS/CA, jugement n°38 du 18 janvier 2006, Bongo Aimé, Op.cit.

649 CS/CA, jugement n°01 du 26 novembre 1998, Zibi Zanga Jean contre État du Cameroun (Minuh).

650 TADJUDJE (W), « *La déconcentration de la gestion foncière au Cameroun : une analyse du décret n°2005/481 du 16 décembre 2005* », Op cit., p.31.

Le duplicatum qui est délivré est ainsi modifié de même que l'original qui reste à la conservation foncière[651]. La rectification est une modification qui se fait sans retouche des premières inscriptions car le titre ne doit pas être raturé. C'est plutôt par rajout que la retouche est effectuée. « *Dans tous les cas, les premières inscriptions sont laissées intactes et les corrections inscrites à la date courante* »[652].

La rectification opérée a toujours une influence sur le bordereau analytique qui est comme le titre foncier bis[653]. Par contre, seule la révision des coordonnées des levés topographiques a une incidence sur le plan du titre foncier. La rectification des coordonnées entraîne rectification des plans annexés au titre foncier[654] sur le titre foncier et le duplicatum. Ce cas de retouche autant que celui lié à la transformation du titre foncier (paragraphe 2), rendent l'intangibilité du titre foncier bien fébrile.

Paragraphe 2- La transformation du titre foncier

Autre aspect de la possibilité de retoucher le titre foncier établi, la transformation qui est d'abord effectuée sur la propriété immobilière (A) et qui a des effets sur le titre (B). La certification de la propriété immobilière, à ne pas se méprendre, subit alors plus d'un assaut quant à son caractère intangible et à son aspect définitif supposé le garantir contre les commerces ultérieurs à son entrée en vigueur.

A- Les actes constitutifs de transformation

La transformation du titre foncier est le changement qu'il subit. Ceci provient des actes portant réattribution de la propriété à un autre bénéficiaire et de ceux qui sont relatifs à des modifications sur l'immeuble dont il est question, à savoir le démembrement et principalement le morcellement.

1. Le morcellement

La propriété immobilière se présente comme un tout pouvant quand même être divisé. Il s'agit du morcellement qui n'est rien d'autre que la division opérée sur l'immeuble. Le pouvoir de démembrer une propriété immobilière est la conséquence du droit d'en disposer. Le démembrement survient à la suite d'aliénations à titre gratuit ou onéreux d'une propriété immobilière.

---

651 NTSOULA (S.O), « Livre foncier et titre foncier : il ne faut pas confondre ces deux documents », *Domaines infos*, n°003, avril 2006, p.6

652 Art 39(4) du décret n°2005/481, précité.

653 Supra.

654 Art 40 (2) du décret n°76/165, précité.
Cf-ordonnance de référé n°363 du 22 octobre 2009, TPI de Douala-Ndokoti, l'association humanitaire Afrique Future contre Monsieur le chef de service régional des domaines et des affaires foncières du Littoral à Douala.

L'opération de démembrement qui est la division de la propriété entraîne « ***morcellement du titre foncier initial au profit des acquéreurs, de copartageants ou de cessionnaires*** » [655]. Le régime du morcellement est le même que celui de la mutation du titre puisque l'effet et les procédures sont presqu'identiques, mais le morcellement se spécifie dans la mesure où il emporte mutation du titre après démembrement de la propriété immobilière alors que la mutation en général ne s'accompagne pas d'une effectuation de modification sur l'immeuble à proprement parler, mais davantage, elle concerne surtout la modification du titre foncier lui-même.

2. Les mutations de titres

Si le morcellement concerne d'abord un démembrement de l'immeuble avec effet sur le titre foncier, les mutations, elles, résident plus dans la modification du titre foncier et généralement sans qu'il n'y ait eu de modification sur le terrain.

Les causes de mutation de titres sont principalement les transactions privées auxquelles peuvent s'ajouter des opérations effectuées par la puissance publique. Dans la transaction immobilière privée se trouve la vente d'immeuble. Quand elle est faite entre personnes privées, sa validité tient à l'acte notarié qui l'authentifie[656]. Cette condition est aussi valable pour les cessions gratuites et les échanges. Elle n'est pas exigée quand la transaction est effectuée à l'initiative d'une personne morale de droit privé. Dans ce dernier cas, la vente par adjudication[657] et la vente de gré à gré[658] donnent lieu à procès-verbal qui vaut acte de vente[659]. Quand la cession est faite au profit d'une personne morale de droit public, celle-ci doit être prononcée par décret[660]. L'acte d'échange est soumis à la même condition[661] à savoir le décret.

Hormis les cessions à titre gratuit (dons et legs) et à titre onéreux, la transaction immobilière privée peut être l'échange[662]. A la différence des modalités des transactions publiques, elles doivent être passées par-devant notaire et elles entraînent mutation du titre délivré[663]. Ces actes de transformation sont tous fondés sur ce que la propriété immobilière change de

---

[655] Art 25 du décret n°76/165, précité.
[656] Art 8 de l'ordonnance n°74/1 du 6 juillet 1974 fixant le régime foncier.
[657] Art 6 du décret n°76/167 du 27 avril 1976 fixant les modalités de gestion du domaine privé de l'État.
[658] Ibid, art 8 et s.
[659] Ibid, art 7 (2) et art 10.
[660] Art 11 (3).
[661] Art 13.
[662] Art 1 du décret n°76/17 du 13 janvier 1979 relatif aux transactions immobilières privées.
[663] Art 24 du décret n°76/165, précité.

mains[664]. La procédure et les effets (B) de la transformation ont alors pour vocation de changer le titre foncier initial.

B- La procédure et les effets de la transformation

Les transactions immobilières suivent une procédure particulière qui s'ensuit de la transformation du titre foncier de l'immeuble, objet de la transaction, sans égard à la règle de son caractère définitif et intangible.

1. La mise en œuvre de la transformation foncière

Il a été vu que quand la transaction immobilière est sous maîtrise publique, la vente est faite, soit par adjudication publique[665], soit de gré à gré[666] et le procès-verbal homologué vaut acte de vente[667]. L'adjudication relève de la compétence d'une commission présidée par le Préfet et la vente de gré à gré est accordée par le ministre chargé des Domaines.

La transaction immobilière privée se déroule sous la responsabilité du notaire. Mais au préalable, pour effectuer la transaction envisagée sur un terrain faisant déjà l'objet d'un titre, celui qui désire l'accomplissement de la transaction qui est le propriétaire du terrain doit saisir le service du cadastre. Toute mutation n'est admise que si le propriétaire produit un duplicatum du titre de la propriété[668].

La mutation par suite de morcellement donne lieu au bornage[669]. Ce qui est différent du cas de transaction sur la totalité de l'immeuble. Le notaire est par la suite saisi pour dresser l'acte de mutation[670] et saisir le service des domaines compétent[671]. Le conservateur foncier, puisqu'il s'agit de lui, doit vérifier sous sa responsabilité que la mutation de titre foncier qui est demandée n'est pas irrégulière[672], auquel cas il mute le titre foncier.

2. Le changement du titre foncier par transformation

Deux éléments démarquent la transformation du retrait et de la rectification. Pour le retrait, c'est l'irrégularité qui va conduire à sa sortie de vigueur. Pour la

664 Pour le cas des legs, la mutation s'effectue par transfert de propriété du de cujus à sa succession. Mais la modification du titre n'est pas automatique, il faut encore la demander : cf : CS/CA, jugement n°48 du 28 janvier 2009, Moukoko Koffi Emmanuel black contre État du Cameroun (Mindaf) et Simo Emmanuel (intervenant volontaire).
665 Art 6 du décret n°76/165, précité.
666 Ibid, art 8.
667 Art 7(3).
668 NYAMA, *Régime foncier et Domanialité publique au Cameroun*, Op cit., p.203.
669 Art 3 du décret n°79/17, précité.
670 SOCKENG (R), *Les institutions judiciaires au Cameroun*, Groupe saint-françois, collection Lebord, 1ère édition, pp.104-105.
671 Art 7(2) du décret n°79/17, précité.
672 Art 31, 34 et 37 du décret n°2005/481, précité.

rectification, certaines données du titre foncier sont retouchées à l'exemple du plan[673] ou des mentions sur les propriétaires et les droits réels y relatifs[674], mais le titre est maintenu.

La transformation entraîne pour sa part mutation du titre foncier initial. Le fondement et la justification en sont que la propriété immobilière change de propriétaire. Ce passage de témoin ne peut être fait sans qu'il ne soit reporté sur l'acte de propriété, c'est-à-dire le titre foncier. Le changement total du (des) nom(s) (des bénéficiaires) dans le titre entraîne donc mutation, que la propriété en elle-même ait été reconfigurée (morcellement, fusion) ou non.

La transaction portant sur la propriété immobilière entraîne mutation du titre foncier[675]. L'ensemble des droits réels qui grèvent ladite propriété, ainsi que leurs modifications, sont reportés dans le nouveau titre foncier[676]. Les mutations opérées sur le terrain se répercutent sur le titre foncier par l'acquisition de la propriété en partie ou en totalité par un nouvel acquéreur[677].

Admettre que le titre foncier est un acte définitif et intangible, c'est le positionner dans l'éternité. Cet état de choses est en soi-même contradictoire non seulement à la nature humaine pour laquelle le propriétaire terrien est un jour appelé à ne plus être là et donc à laisser une propriété sans propriétaire, mais aussi parce que le caractère intangible oblige à vider le droit de propriété de sa substance par la mise à mort du droit de disposer (abusus) [678] de sa propriété. La transformation du titre foncier n'est peut-être qu'une exception à l'intangibilité, mais elle n'est pas des moindres, car quotidiennement, des titres fonciers subissent des mutations. Que dire alors des interventions exorbitantes de l'Administration (section 2) qui, comme la transformation, entraînent la mutation du titre foncier au profit d'une autre personne que celle qui initialement en était le bénéficiaire ?

Section 2- La tangibilité du fait des interventions exorbitantes des personnes publiques

Les démembrements et mutations de la propriété et donc du titre foncier tel que présentés jusqu'ici sont mis en œuvre sans que cela ne se déploie sous la contrainte. Sans l'accord du propriétaire foncier, il peut être procédé à des

---

[673] V. ordonnance des référés n°10 du 24 avril 2009, CS/CA, affaire Atangana Dieudonné contre État du Cameroun.
[674] Supra.
[675] Art 22 du décret n°76/165, précité.
Art 29 du décret n°2005/481, précité.
[676] NYAMA (J-M), *Régime foncier et domanialité publique au Cameroun*, Op.cit, pp.266 et s.
[677] CS/CA, jugement n°99 du 13 août 2008, Mme Kamga Françoise contre État du Cameroun (Minuh).
[678] Art 544 et s du c.civ.

opérations portant atteinte à sa propriété et donc à son titre foncier. Ce mode d'action est le fort des personnes morales de droit public qui, jouissant de leurs prérogatives exorbitantes[679], peuvent porter atteinte aux garanties conférées au titre foncier. La certification officielle de la propriété immobilière est dite définitive et intangible, pourtant elle subit par l'exorbitance des atteintes juridiquement valides (paragraphe 1). Pis encore, elle fait aussi l'objet d'atteintes illégales (paragraphe 2) qui sont pour la majorité irréfragables.

Paragraphe 1- Les atteintes légales à l'intangibilité du titre foncier

D'autorité, il peut être procédé à la modification, voire à la sortie de vigueur du titre foncier. L'acte d'autorité peut être un acte juridictionnel par lequel le juge passe outre les obstacles constitués par l'intangibilité du titre foncier[680]. Mais l'attention est davantage portée ici sur l'Administration qui, par ses prérogatives que sont la réquisition et la réincorporation (B) ou encore l'expropriation et l'alignement (A), peut légalement faire tomber l'obstacle constitué par les prérogatives de protection du titre foncier.

A- L'expropriation et l'alignement

Ces deux procédés font montre d'une administration qui met en exergue ses pouvoirs exorbitants. La règle de l'intangibilité et du caractère définitif du titre foncier donne à cet acte administratif une sorte d'immunité. Mais, l'expropriation, comme l'alignement, met l'observateur dans l'embarras au regard de l'impact que ces mesures ont sur les garanties du titre foncier.

1. L'expropriation

L'expropriation est la procédure par laquelle une personne publique contraint une personne privée à lui céder un bien immobilier ou des droits réels immobiliers. La propriété est protégée surtout quand elle est immobilière. Elle l'est tellement qu'elle fait l'objet d'une protection constitutionnelle[681]. Il y est précisé que l'expropriation doit avoir pour fondement l'utilité publique et que le préjudice subi par l'exproprié doit être indemnisé de façon juste et préalable.

C'est par décret que l'expropriation est prononcée[682]. Ce décret qui est de la compétence du Premier ministre n'est que l'aboutissement d'une longue

---

679 Cf MODERNE (F), « Les prérogatives de puissance publique », thèse, Bordeaux, 1961. V. aussi, CHEVALIER (J), « Le droit administratif, droit de privilège ? »,*Rev. Pouvoirs*, 1988, n°46, p.47.

680 Ordonnance de référé n°424 du 22 décembre 2009, TPI de Douala-Ndokoti, famille Ndog-Akok de Mbanga Bakoko de Douala 3ème contre Hamadou Abba. V. Surtout CS/AP, arrêt n°01 du 24 janvier 2002, procureur général près la Cour suprême, Minuh contre Mme Oyié née Minsi Victoire.

681 V. préambule de la loi constitutionnelle de 1996.

682 Art 1er de l'ordonnance n°74/3 du 6 juillet 1974 relative à la procédure d'expropriation pour cause d'utilité publique et aux modalités d'indemnisation.

procédure dont l'entame est la saisie du ministre des Domaines par l'organisme qui veut en bénéficier. Les bénéficiaires de l'expropriation sont normalement des personnes morales de droit public[683]. Il peut néanmoins arriver qu'une expropriation soit faite au bénéfice des personnes morales de droit privé. C'est le cas des concessionnaires de service public[684] qui, gérant un service public, conservent leur nature de personne privée. Le ministre des Domaines, au vu des travaux de la commission administrative d'évaluation, va déclarer par arrêté l'utilité publique de l'expropriation projetée[685]. L'expropriation devant être réalisée, l'autorité qui en bénéficie doit au préalable indemniser les victimes. L'indemnité est pécuniaire[686], « ***en ce qui concerne les terrains, la personne morale bénéficiaire de l'expropriation peut substituer une compensation de même nature et de même valeur à l'indemnité pécuniaire*** » [687].

L'utilité publique de l'expropriation est la tenue de l'opération au profit des usagers du service public ou l'usage direct du service public. Ce motif a déjà fait l'objet de multiples contentieux à l'exemple de la contestation de l'utilité publique d'exproprier pour le bénéfice des seuls cadres d'une entreprise publique[688] ou encore le cas de l'utilité publique d'un itinéraire présidentiel devant faire exproprier les riverains alors que cet itinéraire a souvent été emprunté par le chef de l'État sans incident et qu'il semble moins dangereux que d'autres qu'il emprunte souvent[689]. Là où l'expropriation pose problème, c'est dans ses effets.

Il est dit que « ***l'expropriation pour cause d'utilité publique n'affecte que la propriété privée*** » [690]. Elle ne s'applique pas au domaine public parce que le domaine public est protégé par l'intangibilité, et que l'État dispose d'autres moyens pour en jouir[691]. Le « ***décret (d'expropriation) entraîne immédiatement***

---

[683] Art 12(2) de l'ordonnance n°74/1, précitée. V. aussi art 3 et 10 de l'ordonnance n°74/3.

[684] Ibid.

[685] Cf OWONA (J), *Droit administratif spécial de la République du Cameroun*, Edicef, serie manuels et travaux de l'Université de Yaoundé, 1985, pp.107 et s.

[686] OWONA (J), « L'expropriation pour cause d'utilité publique », in *Encyclopédie juridique de l'Afrique*, tome V, chapitre XVI, N.E.A-1982, p.289.

V. aussi Arrêté n°000077/Y.7/MINDAF/A10 du 02 juin 2005 déclarant d'utilité publique les travaux de règlement définitif des préjudices créés à l'occasion du recasement de la famille Mboh Thomas sur la parcelle du domaine national de 109 ha 83a 58ca, incorporée au domaine privé de l'Etat suivant décret n°86/1368 du 17 novembre 1986 et objet du titre foncier n°17669 du département du Wouri.

[687] V.CS/CA, jugement n°34 du 25 février 2004, Famille Ndog-Akok contre État du Cameroun (Minuh), Famille Mboh Thomas, Maetur, Hamadou Abba, famille Yarilem (intervenants volontaires).

[688] CFJ/AY, arrêt n°160 du 8 juin 1971, Fouda Mballa Maurice contre État fédéré du Cameroun Oriental, RCD 1972, obs Michel Prouzet, p.40, n°1.

[689] Affaire Effa Paul Marcel, infra.

[690] Art 2 de l'ordonnance n°74/3, précitée.

[691] AUBY (J-M) et DUCOS-ADER (R), Droit administratif, 5e édition, Dalloz, 1979, p.337, n°233.

transfert de propriété et permet de muter les titres existants ou d'immatriculer d'office les terrains libres au nom de l'État » [692]. Ceci veut dire que l'expropriation éteint la propriété de l'exproprié et cela s'étend à ses droits réels immobiliers. Ce mode d'acquisition forcée de la propriété immobilière au détriment de la règle de l'intangibilité est semblable à celui de l'alignement.

2. L'alignement

La procédure d'alignement vise la délimitation de la voie publique déterminée par l'autorité administrative. Elle peut juste consister à rétablir les emprises de la voie publique qui ont subi des empiètements[693], comme il peut s'agir de l'extension des voies publiques par leur agrandissement. L'alignement s'entend donc « ***comme la fixation des limites que l'Administration entend donner au domaine public au droit des propriétés des riverains des voies de communication. Il s'agit d'un procédé de délimitation unilatérale mais à cette prérogative s'en ajoute une autre plus notable encore : l'Administration n'est pas obligée de se borner à constater les limites existantes d'une voie : elle peut modifier ces limites en empiétant sur les propriétés riveraines*** » ; et les **professeurs AUBY** et **DUCOS-ADER** de continuer en concluant que *« la délimitation est ou peut être attributive »* [694].

Le second aspect de l'alignement est la création de servitudes par le reculement. Ici, l'Administration ne s'assure plus que le domaine public artificiel n'est pas empiété[695] ou que les constructions ont respecté les limites[696] ; elle procède plutôt au reculement des constructions édifiées en acquérant l'espace reculé qui sera incorporé au domaine public artificiel. Même si l'alignement ne s'effectue pas sans réserves[697], sa justification n'est pas très nécessaire parce qu'en soi, agrandir les voies publiques présente déjà un intérêt public.

Au Cameroun, l'alignement est perçu dans les procédures visant à agrandir les voies publiques[698] ; elle n'est tout de même pas très en usage par les autorités publiques lui préférant l'expropriation. La procédure d'alignement a quand même la singularité de priver le propriétaire foncier d'une partie de sa

---

692 Art 1er de l'ordonnance n°74/3, précitée.
693 Notamment par le déguerpissement. Lire ABANE ENGOLO (P.E), « Le régime juridique des déguerpissements au Cameroun », mémoire de DEA, Université de Yaoundé I, 2006.
694 AUBY et DUCOS-ADER, *Droit administratif*, Op.cit, p.300, n°210.
695 Art 4 de l'ordonnance n°74/2, précitée.
696 TIENTCHEU NJIAKO, *Droits fonciers urbains au Cameroun*, Op.cit, p.329.
697 CE, 20 mars 1928, Dlle Lebot, R.483 ; cass.civ, 11 mars 1912, D.,1914, I.106 ;
CE, 20 mars 1958, Pesquerel, R. 853 ; CE, 14 septembre 1945, Vidal, R194 et CE, 26 février 1975, dame Moaty, R.850…
698 Cf. CS/CA, jugement n°85, Effa Paul Marcel contre État du Cameroun (Mindaf) ; CFJ/SY, Arrêt n°51 du 25 mars 1969, Dame Ngué André contre commune de plein exercice de Mbalmayo.

parcelle, ce qui lui fera faire rectifier les limites de son certificat foncier. Comme pour la réquisition et la réincorporation (B), l'alignement emporte ébranlement des protections du titre foncier.

B- La réquisition et la réincorporation

Toujours sans le consentement du propriétaire foncier, l'Administration peut attenter à la propriété immobilière privée par la réquisition et la réincorporation. Ces deux techniques d'empiètement autoritaire sur la propriété d'autrui constituent également des atteintes légales au caractère définitif et intangible du titre foncier.

1. La réquisition

L'Administration peut contraindre les particuliers par le moyen de la réquisition. De façon classique, il s'agit d'obliger les particuliers à offrir leurs services à l'Administration (réquisition du personnel en grève) [699], d'utiliser les meubles ou immeubles de particuliers sans leur consentement[700].

La réquisition doit être motivée par des raisons d'utilité publique[701]. Tous les biens et services peuvent être requis pour les besoins du pays[702] et seule l'urgence justifie la réquisition (mise en garde, état d'urgence, mobilisation, état d'exception). La réquisition est ouverte par décret ce qui en fait un acte administratif[703]. Elle donne normalement lieu au versement d'une indemnité de réquisition à la victime. Le texte dispose, que seuls les biens meubles sont requérables[704], et il se contredit en traitant par moments de la réquisition d'immeubles[705] comme pour dire que la réquisition est autant mobilière qu'immobilière.

En matière immobilière, la réquisition prive le titulaire du titre foncier de la jouissance de sa propriété immobilière[706]. Tous ses droits immobiliers sont mis en suspens jusqu'à la fin de la réquisition. La réquisition ne prive pas le propriétaire de son immeuble mais, à l'occasion de la réquisition, le besoin peut exiger que l'État devienne propriétaire de l'immeuble requis[707] ; dans ce cas,

---

[699] SILVERA, « *Les réquisitions des personnels des services publics* », A.J, 1960, I.49.
[700] Cf. GUILLIEN (R), VINCENT (J) et autres, *Lexique des termes juridiques*, 13e éd, Dalloz, 2001, p.484.
[701] Art 2 de la loi n°68/LF/ 4 du 11 juin 1968 portant organisation du régime des réquisitions.
[702] Ibid, art 3.
[703] Art 8.
[704] Art.3.
[705] Art 11 et 15.
[706] CS/AP, Arrêt n°41 du 5 avril 2001, commune de plein exercice de Yaoundé contre Samedjeu Jean Jacques ; CFJ/CAY, Arrêt n°157 du 23 mars 1971, Medou Gaston contre État fédéral du Cameroun.
[707] Art 15(2) de la loi n°68/LF/4, précitée.

l'Administration fera recours à la procédure d'expropriation pour cause d'utilité publique. Cette hypothèse fait que la réquisition est à ce niveau considérée comme un arrêté déclarant d'utilité publique car elle ouvre droit à l'expropriation et donc à la dépossession du titulaire de son immeuble comme pour montrer le caractère non définitif du titre foncier.

2. La réincorporation

L'incorporation est l'intégration d'une dépendance du domaine national[708] ou du domaine privé d'une personne morale de droit public[709] dans le domaine public. Elle s'effectue par classement et donne lieu à l'indemnisation des victimes[710], tout ceci la distingue de la réincorporation.

Non formalisée, il faut entendre par réincorporation le retour d'un bien dans sa propriété d'origine. Elle s'effectue sans indemnisation de la victime et a pour assise les terrains domaniaux. En effet l'État, comme les autres personnes morales de droit public, peut aliéner les dépendances de leurs domaines privés par des procédés de droit commun[711]. L'acquéreur d'une parcelle de ce domaine voit inscrire sur son titre foncier une clause apparente d'incessibilité du terrain et de ses impenses[712]. Il (l'acquéreur) est tenu, s'il veut faire des cessions sur la parcelle acquise, d'obtenir l'autorisation préalable de l'Administration. Il doit aussi dans un délai déterminé mettre en valeur le terrain acquis[713].

Le non-respect de la clause d'incessibilité ou de la prescription de la mise en valeur provoque la résolution de la vente du terrain et la réincorporation de celui-ci dans le domaine privé de la personne morale de droit public qui l'avait cédé[714]. C'est ainsi que le titre foncier délivré devient caduc[715] car le terrain est repris.

De façon plutôt légale, il est ainsi recensé un certain nombre de techniques par lesquelles, mettant en exergue ses prérogatives de puissance publique, l'Administration fait plier l'intangibilité du titre foncier. Des atteintes illégales (paragraphe 2) ayant le même effet existent également.

Paragraphe 2- Les atteintes à l'intangibilité du titre foncier

Il est possible pour l'Administration de faire fi du caractère définitif et intangible du titre foncier pour s'approprier des terrains déjà immatriculés. Les

---

708 Art 13 de l'ordonnance n°74/1, précitée.
709 Supra.
710 TIENTCHEU NJIAKO, *Droits fonciers urbains au Cameroun*, Op.cit, p.470.
711 KONE NGOUA (H), « Le domaine privé de l'Etat au Cameroun », mémoire de DEA, Université de Yaoundé II, 2009, p.189.
712 Art 7(4) du décret n°76/167, précité.
713 TIENTCHEU NJIAKO, *Le titre foncier au Cameroun*, Op.cit, pp.25-26.
714 Idem.
715 Art 7(5) du décret n°76/167, précité.

objectifs de ces opérations et leur reconnaissance par les textes font d'elles des atteintes légales à la différence de celles qui, illégalement, portent atteinte à la règle de l'intangibilité. Il s'agit de l'emprise et de la voie de fait irrégulières (A) qui sont souvent des atteintes irréfragables au droit de propriété (B) et donc aux garanties accordées au titre foncier.

A- L'emprise et la voie de fait

L'atteinte à la propriété peut être constituée par l'emprise et la voie de fait administratives. Ces deux procédés qui révèlent une administration forte, font aussi partie, quand ils sont abusivement utilisés, de la catégorie d'actes administratifs irréguliers.

1. Des atteintes à la propriété

L'emprise est une atteinte aux droits réels immobiliers privés. Il a été vu que les empiètements sur les droits réels immobiliers appartenant à une personne publique et faits par une autre, sont irréalisables dans ce sens[716]. Il ne peut donc s'agir que de droits réels immobiliers privés. L'emprise se matérialise « ***par l'occupation d'une dépendance (bâtie ou non bâtie) immobilière ou par la dépossession du titulaire du droit réel immobilier*** » [717]. L'exigence est qu'il y ait mainmise sur l'immeuble[718]. Le droit réel immobilier privé, objet de l'emprise, peut bien être un droit d'exercice ou de jouissance[719] ou le droit de propriété lui-même.

Contrairement à l'emprise qui est uniquement immobilière, la voie de fait est pour sa part duale. La voie de fait concerne les actions contre la propriété privée ou contre une liberté fondamentale. S'agissant de l'atteinte à une liberté fondamentale, il peut s'agir d'empêcher un individu d'aller et venir, de s'exprimer, de pratiquer son culte…[720]. L'atteinte au droit de propriété peut être mobilière ; la saisie d'objets en fait partie[721]. Il peut aussi s'agir de la propriété elle-même dont le propriétaire se retrouve dépossédé.

Des éléments qui rapprochent l'emprise à la voie de fait, il y a d'abord leur attribution à l'Administration[722], ensuite le fait qu'elles portent atteinte aux

---

[716] Supra.

[717] CHAPUS (R), *Droit administratif général*, Tome 1, 15e édition, Montchrestien, Domat, p.66, n°1086.

[718] Idem.

[719] Telle la servitude de V. NYAMA, *Régime foncier et domanialité publique au Cameroun*, Op.cit, p.286.

[720] V. le préambule de la loi constitutionnelle du 18 janvier 1996.

[721] KAMDEM (JC), *Contentieux administratif*, tome I, Université de Yaoundé, Cours polycopié, 1985-1986, pp.100 et s.

[722] Il faut préciser que ces actes sont posés par des agents administratifs mais ils n'en ont pas l'exclusivité puisque même les particuliers peuvent être auteurs d'emprise et de voie de fait.

droits réels immobiliers dont fait partie le droit de propriété, et enfin, le fait qu'elles sont répréhensibles dès lors qu'elles ont un caractère irrégulier.

2. Leur caractère irrégulier

L'emprise et la voie de fait administratives sont constitutives d'atteintes à la propriété immobilière pour ce qui est de leur régime commun en termes d'effet.

La voie de fait peut naître de la réquisition irrégulière ; la loi permet de poursuivre l'auteur d'un tel acte devant les tribunaux répressifs[723]. En réalité, le fondement de l'irrégularité est, hormis les éléments de procédure, l'absence de consentement du propriétaire de l'immeuble qui a subi l'empiètement[724]. Pour l'emprise, l'irrégularité est constituée par la simple occupation[725]. La voie de fait est quant à elle établie en France sur l'irrégularité grossière[726]. Cette tendance ne semble pas être celle du législateur et du juge camerounais qui traitent de la voie de fait à partir de la survenue d'une irrégularité imputable à l'Administration sans plus[727].

Seule la position de l'Administration lui donne la possibilité de poser des emprises et des voies de fait. Position avantageuse, l'Administration jouit de prérogatives exorbitantes de droit commun qui font qu'elle dispose de moyens pour agir de façon autoritaire. L'acte d'autorité peut être l'expropriation ou l'alignement ; il est régulier. Il peut aussi rentrer dans l'une des catégories interdites que sont la voie de fait et l'emprise. Ces dernières sont faites de détournement de pouvoir et de violation de la loi[728]. La qualification retenue est que l'acte posé est d'une illégalité telle qu'il ne peut d'aucune manière être rattaché à un acte administratif[729]. L'atteinte posée constituant un empiètement au droit de propriété pourra avoir des effets sur le titre foncier si elle est irréfragable (B).

B- Le caractère irréfragable de l'atteinte illégale

Deux issues sont ouvertes quand surviennent l'emprise ou la voie de fait administratives lorsqu'elles portent sur un immeuble : soit elles s'éteignent, soit

---

Cf : Civ.1° 30 juin 1965 B. Cuv.I.n°439 p.326.Civ.III.18 janvier 1972B. Civ.III n°41 p.30

[723] Art 8(4) de la loi n°68/LF/4 du 11 juin 1968, précitée.

[724] CS/AP, Arrêt n°07 du 16 décembre 2004, Kuela Norbert et Minlo Auguste contre Adjudant chef Eben Edouard Steve.

[725] OWONA (J), *Droit administratif spécial de la République du Cameroun*, Op.cit, p.197.

Cf. CFJ/CAY, Arrêt n°157 du 23 mars 1971, Medou Gaston contre État fédéré du Cameroun Oriental.

[726] V. KAMDEM , *Contentieux administratif*, Op.cit, p.100.

[727] CS/AP, Arrêt n°67 du 16 décembre 2004, Affaire Kuela Valeri, Op.cit ; CS/CA, jugement n°56 du 24 avril 1986, Koume Jemba Joseph contre État du Cameroun.

[728]CS/AP, Arrêt du 16 août 1990, ONO NGAFOR Albert contre État du Cameroun, obs Keutcha Tchapnga Célestin, in *Juridis périodique* n°46, 2001, pp.39 et s.

[729] Lire. BIGLIONE (F), *La notion de privation de propriété. Etude relative à la propriété immobilière*, Presses universitaires Aix-Marseille, 1999.

elles sont définitives. La première issue ne porte pas atteinte au titre foncier. Par contre la seconde provoque une désagrégation des garanties du titre et donc du titre foncier lui-même.

1. L'extinction de l'atteinte ou le rétablissement de la propriété

En portant atteinte à la propriété de façon irrégulière, l'autorité administrative a outrepassé ses prérogatives. Ceci explique que cet état de choses ne doit pas perdurer, car le droit de propriété est garanti par les lois de la République à commencer par la Constitution. Avant tout contentieux juridictionnel, l'Administration peut elle-même faire cesser l'empiètement. Dans le cas où le litige est porté devant le juge, la constatation de l'emprise et de la voie de fait relève de la compétence de la chambre administrative de la Cour suprême[730]. Le contentieux de la réparation relève par contre du juge judiciaire[731]. Ce dernier peut octroyer des dommages et intérêts, tout comme il peut faire cesser l'emprise ou la voie de fait. Pour ce cas, il y a rétablissement du propriétaire dans ses droits parce qu'il est mis fin à l'occupation que subissait sa propriété.

L'extinction de l'atteinte portée par l'emprise ou la voie de fait donne droit au propriétaire de rentrer dans la jouissance de ses droits réels immobiliers. Cela n'est possible que quand le rétablissement reste opérable.

2. Le rétablissement inopérable

Il arrive que le rétablissement de la propriété soit inopérable. Pour éviter d'en arriver là, le meilleur moyen reste l'action rapide et diligente dès que naît l'emprise ou la voie de fait. Il s'agit de procéder par les mesures d'urgences qui suspendent l'action administrative. La procédure est alors celle du sursis à exécution qui tend à obtenir du juge qu'il fasse que l'Administration diffère les opérations entreprises[732]. Suivant la loi de 2006, le sursis à exécution est statué par un conseiller à la chambre administrative désigné par le président de la Cour suprême pour un an en attendant la mise en place des tribunaux judiciaires[733]. Le conseiller désigné a le pouvoir de faire suspendre l'emprise ou la voie de fait[734] à la condition que le recours contentieux soit engagé.

Constat doit être fait que les administrés, par ignorance et par peur de l'Administration, continuent tel que le décrivait notamment le **professeur**

---

[730] Art 3(2) de la loi n°2006/022 du 29 décembre 2006 fixant l'organisation et le fonctionnement des tribunaux administratifs. Cette compétence est pour le moment assurée par l'assemblée plénière en attendant la mise sur pied des tribunaux administratifs.

[731] Ibid.

[732] OWONA, *Droit administratif spécial de la République du Cameroun*, Op.cit.

[733] Art 119(3) de la loi n°2006/022, précitée.

[734] Ordonnance de référé n°18 /OREF/CCA/CS/2009 du 24 avril 2009, Affaire Atangana Dieudonné contre État du Cameroun.

Ondoa[735]**,** à subir les illégalités administratives. N'osant pas réagir ou le faisant mal et tardivement, la victime de l'emprise ou de la voie de fait pourra difficilement rentrer dans son droit. Le rétablissement sera encore plus inopérable si l'Administration y édifie un ouvrage[736]. L'explication en est que commencé, le travail public donne naissance à l'ouvrage public protégé par l'intangibilité[737] qui éteint toute tentative de rétablissement du juge.

Quand le rétablissement est pour une quelconque raison rendu inopérable, le propriétaire foncier dépossédé perd son immeuble. Le titre foncier de cet immeuble devient ainsi caduc car il est éteint. La conséquence en est que l'intangibilité et le caractère définitif du titre foncier délivré peuvent succomber même devant des actes irréguliers de l'Administration publique.

[735] ONDOA (M), « *Le droit de la responsabilité publique dans les Etats en développement : contribution à l'étude de l'originalité des droits africains* », Université de Yaoundé II, thèse de doctorat d'Etat en Droit public, 1996, entre autres, p.432.
[736] CS/CA, jugement n°46 du 27 mai 1982, Dame veuve Testas André contre État du Cameroun.
[737] L'adage consacré est « *L'ouvrage public mal planté ne se détruit pas* ».

CONCLUSION DU CHAPITRE

Le titre foncier qui est réputé être hors d'atteinte ne l'est pourtant pas. Un certain nombre d'actes peuvent porter des coups au caractère intangible et définitif du titre foncier. L'objectif était d'éviter que la propriété immobilière qui est titrée puisse subir des empiètements[738]. Restreindre les possibilités d'atteintes par les actes de particuliers semble dans une certaine mesure évident[739], mais en ce qui concerne l'Administration, à la lecture, celle-ci a toujours le moyen de faire fi des interdictions.

Par les moyens de ses pouvoirs exorbitants légaux ou par la mise en jeu arbitraire de sa position de domination dans le commerce du droit, l'Administration enfreint souvent les règles de protection de la propriété immobilière. Et quand ces actes de l'Administration aboutissent à une irréfragable dépossession de l'administré de son immeuble, il y a automatiquement relégation du caractère définitif du titre foncier.

---

738 Supra.

739 La propriété est protégée par le Code civil en ses art 553 et s.

CONCLUSION DU TITRE

Il n'est pas d'autres actes administratifs qui soient explicitement reconnus comme étant définitifs et intangibles. L'acte administratif ordinaire peut être modifié, voire rapporté par l'Administration dans le délai de recours contentieux. Il peut aussi l'être quand il est irrégulier. Ce qui est marquant parmi les actes administratifs c'est que le titre foncier, par déclaration, est intangible et définitif.

En déclarant que le titre foncier est définitif et intangible, il y a eu isolement de cet acte dans la catégorie des actes administratifs parce que les autres de toutes les façons, restent exposés à des modifications et autres retraits. L'isolement instauré par les textes est néanmoins poreux parce que des inflexions existent. Celles formelles sont liées à la rectification ou encore, à l'abandon du titre foncier aux assauts de l'Administration dans la mise en œuvre de ses pouvoirs exorbitants légalement reconnus. Encore faut-il rappeler que, même des actes irréguliers de l'Administration peuvent conduire à la mise à mort d'un titre foncier supposé définitif[740]. L'inattaquabilité du titre foncier (titre II) fait également partie de ces prérogatives certaines mais ébranlables qui singularisent le certificat officiel de la propriété immobilière.

---

[740] C'est le cas de l'intangibilité de l'ouvrage public qui a été abordé.

TITRE II :

LE TITRE FONCIER : UN ACTE INATTAQUABLE

Les attentions que la doctrine accorde au titre foncier ont presque toutes, sinon même toutes pour point d'ancrage le caractère inattaquable de cet acte juridique. Le titre foncier est un acte pris (délivré) par une autorité administrative dans le cadre d'un pouvoir administratif qui fait grief[741]. Il devrait comme tous les actes administratifs être sujet à d'éventuelles modifications et à des annulations si les circonstances le justifient. Mais alors, l'acte administratif titre foncier est entouré de protections réputées étanches qui font de lui un acte juridique inviolable et doté d'immunités.

Très peu d'actes juridiques pris par l'Administration ont les mêmes bénéfices que l'acte de certification foncière. Il s'agit de trois types d'actes : les actes mettant en rapport l'exécutif et le législatif[742], les actes significatifs des rapports internationaux de l'État et ceux portant désignation de chefs traditionnels[743]... Ces actes sont entourés d'une immunité juridictionnelle les rendant inviolables. Ils sont d'ailleurs tous regroupés dans la catégorie de l'acte de gouvernement[744]. Ce dernier élément les éloigne du titre foncier qui comme eux, jouit de cette immunité, mais ne peut être classé dans les actes de gouvernement.

Il est donc particulier de voir un acte de l'Administration qui n'est pas un acte de gouvernement et encore moins un acte minimum[745] faire l'objet d'une immunité juridique. La première branche de cette immunité est le caractère définitif et intangible du titre foncier tandis que la seconde branche est celle de son inattaquabilité.

Le contenu de l'inattaquabilité (chapitre I) doit être visité sans que soit négligé celui du dépassement de cette règle (chapitre II) qui a attiré l'attention de nombreux auteurs ayant fait des études sur le titre foncier.

---

[741] CFJ/CAY, Arrêt n°20 du 20 mars 1968, Ngongang Njanke Martin contre État du Cameroun.

[742] CS/CA, jugement ADD n° 66 du 31 mars 1979, Kouang Guillaume Charles contre État du Cameroun ; CS/CA, jugement n°7 du 29 novembre 1979, Essomba Marc contre État du Cameroun.

[743] Infra.

[744] BILONG (S), « Le déclin de l'Etat de droit au Cameroun : le développement des immunités juridictionnelles », *Juridis périodique*, n°62, 2005, p.53.

[745] BINYOUM, *Droit administratif*, Op cit, pp.94-96.

CHAPITRE 1

L'EXCLUSION DU TITRE FONCIER DES ACTES ATTAQUABLES

Pour comprendre ce qui est mis dans l'inattaquabilité, il faut se référer à la théorie des actes attaquables. De façon générale, il existe des actes normateurs qui sont évacués du champ de compétence du juge. L'acte législatif en fait partie[746]. Plus restreint, il existe des actes pris pas l'autorité administrative mais dont le mobile et le champ d'éclosion conduisent à leur extraction de la compétence du juge administratif : ce sont les actes de gouvernement[747]. Ces quelques cas de figure de l'inattaquabilité mettent le juge au centre de l'opération, car il s'agit d'actes qui ne peuvent faire l'objet d'un jugement parce qu'ils bénéficient d'une sorte d'immunité juridictionnelle. Seules des hypothèses, telle que la détachabilité[748], peuvent conduire à des inflexions de cette immunité.

Le titre foncier, acte administratif, est également textuellement situé dans la catégorie des actes inattaquables. Même si cette inviolabilité juridictionnelle est conditionnée (section 2), elle octroie une protection juridictionnelle (section 1) au titre foncier, faisant ainsi de lui un acte atypique.

Section 1- La reconnaissance de l'immunité juridictionnelle du titre foncier

L'inattaquabilité du titre foncier fait sortir cet acte administratif du champ des actes qui peuvent être attraits devant le juge de l'excès de pouvoir[749]. Le juge de l'excès de pouvoir contrôle la légalité de l'acte administratif, il peut annuler[750] l'acte administratif, objet du contentieux. Ce pouvoir de vérification et d'annulation est méconnu par les textes qui ont posé comme principe que le titre foncier est inattaquable. Le fondement de cette immunité juridictionnelle (paragraphe 1) est la base qui sert d'attitude au juge (administratif) qui doit faire une saine application (paragraphe 2) de ce principe en refusant de se prononcer sur les demandes d'annulation de titres fonciers.

---

[746] EISENMANN (C), *Cours de droit administratif*, tome II, Paris, LGDJ, 1983, pp.38 et s.
[747] Idem, pp.48 et s.
[748] LATOUR (X), « Détachabilité et contrat administratif », *Petites affiches*, Août, 1998, p.3
[749] WOEHRLING (J-M), « La fin de l'excès de pouvoir », in *Mélanges Guy Braibant*, Dalloz, 1996, pp.777 et s.
[750] DOUMBE-BILLE (S), « Recours pour excès de pouvoir et recours de plein contentieux. A propos de la nouvelle frontière », AJDA, 1993, p.3.

Paragraphe 1- Le fondement

Si le juge a parfois contribué à affermir la règle de l'inattaquabilité du titre foncier[751], il demeure que le fondement de cette règle est d'ordre normatif (B) dans la mesure où ce sont les textes juridiques qui, de façon claire, ont déclaré que le titre foncier est inattaquable. Le fondement doctrinal (A) de l'inattaquabilité est aussi à apprécier parce que c'est lui qui justifie que les textes s'en soient emparé.

A- La justification doctrinale

Une explication théorique de l'importance accordée au titre foncier doit être donnée en guise de fondement premier. Cette explication qui a pour assiette le droit de propriété est celle qui a également été retenue pour fonder du point de vue théorique, l'intangibilité et le caractère définitif du titre foncier.

1. « La sacralité » du droit de propriété

Il a été révélé que la propriété fait partie de ces éléments qui font l'objet d'une attention particulière du droit. C'est que la propriété est considérée par les concepteurs de la création de la société civile, et en particulier Rousseau, comme étant naturelle à l'homme[752]. Il fonde la propriété foncière sur le droit de premier occupant[753]. Une personne n'est propriétaire que parce que les autres ne le sont pas.

La propriété fait partie du patrimoine d'un individu, en lui donnant pour première base la première occupation ; cela révèle bien que Rousseau consacre davantage d'intérêt à l'immeuble parce qu'il n'y a pas occupation des meubles. Les fonds sont alors marqués par l'existence permanente de conflits sur leur jouissance et sur leur attribution, ce qui participe à en faire des éléments qu'il faut encadrer[754]. Les législations n'ont pas fait autrement que protéger la propriété immobilière en la fondant d'abord dans le droit de propriété, et en la spécifiant ensuite.

En Angleterre, l'acte fondamental qui est dit coutumier énonce que « ***nulle personne, de quelque rang ou condition qu'elle soit, ne pourra être dépouillée de sa terre…*** », dans une procédure non régulière[755]. Aux États-Unis d'Amérique du Nord, les hommes sont considérés comme nés avec des droits essentiels et naturels tel que le droit d'acquérir et de posséder des propriétés[756]. En Allemagne, la propriété est garantie. Elle n'est atteinte que par

[751] Infra.
[752] ROUSSEAU (J.J), *Du contrat social*, Union générale d'éditions, 1973, p.79.
[753] Idem.
[754] Ibid.
[755] Pétition du droit du 7 juin 1628.
[756] Déclaration des droits de Virginie de juin 1776, I.

l'expropriation permise en vue du bien de la collectivité[757]. Cet échantillon d'ordres juridiques accordant à la propriété immobilière une attention particulière est le propre des régimes qui se réclament libéraux. De nombreux autres États, dont le Cameroun, ont également indiqué la fondamentalité du droit de propriété immobilière[758] en le reconnaissant et en lui accordant une attention avantageuse. Les textes infra constitutionnels ont continué ledit encadrement. La conséquence logique de la forte protection de l'immeuble devait être celle de la garantie accordée au titre juridique qui l'attribue à une personne[759]. Il n'en a pas été autrement au Cameroun où la fondamentalité du droit de propriété immobilière, sacralisée a impliqué la nécessaire garantie juridique du titre foncier par l'intangibilité et l'inattaquabilité.

2. La protection du droit acquis

Comme pour l'intangibilité, il faut préserver les droits acquis. Il serait anormal, voire dangereux de revenir sur des situations que le droit a reconnues et consacrées et encore plus quand la valeur de l'élément en fait le certificat officiel d'un droit fondamental.

Le droit est protectionniste, il n'accepte pas facilement de se dédire. Cette exigence implique que l'impératif de sécurité juridique soit respecté au niveau des titres reconnus par les lois. La sécurité juridique[760] est une exigence du droit qui n'accepte pas que les situations créées par le droit soient balayées du revers de la main par le même droit de façon légère. De façon inévitable, le titre foncier ne pouvait jouir d'une autre protection que celle dont elle fait l'objet. A part le fait même que la propriété soit protégée, il faut interpréter l'argumentation sur la sécurité juridique comme imposant le respect des droits et obligations effectifs.

L'effectivité dont il est question est la jouissance escomptée par la possession d'un acte définitif : le titre foncier. Pour ce faire, au-delà des délais contentieux[761], le titre délivré tombe dans la catégorie des actes non touchables par l'Administration et par le juge au nom des droits acquis. Il est alors évident que dans ce cas, le titre foncier devient normalement inattaquable puisque le juge ne pourra plus en disposer. De surcroît, les consécrations normatives (B) y relatives ne laissent pas tellement le choix au juge que celui d'abdiquer.

---

[757] Art 14 de la loi fondamentale du 23 mai 1949.
[758] V. préambule de la loi constitutionnelle camerounaise du 18 janvier 1996.
[759] ROUSSEAU, *Du contrat social*, Op.cit, p.79.
[760] V. CRISTAU (A), « L'exigence de sécurité juridique », recueil Dalloz 2002, chroniques, 2814. V. aussi FRISON-ROCHE (M-A) et BARANES (W), « Le principe constitutionnel de l'accessibilité et de l'intelligibilité de la loi », recueil Dalloz 2000, chroniques, p.361.
[761] Art 2(5) du décret n°2005 /481 du 16 décembre 2005 modifiant et complétant certaines dispositions du décret n°76/165 du 27 avril 1976 fixant les conditions d'obtention du titre foncier.

B- La consécration normative

Le titre foncier est traité par les lois et règlements de la République. Elles garantissent sa protection juridique et servent de fondement à l'interdiction de l'attaquabilité du certificat officiel de la propriété immobilière vis-à-vis duquel le juge est présenté comme étant ligoté.

1. La garantie législative

La protection accordée à la propriété immobilière et à son titre officiel est consacrée par les lois et règlements. S'agissant de la loi, il faut dire que le régime des biens est de son domaine[762] et plus précisément celui lié au régime de la propriété mobilière et immobilière[763].

Cet élément du domaine de la loi était déjà incrusté dans la constitution de 1972, ce qui a justifié que la réglementation en matière foncière et domaniale soit édictée par voie d'ordonnance, ordonnances encore en vigueur aujourd'hui. Une ordonnance est un acte administratif pris par le président de la République[764] dans le domaine de la loi. Le parlement autorise le chef de l'exécutif à ainsi faire acte de législation pour des objets déterminés, et même si elle n'a qu'un caractère réglementaire, tant qu'elle n'a pas été ratifiée[765], il n'empêche que celle-ci statue dans le domaine de la loi, et qu'elle est normalement appelée à être convertie en loi par le biais de son dépôt sur le bureau de l'Assemblée nationale et du Sénat pour ratification[766]. Les ordonnances de 1974 ont ainsi pour rôle de régir la matière foncière et ce sont elles qui servent de bases à l'institution contemporaine du titre foncier[767].

Les titulaires de titres fonciers qui sont des actes juridiques doivent jouir des garanties liées à la sécurité juridique. En la matière, il s'agit de la sécurité foncière que la loi détermine comme devant être « ***assurée par l'État aux détenteurs des titres de propriété....*** », ce qui implique une certaine inviolabilité administrative et une immunité juridictionnelle du titre foncier.

2. La garantie réglementaire

Prévue par la loi, la condition juridique du titre foncier est confiée au règlement[768] car il relève du décret. C'est ainsi que le décret de 1976 dispose en son article premier que « ***... le titre foncier est inattaquable, intangible***

[762] Art 26(2-b) de la loi constitutionnelle du 18 janvier 1996.
[763] Ibid.
[764] TROPER (M), « La signature des ordonnances. Fonctions d'une controverse », *Revue pouvoirs*, 1987, n°41, p.45.
[765] Art 28 de la loi constitutionnelle de 1996.
[766] Ibid.
[767] V. art 5 et s de l'ordonnance n°74/1 du 6 juillet 1974 fixant le régime foncier.
[768] Art 95 de la loi n°2004/003 du 21 avril 2004 régissant l'urbanisme au Cameroun.

définitif. Il en est de même des actes constatant les autres droits réels attachés à la propriété » [769]. Et d'affirmer comme pour confirmer que « ***toute personne dont les droits ont été lésés par suite d'une immatriculation, n'a pas de recours sur l'immeuble, mais seulement en cas de dol, une action personnelle en dommages-intérêts contre l'auteur du dol*** » [770].

Il apparaît que le titre foncier est un acte inattaquable parce que ces textes amènent à être édifié sur ce qu'aucune action contentieuse ne peut être envisagée dès que le titre est délivré. Uniquement des actions en dol peuvent être intentées devant la juridiction civile compétente[771] pour obtenir réparation pécuniaire. D'aucune manière, cette action ne peut porter sur l'immeuble immatriculé.

Les textes de loi à savoir ceux législatifs et ceux réglementaires mettent une armure autour du titre foncier. Ce dernier bénéficie de garanties de protection qui doivent assurer la sécurité foncière de son titulaire. Le juge, devant s'incliner (paragraphe 2) devant les interdictions qui lui sont faites, a souvent confirmé cette immunité du titre foncier.

Paragraphe 2- L'application juridictionnelle

Les juridictions sont en permanence saisies par des recours sur des immeubles ayant fait l'objet de titrisation foncière. Même si l'attitude du juge est inconstante[772], il a souvent soulevé son incompétence pour certaines revendications (A) et l'étude de quelques décisions rendues par le juge de droit commun et le juge administratif présente cette inclination (B).

A- L'opposition des droits acquis au juge

L'impossibilité qui est faite au juge de connaître des recours sur l'immeuble qui est immatriculé est constituée d'une interdiction et des prérogatives de protection du bénéficiaire du titre à telle enseigne qu'il y a souvent rejet des recours intentés sur la question.

1. La barrière à la compétence du juge

Il est clairement stipulé que le titre foncier est inattaquable. Cela signifie qu'il ne peut être ouvert de recours portant sur l'immeuble qui a été immatriculé[773].

---

769 Art 7 de l'ordonnance n°74/1, précitée.

770 Art premier (2) du décret n°75/165 du 27 avril 1976 fixant les conditions d'obtention du titre foncier

771 Art 2 (1) du décret n°2005/481 du 16 décembre 2005 modifiant et complétant certaines dispositions du décret n°76/165 du 27 avril 1976 fixant les conditions d'obtention du titre foncier.

772 Infra.

773 Art 1 du décret n°76/165, précité.

Le titre foncier jouit ainsi d'une immunité juridictionnelle qui est d'abord fondée sur l'interdiction qui vient d'être relevée et qui est relayée par le juge[774]. Il est également hors de la portée du juge parce qu'il est réputé définitif[775]. Le caractère définitif du titre foncier est affiché pour restreindre, sinon même dénuer de validité, toute action postérieure à son établissement visant à atteindre son intégrité. Il s'agit de rendre invalide tout acte des tiers, et de l'Administration[776]. Il faut aussi faire que les interventions du juge restent inopérantes quand elles sont dirigées contre l'immeuble objet d'immatriculation.

Par les droits acquis, il est établi le moyen de l'inattaquabilité du titre foncier. Attaqué, le titre foncier peut l'être durant une certaine période après qu'il a été délivré[777]. Le texte ne parle du délai que pour le retrait, mais il est évident que le retrait n'étant pas toujours effectué d'office, l'autorité administrative[778] agira dans ce sens après avoir normalement été saisie par toute partie intéressée[779]. Cela implique qu'il y a formulation d'une requête qui vaut recours gracieux et qui ouvre donc la voie au recours contentieux, tout ceci dans les délais accordés pour l'ouverture d'un recours contre un acte administratif qui n'est pas encore définitif puisque les délais de recours ne sont pas encore éteints.

2. L'invalidation en cas d'intervention

Passé les délais, le recours contentieux qui était réputé inopérant le devient définitivement à la lecture des textes. C'est même à l'analyse rigoureuse que la petite brèche sur les délais a été trouvée dans la mesure où l'inattaquabilité du titre foncier semble à tout point être un principe étanche.

Plus encore, « ***Toute personne dont les droits ont été lésés par suite d'une immatriculation n'a pas de recours sur l'immeuble, mais seulement en cas de dol, une action personnelle en dommages-intérêts contre l'auteur du dol*** »[780]. Ainsi, le seul cas de l'action contentieuse qui est explicitement admis à l'occasion de l'immatriculation est le dol. En effet, « ***la fraude ne peut servir de titre à un droit*** », le législateur a ainsi reconnu à toute personne lésée, le droit à

[774] Ex : CS/CA, jugement n°65 du 26 mai 1988, Epié Martin contre État du Cameroun.
[775] Art 1 du décret n°76/165, précité.
[776] Supra
[777] Art 2 (5) du décret n°2005/481 du 16 décembre 2005 modifiant et complétant certaines dispositions du décret n°76/165 du 27 avril 1976 fixant les conditions d'obtention du titre foncier.
[778] Le ministre chargé des Affaires foncières est seul compétent pour effectuer le retrait du titre foncier cf : art 2 (3) du décret n°2005/481, précité.
[779] CS/CA, jugement n°38 du 18 janvier 2006, Bongo Henri Aimé contre État du Cameroun ; CS/CA, ordonnance n°51/OSE/CAB/PCA/CS du 13 septembre 2006, Hamadou Abba contre État du Cameroun
[780] Art 2 (1) du décret n°2005/481, précité.

une action personnelle. Il faut pour cela que le requérant ait été titulaire d'un droit que l'immatriculation a fait disparaître[781] ; n'ait pas assisté et n'ait pas été informé de la tenue de l'immatriculation[782], et enfin ait été victime de manœuvres frauduleuses constitutives du dol[783] à savoir l'usage de faux associé à l'élément intentionnel[784].

En énonçant que seul le cas de l'action personnelle est admis et qu'elle est ouverte quand le requérant est victime de dol, le législateur a par-là exclu tout autre type d'action en revendication, encore qu'il a précisé que « ***l'action est portée devant la juridiction civile du lieu de situation de l'immeuble*** » [785]. Le juge judiciaire n'est pas compétent pour connaître de la validité de l'acte administratif (sauf cas de plénitude de compétence) ; ce qui fait que la compétence du juge administratif connue et rejetée[786] exclut la compétente d'annulation du juge en ce qui concerne le titre foncier (B).

B- L'inclination juridictionnelle

Quand le juge est saisi par des recours sur l'immeuble objet d'immatriculation, il est toujours interpellé par l'une des parties sur son incompétence à statuer sur le fond du recours qui est présenté à sa connaissance. Il est donc amené à s'incliner face à l'interdiction à lui faite. Ceci est vérifiable tant chez le juge de droit commun que chez le juge administratif.

1. L'inclination du juge de droit commun

Le recours qui est ouvert devant le juge de droit commun est l'action personnelle[787]. Il est ouvert en cas de dol. Le préjudice subi par la victime est réparé par le moyen de dommages et intérêts. Ce régime actuel est plus sévère que celui antérieur qui, n'admettant que la réparation en cas « d'appauvrissement » par suite d'une immatriculation, ouvrait la compétence du juge pour tout type d'action, et non pas seulement pour dol[788]. L'indemnité est déterminée dans son montant par le juge[789].

---

[781] CS/CC, arrêt ADD N°119 du 16 septembre 1982, Tokoto Ntone Jean Contre Mpouli Gaston.

[782] Car l'inaction dans le temps équivaut à un cas fautif et l'adage veut que « nul ne peut se prévaloir de sa propre turpitude ».

[783] V. NYAMA, *Régime foncier et domanialité publique au Cameroun*, Op cit., pp.167-169.

[784] Art 1382 C.Civ.

[785] Art 2(2) du décret n°2005/481, précité.

[786] DRAGO (R) et AUBY (J-M), *Traité de contentieux administratif*, Tome II, 3e édition, LGDJ, 1984, pp.79 et s.

[787] Art 2(1) du décret n°2005/481, précité.

[788] CS, arrêt du 30 novembre 1973, R.C.D.1974, p.55, *Revue Penant 1975*, 394 notre LAMPUE. **« Si l'article 124 du décret du 21 juillet 1932 instituant le régime de l'immatriculation au Cameroun fait obstacle à ce qu'un titre foncier soit remis en question, la personne qui s'est trouvée appauvrie par suite d'une immatriculation est fondée à réclamer l'indemnité à la personne qui a été enrichie, en intentant contre celle-ci l'action de in rem verso. Son droit à**

L'ouverture du recours en dol devant la juridiction civile implique l'exclusion d'autres recours, devant lui, portant sur les revendications liées à l'immatriculation même. Cela est d'autant plus logique que le titre foncier est un acte administratif. Comme son établissement peut être fait au préjudice des tiers et que celui-ci titre la propriété immobilière qui fait l'objet de nombreuses contestations, il est normal que tout au moins un recours en réparation soit possible. Par contre, et même s'il est admis que le juge judiciaire est prioritairement le gardien des libertés fondamentales et de la propriété privée[790], il est aussi reconnu qu'il est incompétent pour démettre un acte administratif. Ces évidences font que le juge judiciaire soit incompétent pour annuler le titre foncier parce que le certificat officiel de la propriété immobilière est un acte administratif, et comme tel, il ressortit quant à sa validité à la compétence du juge de l'excès de pouvoir.

2. L'inclination du juge administratif

Le juge administratif est compétent pour connaître de la validité des actes administratifs. Il lui revient donc de se prononcer sur les recours sur les immeubles immatriculés. Mais alors, la législation proscrit tout recours portant sur l'immeuble faisant l'objet d'immatriculation. La seule ouverture est celle du dol[791] qui fonde la compétence du juge civil.

Face à l'interdiction d'admettre le titre foncier dans les actes pouvant être connus par le juge administratif, le législateur a entendu revêtir cet acte juridique de l'inattaquabilité pour mieux garantir son caractère définitif. Le juge administratif, déclaré incompétent, a pris acte de cette limitation de sa compétence qu'il ne manque pas de retenir à l'occasion des litiges fonciers qui lui sont présentés.

> « ***Attendu qu'il est de principe que le recours pour excès de pouvoir, recours juridictionnel de droit commun pour annulation des actes administratifs illégaux, n'est exerçable contre les actes que la loi déclare inattaquables par leur nature : attendu que de la combinaison de l'article 1er alinéa 1 de l'article 2 alinéas premier et 3 et de l'article 24 alinéa premier du décret n°76/165, il résulte que le titre foncier est***

---

indemniser est basé sur les principes généraux du droit de l'enrichissement sans cause qui, procédant de l'équité, constituent une source autonome et générale d'obligations ».

789 NYAMA, *Régime foncier et domanialité publique au Cameroun*, Op.cit, p.170.

790 Civ. 11 janvier 1998, Dalloz, 1, p.265 ; TC, 18 décembre 1948, Dalloz, 1948, p.62.

791 Supra.

en vertu de la loi inattaquable et de ce fait insusceptible de recours juridictionnel » [792].

L'immunité juridictionnelle du titre foncier est la continuation de son caractère définitif. Empêcher le juge d'attenter à l'intégrité de cet acte administratif participe de la considération et de l'importance qu'il a, et la traduction logique de l'organisation de cette inattaquabilité (section 2) révèle le privilège donné à la conservation de l'intégrité du titre foncier délivré.

Section 2- La représentation de l'inattaquabilité du titre foncier

En proscrivant tout recours contre l'immeuble objet de titre foncier, et en déclarant expressément que le titre foncier est inattaquable, le législateur a voulu le classer parmi les actes jouissant de l'immunité juridictionnelle[793]. Comme pour l'intangibilité, le principe de l'inattaquabilité du titre foncier se représente par deux branches : la majeure qui est la posture de l'inattaquabilité (Paragraphe 2) et la mineure qui est le cas d'inflexion de cette règle (Paragraphe 1).

Paragraphe 1- L'admission restreinte de l'inflexion à l'inattaquabilité

Il est exceptionnellement admis que le titre foncier puisse être annulé par le juge. Ce cas remarquable fait partie intégrante de la règle de l'inattaquabilité car, il y est implicitement reconnu. Il s'agit de la condition du titre foncier attaqué (B), et d'abord de la possibilité de l'action quant à la condition du délai (A).

A- La condition du délai

Le titre foncier ne peut faire l'objet d'atteinte par le juge qu'à la condition que les délais le permettent. A la vérité, cet élément qui est le même que celui applicable au retrait[794] n'a pas expressément été prévu par les textes. Il n'est traité que de l'éventualité du retrait[795] du titre foncier qui est la prérogative reconnue à l'autorité administrative qui est ici le ministre en charge des Affaires f,oncières d'annuler rétroactivement[796] un acte administratif (le titre foncier).

---

[792] CS/CA, jugement n°65 du 26 mai 1988, Epié Martin contre État du Cameroun. V. aussi, CS/CA, jugement n°18 du 26 mars 1987, Mbida Mathermus contre État du Cameroun, CS/CA, jugement n°54 du 25 juin 1987, Mpongo Dibonguè Louis contre État du Cameroun, CS/CA, jugement n°1 du 29 octobre 1987, Basso Théodore et Makon Daniel contre État du Cameroun.
[793] ABA'A OYONO (J-C), « *Chronique du grain de sable dans la fluidité jurisprudentielle à la chambre administrative du Cameroun* », Op cit., p.263.
[794] Supra.
[795] Art 2(3)(4) du décret n°2005/481, précité.
[796] BRINGUIER (P) et GUILLON (E), « Le pouvoir de retrait des actes administratifs », AJ 1978, p.300.

1. Le délai du recours contentieux

En admettant que le titre foncier délivré puisse faire l'objet de retrait, le législateur a aménagé une porte de sortie à l'autorité administrative qui se retrouve en face d'un titre foncier présentant des anomalies. Le retrait ou la sortie de vigueur rétroactive de l'acte administratif est possible à certaines conditions.

Que l'acte à rapporter soit entaché d'illégalité, qu'il ne soit pas devenu définitif[797] et que l'autorité agissant soit compétente, sont les conditions essentielles du retrait. En fait, l'acte administratif peut être annulé, soit par l'autorité administrative, soit par la juridiction administrative[798]. C'est à ce niveau que se déduit la compétence du juge administratif pour annuler le titre foncier. Il est tout à fait normal que dès que le recours administratif est possible ou quand l'Administration peut d'office effectuer le retrait d'un acte qui a créédes droits[799], le juge administratif puisse connaître de la fin à accorder à l'acte litigieux en rapport avec la position de l'Administration.

Il y a dès lors une condition de délai à respecter, celle du recours contentieux. Il faut que l'acte ne soit pas encore devenu définitif auquel cas, il deviendrait impossible au juge d'intervenir sauf nullité d'ordre public[800] ou « fraude du bénéficiaire » du titre foncier[801]. La compression, dans le temps, de la possibilité d'agir du juge administratif est justifiée par le souci de préserver les droits acquis[802]. Quand des droits ont été créés et qu'ils sont devenus définitifs, il survient un blocage à l'action juridictionnelle pour éviter de créer une insécurité juridique parce que l'action contentieuse est bien déterminée dans le temps.

2. La computation des délais

Le délai accordé pour intenter une action en annulation de titre foncier est celui du recours contentieux[803]. En réalité, le requérant dispose de trois mois pour saisir le ministre chargé des Affaires foncières par un recours gracieux

LETOURNEUR (M), « Le principe de la non rétroactivité des actes administratifs », EDCE 1955, n°9, p.37.

797 CE 26 novembre 1954, Crouzet, p.662.

798 CHAPUS (R), *Droit administratif général*, tome 1, 15e édition, Paris, Montchrestien, Domat, 2001, pp.1154 et s, n°1340.

799 Lire. MUZELLEC (R), « Le principe d'intangibilité des actes administratifs individuels en droit français », thèse, Rennes, 1971.

800 Art 2 (6) et (7) du décret n°2005/481, précité.

801 Ibid, art 2 (5).

802 SANTULLI (C), « Les droits acquis », RFDA, 2001, p.87 ; NASRI (A), « De quelques problèmes posés par le retrait des actes administratifs », L.P.A., 2000, n°82.

803 Infra.

préalable comme pour tous les actes décisoires de l'Administration[804]. Le Ministre compétent[805] a lui-même trois mois pour réagir[806]. « ***Le silence gardé par l'autorité pendant un délai de trois mois sur une demande ou réclamation qui lui est adressée » « constitue un rejet du recours gracieux*** »[807].

Le requérant dispose alors après le délai du recours gracieux d'un délai de deux mois et plus précisément de soixante jours à compter du rejet du recours gracieux pour se pourvoir en justice[808]. Ce délai contentieux court à partir du lendemain de la notification au requérant de l'issue du recours gracieux[809]. Au cas où l'Administration a gardé le silence, ce délai court au lendemain du jour où le temps qui lui est imparti pour se prononcer a expiré. Ces délais sont exceptionnellement prorogés si le recours contentieux a plutôt été introduit devant une juridiction incompétente ou quand il y a eu demande d'assistance judiciaire. Il est alors accordé soixante jours au requérant pour valablement introduire son recours dès réception de la décision sur la demande d'assistance ou dès la déclaration d'incompétence du juge saisi[810].

Pour démontrer que la possibilité d'attaquer le titre foncier est acceptée dans le principe d'inattaqualibité, la condition relative au titre attaqué (B) doit aussi être relevée juste à côté des délais pour en tirer toutes les conséquences nécessaires.

B- La condition du titre foncier concerné

Pour que le titre foncier querellé soit l'objet d'un recours contentieux recevable dans le fond, il faut qu'il soit provisoire, vicié, ou sujet à résolution de vente.

1. Un titre encore provisoire

Dans les actes administratifs, il faut départir ceux qui ont un caractère définitif de ceux qui ne l'ont pas encore. S'agissant des actes individuels créateurs de droits, tel que le titre foncier, le fait qu'ils rentrent dans le commerce juridique implique qu'ils créent des situations qu'il sera incommode de modifier au gré des évènements. Le principe qui est la restriction fait que des délais sont assortis et l'objectif est que la transition de courte durée permette un contrôle pour justement donner au titre toutes les chances de ne plus être

---

[804] Art 17 et s de la loi n°26/22 du 29 décembre 26 fixant l'organisation et le fonctionnement des tribunaux administratifs.

[805] Ibid, art 17.

[806] Sur la notion de ministre compétent, v. ABA'A OYONO, « *Chronique du grain de sable dans la fluidité jurisprudentielle à la chambre administrative du Cameroun* », Op.cit, pp.265 et s.

[807] Art 17 (2) de la loi n°26/22, précitée.

[808] Ibid, art 18 (1).

[809] Ibid, art 18 (2).

[810] Ibid, art 19.

contesté, mais aussi assurer à son bénéficiaire, passée cette période de trois mois, la sécurité juridique[811] dans laquelle l'acte juridique a mis son bénéficiaire et qui ne doit plus être mise en péril.

Le titre foncier ne peut donc être attrait devant le juge administratif que quand il est provisoire. Le caractère provisoire du titre qui est d'ailleurs reconnu par les textes[812] s'oppose au titre définitif. Est définitif le titre foncier qui a été délivré depuis plus de trois mois. Avant ces trois mois, cet acte administratif peut encore faire l'objet de recours devant l'Administration et devant le juge, ce qui fait qu'il doit dans ce temps être considéré comme étant encore provisoire. A côté de cette condition se trouvent deux autres qui sont tantôt alternatives, tantôt cumulatives avec l'aspect provisoire présenté.

2. Un titre vicié ou sujet à résolution

Hormis le caractère provisoire du titre foncier, d'autres conditions peuvent être avancées. Il faut que le titre querellé soit vicié. Seule l'irrégularité d'un acte administratif peut entraîner son annulation[813]. L'irrégularité dont il est question est celle liée notamment aux opérations d'immatriculation[814].

Ce vice est cumulatif avec la condition de titre provisoire. Par contre, en cas de fraude du bénéficiaire[815] ou de nullité d'ordre public[816]- qui est d'ailleurs susceptible de recours devant la juridiction administrative[817] -, le juge fera fi du caractère provisoire pour, à tout moment, annuler le titre irrégulier[818]. Ce dernier cas de figure est alors alternatif à la condition de titre provisoire.

L'autre condition de la possibilité de retoucher le titre délivré n'entre pas en droite ligne de l'hypothèse du caractère provisoire ou vicié du titre foncier délivré. Cette condition qui agit de façon isolée est celle de la résolution de la vente d'un immeuble ou de l'action portée contre un tel acte devant le juge[819]. Expressément énoncé par les textes, il peut être effectué des aliénations sur l'immeuble immatriculé[820]. Cette transaction emporte mutation du titre foncier

---

[811] MATHIEU (B), « La sécurité juridique : un principe constitutionnel clandestin mais efficient », in Mélanges Gérard Paris, Montchrestien, 1999, p.31. V. aussi, LABE TOUILLE (D), « Principe de légalité et principe de sécurité », in *Mélanges Braibant*, Dalloz, 1996, p.43.

[812] Ex : art 2(5) du décret n°25/481, précité.

[813] CE, 3 novembre 1922, Dame Cachet, p.790, RDP1922, p.552. concl. Rivet, s1925.3 9, note M. Hauriou.

[814] Art 2(3) du décret n°25/481, précité.

[815] Ibid, art 2(5).

[816] Ibid, art 2(6).

[817] Ibid, art 2(7).

[818] CS/CA, jugement n°38 du 18 janvier 2006, Bongo Henri Aimé contre État du Cameroun (Minuh).

[819] Art 24 du décret n°76/165, précité.

[820] Supra.

initial au nom de l'acquéreur[821]. Cependant, il peut y avoir résolution de la transaction effectuée, ce qui entraîne mutation du titre délivré à l'acquéreur au nom du propriétaire initial. Ces transactions, en général notariées (sauf pour les transactions en rapport avec le domaine privé des personnes morales de droit public)[822], sont faites sous l'égide du droit privé. Au lieu que l'action soit portée contre le titre foncier, elle l'est contre la transaction foncière. Le droit applicable et la transaction concernée ouvrent de droit la compétence au tribunal civil[823] qui, en intervenant, va directement influer sur le devenir du titre foncier de l'immeuble dont la transaction est querellée. Ce qui, à la posture de l'inattaquabilité (paragraphe 2), donne une organisation singulière.

Paragraphe 2- La posture de l'inattaquabilité

Est-ce que le principe de l'inattaquabilité reste de mise ? Cette interrogation est bien justifiée parce que celui-ci, proclamé, est dans les mêmes textes comprimé. Et pourtant, c'est cet enchevêtrement qui permet de dire que la règle reste l'inattaquabilité (A) et que les atteintes auxquelles il est sujet, admis par lui à la différence des autres[824], ne sont que de résiduelles exceptions (B).

A- L'inattaquabilité de principe

Ce qu'il faut au final tirer de l'enchevêtrement des éléments de l'inattaquabilité c'est que le texte, logique, en a fait la règle et qu'il lui a non pas joint, mais plutôt adjoint quelques exceptions qui, jusque-là, ne détériorent pas le principe.

1. Le principe de la règle

Le décret de 1976 qui fonde le régime applicable au titre foncier (revu en 2005) stipule très clairement que « ***le titre foncier est inattaquable, intangible, définitif. Il en est de même des actes constatant les autres droits réels attachés à la propriété*** »[825]. Clairement annoncé, le titre foncier jouit ainsi d'une immunité juridictionnelle qui fait qu'il est hors de la portée du juge de l'excès du pouvoir. Cette règle est renforcée, s'il en fallait encore, par d'autres dispositions. Celles-ci confortent la protection dont jouit le titre foncier vis-à-vis du juge en disposant que « ***toute personne dont les droits ont été lésés par suite d'une immatriculation, n'a pas de recours sur l'immeuble, mais seulement en***

[821] Art 22, 24, 25 et s du décret n°76/165, précité.
[822] Cf- Décret n°76/167 du 27 avril 1976 fixant les modalités de gestion du domaine privé de l'Etat.
[823] Art 24 (2) du décret n°76/165, précité.
[824] Infra.
[825] Art 1er (2) du décret n°76/165, précité.

cas de dol, une action personnelle en dommages-intérêts contre l'auteur du dol »[826].

De toute évidence, quand un seul type de recours est accepté, c'est que les autres sont rejetés. Le législateur affermit ainsi la protection du titre foncier en ne laissant ouvert que le contentieux judiciaire[827] pour le cas unique du dol. Ce qui fait entrevoir comme disposé que l'immeuble, dès qu'il est effectivement immatriculé, tombe sous une garantie qui interdit au juge de revenir sur ce qui a été décidé et effectué par l'Administration durant le constat, le bornage et l'immatriculation à proprement parler. Il (le juge) n'est pas en principe pour défaire ou refaire la titrisation foncière à gré.

2. L'application juridictionnelle

Pour éviter que le titre foncier ne soit l'objet de recours, le législateur a disposé dans le détail l'organisation de l'établissement de cet acte administratif. Il est allé jusqu'à rajouter aux éléments ordinaires de l'acte administratif[828] tel celui organique, la présence d'acteurs non administratifs, sans parler du mode de publicité[829] qui est lui aussi spécial.

La minutie avec laquelle le titre foncier est établi fait qu'il est tout à fait normal qu'il soit réputé définitif et que le juge ne puisse plus intervenir de quelque manière que ce soit, comme pour décrédibiliser un acte administratif précautionneux. La protection est donc d'abord faite par :

> ***« ces formules (qui) énoncent le principe essentiel et le plus caractéristique du régime de l'immatriculation foncière, principe que l'on retrouve dans les autres textes instituant un pareil régime dans différents pays africains. Il a été jugé nécessaire de le consacrer, pour atteindre les buts visés par le législateur, c'est-à-dire la clarté et la sécurité des droits sur le sol. Il faut en effet que le titre foncier établi à la suite d'une procédure destinée à assurer un examen complet de la situation matérielle et juridique d'un immeuble, soit doté d'une force probante irréfragable et ne puisse pas être remis en question »***[830]. Le juge devait donc s'incliner.

---

826 Art 2 (1) du décret n°25/481, précité.

827 Ibid, art 2 (2).

828 Supra.

829 TADJUDJE (W), « La déconcentration de la gestion foncière au Cameroun : une analyse du décret n°26/481 du 16 décembre 2005 », Op.cit., p.26s.

830 LAMPUE (P) cité par MPESSA (A), « Le titre foncier devant le juge administratif *camerounais* », in *Revue de la recherche juridique, Droit prospectif*, n°25-3, p.1688.

A plus d'une reprise, le juge administratif saisi pour le contentieux de l'immatriculation s'est fait le porte-voix du législateur en proclamant l'immunité juridictionnelle du titre foncier[831]. Le juge judiciaire ne saurait être compétent puisque le texte ne lui attribue que le recours pour acte dolosif en action personnelle, et que le titre foncier est quand même un acte administratif. Le juge administratif a lui aussi dû suivre le texte quand il déclare que « ***le titre foncier est en vertu de la loi un acte inattaquable et de ce fait insusceptible de recours juridictionnel*** » [832]. L'attaquabilité du titre foncier (B) ne serait donc qu'une exception.

B- L'exceptionnelle attaquabilité

Le principe de l'inattaquabilité du titre foncier connaît quelques exceptions qui sont d'ailleurs très résiduelles à leur lecture. Il s'agit du caractère provisoire ou inexistant du titre délivré et de l'hypothèse de la résolution.

1. Le titre provisoire ou inexistant

Pour qu'un titre foncier soit susceptible de faire l'objet d'un recours contentieux, il faut que ce titre ne soit pas encore devenu définitif. Etant provisoire, il peut être annulé[833] ou réformé. Le simple raisonnement montre que ce qui est provisoire peut être retiré du commerce juridique puisque son titulaire ne peut pas encore faire valoir ses droits acquis sur le titre foncier. Ainsi, il faut que l'acte administratif faisant grief soit entouré de toute la sécurité juridique qui, elle-même, n'est acquise que quand l'acte est devenu définitif.

Un acte administratif est réputé définitif quand le délai du recours contentieux qui est de trois mois[834] est écoulé sans qu'il n'y ait eu de contentieux. Durant ce délai, l'acte reste attaquable et cela n'entraîne en rien des tribulations avec le caractère inattaquable puisque ce dernier ne court qu'à partir du moment où l'acte est devenu définitif. Quand les trois mois que le texte en matière foncière a accordés pour toute réclamation[835] ont passé, le bénéficiaire du titre foncier jouira des droits acquis[836] qui lui attribuent une certaine sécurité juridique. Le législateur en la matière parle de sécurité foncière[837] qu'il élève au

[831] Cf. notamment CS/CA, jugement n°39 du 21 mai 1987, Fotso Simonet contre État du Cameroun ; CS/CA, jugement n°58 du 25 juin 1987, Ntoné Kingué Gabriel contre État du Cameroun ; CS/CA, jugement n°35 du 24 février 1999, Tchantou Pierre contre État du Cameroun…

[832] CS/CA, jugement n°65 du 26 mai 1988, Epié Martin contre État du Cameroun.

[833] CS/CA, jugement n°1 du 19 décembre 1975, Nkong Emmanuel contre État du Cameroun.

[834] V. MOMO (B), « Le problème des délais dans le contentieux administratif camerounais », *Annales de la FSJP de Dschang*, AES SA Yaoundé, tome 1, vol1, 1977, p.138.

[835] Art 2(4) (5) du décret n°2005/481, précité.

[836] CS/CA, jugement n°22 du 25 janvier 1990, Zangué Pius contre État du Cameroun.

[837] Art 95 de la loi n°2004/003 du 21 avril 2004 régissant l'urbanisme au Cameroun.

rang d'obligation incombant à l'État vis-à-vis des titulaires de titres de propriété immobilière.

Peut aussi être annulé, le titre foncier inexistant. Il s'agit de celui qui est établi par des actes et manœuvres irréguliers et que le législateur a expressément catégorisé comme étant nul d'ordre public[838]. La nullité fait que l'acte juridique est réputé n'avoir jamais existé parce que tous les effets de droits créés sont rétroactivement annulés[839]. Ceci l'apparente à la résolution.

2. L'hypothèse de la résolution

Elle est expressément admise dans l'ensemble que constitue la proscription à l'attaquabilité. A côté de la possibilité d'effectuer le retrait, les textes ont effectivement prévu celle de la résolution de la vente[840] comme devant influencer la destinée du titre foncier.

S'il est admis que des transactions puissent intervenir sur l'immeuble immatriculé, il l'est aussi que ces transactions peuvent être résolues. Le décret de 1976 ne traite pour ce cas que de la résolution de la vente[841]. Il ne faut pas s'y confiner, parce que d'autres transactions telles que l'échange ou les dons et legs peuvent être résolues. Pour l'échange d'immeuble par exemple, il est stipulé (s'agissant du domaine privé de l'État) que l'État ne peut échanger un bien de son domaine privé à perte[842] et que quand il y a différence de valeur, une soulte est stipulée au profit ou à la charge de l'État[843]. Dans le cas où il y a vice, la résolution de la transaction peut être prononcée.

Pouvant être prononcée par l'autorité administrative (résiliation) et par le juge, la résolution a comme la nullité un effet rétroactif[844] même si elle sanctionne davantage un défaut d'exécution plutôt qu'un vice dans l'effectuation de la transaction, encore que ce dernier cas n'est pas à exclure. La résolution de la transaction immobilière entraîne la mutation du titre délivré à l'acquéreur au nom du propriétaire initial[845]. Le juge a ainsi la possibilité par la résolution de défaire un titre pour en refaire un autre.

---

[838] Art 2 (6) du décret n°2005/481, précité.
[839] GUETTIER (C), « Recours en appréciation de validité », J..Cl..Adm ; fasc n°1163.
[840] Art 1er (2) du décret n°76/165, précité.
[841] Ibid, art 24.
[842] KONE NGOUH (A), « Le domaine privé de l'Etat au Cameroun », Op cit., p.25.
[843] Art 13(2) du décret n°76/167 du 27 avril 1976 fixant les modalités de gestion du domaine de l'Etat.
[844] Art 1184 C.Civ.
[845] Art 24 du décret n°76/165, précité.

CONCLUSION DU CHAPITRE

L'immunité juridictionnelle du titre foncier ne se présume pas. Elle est clairement représentée dans la législation foncière qui fait du titre foncier un acte inattaquable[846]. Cette protection est sûrement due à la sacralité qui, de longue date, a toujours entouré le droit de propriété immobilière dont le principe est la liberté et l'exclusivité sans entrave illégale pour son titulaire[847]. La titrisation de ce droit ne pouvait pas se faire autrement que par un certificat atemporel d'où la minutie observée dans le régime de l'établissement du titre foncier, acte administratif définitif.

En proclamant le caractère définitif et inattaquable du titre foncier, le législateur, volontairement ou nom s'est retrouvé en train d'introduire dans la classe des actes administratifs un qui est différent. L'acte décisoire de l'Administration peut être contesté devant le juge administratif. Le titre foncier, apparemment identique aux autres actes dits décisoires, est lui, exclu du recours contentieux. Cette originalité plutôt poussée fait dire à certains auteurs que le titre foncier n'est pas un acte décisoire[848]. Il existe pourtant, hormis les cas admis par la règle de l'inattaquabilité, des atteintes à cette règle (chapitre 2) qui méritent d'être étudiées.

[846] Supra.
[847] Art 544 et s C.civ.
[848] ABA'A OYONO, « Chronique du grain de sable dans la fluidité jurisprudentielle à la chambre administrative du Cameroun », Op cit., p.263.

CHAPITRE 2

LE DÉPASSEMENT DE LA RÈGLE DE L'INATTAQUABILITE

Le titre foncier est un acte atemporel suivant ce que la législation révèle. Il ne peut plus être retouché par l'Administration, ni par le juge parce qu'il est réputé définitif. « ***Sous réserve des dispositions des articles 2 (alinéa 3) et 24 du présent décret, le titre foncier est inattaquable, intangible, définitif. Il en est de même des actes constatant les autres droits réels attachés à la propriété*** »[849].

L'unité de la règle du caractère définitif du titre foncier tient de ce qu'il y a un principe général qui est posé : ici, le titre est inattaquable ; et trois légères atténuations. Celles-ci consistent à exclure du commerce juridique les titres non définitifs[850] et ceux frappés de nullité d'ordre public[851] ou à la résolution de la transaction foncière impliquant une modification sur la désignation du titulaire du titre foncier[852]. Pour le titre non définitif ou inexistant, il est tout à fait normal que le juge s'y prononce et l'inattaquabilité n'y subit aucun préjudice dans la mesure où l'acte foncier n'est pas encore définitif ou n'a même jamais existé. Le cas de la résolution avec ses effets rétroactifs[853] n'a de portée que parce qu'il y a eu, soit irrégularité, soit non exécution des termes de l'accord[854] et il est donc normal que la transaction soit défaite au nom du respect du consensualisme contractuel.

Le caractère définitif du titre foncier est ainsi un obstacle rédhibitoire qui lui garantit une pérennité par sa protection juridique. Pourtant, le juge administratif, taxé de « cacophonique » [855] en la matière, s'est résolu par moments à se passer de l'interdiction à lui faite (section 1) et de surcroît, il faut observer ses pouvoirs grandissants dans le contentieux de l'immatriculation (section 2) faisant de lui, le régulateur attitré de la question foncière au Cameroun.

---

[849] Art 1er (2) du décret n°76/165 du 27 avril 1976, fixant les conditions d'obtention du titre foncier.

[850] Art 2 du décret n°2005/481 du 16 décembre 2005 modifiant et complétant certaines dispositions du décret n°76/165 fixant les conditions d'obtention du titre foncier.

[851] Ibid.

Cf. CS/CA, jugement n°600 du 27 mars 2003, Dame Otele née Zanga Pauline contre État du Cameroun et Njoya Maurice Poumié ; CS/AP, arrêt n°04 du 29 février 2007, Njoya Maurice Poumie / Minuh contre Dame Otele née Zang Pauline.

[852] Art 24 du décret n°2005/481, précité.

[853] FROMONT (M), « Le principe de sécurité juridique, AJ, 1996, n° spécial, p.178.

[854] Supra.

[855] ABA'A OYONO, « Chronique du grain de sable dans la fluidité jurisprudentielle à la chambre administrative du Cameroun », Op cit., p.263.

Section 1- Le caractère attaquable du titre foncier

Il a été vu que le titre foncier est un acte inattaquable. La théorie des actes attaquables (paragraphe 1) est construite sur le socle de l'immunité de certains actes contre le contrôle du juge et ce pour diverses raisons. Cette théorie en France comme au Cameroun a évolué dans le sens de son amoindrissement en termes de rigueur des interdictions faites au juge. Le titre foncier ne fait pas exception à cette démarche générale qui consiste à reconsidérer la totalité de l'immunité juridictionnelle d'un acte faisant grief (paragraphe 2).

Paragraphe 1- La théorie des actes attaquables

Un acte attaquable est celui qui peut être jugé par la juridiction administrative et la juridiction judiciaire. La théorie de l'acte attaquable va de pair avec celle des actes inattaquables, l'une étant l'opposé de l'autre. Inattaquable, un acte bénéficie de l'immunité juridictionnelle lui conférant une « injusticiabilité ». L'état général du droit des actes attaquables (A) doit être présenté avant d'arriver à la situation de cette théorie en droit camerounais (B) et ainsi, commencer à décrypter le sort devant être réservé à l'inattaquabilité du titre foncier.

A- L'état du droit

La théorie des actes attaquables est bâtie sur le socle de l'admissibilité du pouvoir de contrôle d'un acte par le juge. Elle est justement constituée des actes déférables ; donc, leur négative est l'acte non déférable encore dit acte inattaquable.

1. Les actes attaquables

Trois éléments rentrent en compte dans la détermination de l'acte qui est déférable devant le juge : l'autorité qui l'a prise, le type d'acte et la situation de l'acte. Les deux derniers critères peuvent être combinés parce que tel que cela sera vu, la situation d'élaboration de l'acte (circonstance) permet de le mettre dans un type, et la désignation du type d'acte exprime la condition juridique dudit acte.

Les actes administratifs attaquables sont ceux qui font grief, c'est-à-dire qui ont pour vocation de modifier l'état du droit par la création de droits et de devoirs à l'endroit de ses destinataires[856]. Dans ce lien de situation juridique créé, il faut principalement recenser l'acte administratif unilatéral qui a un caractère décisoire. Il peut être individuel ou réglementaire. A ses côtés se

---

[856] CF arrêt n°20 /CFJ/CAY du 20 mars 1968, Ngongang Njanke Martin contre État du Cameroun.

trouvent quelques actes singuliers, notamment les décisions d'espèce qui font évidemment grief[857] et les actes mixtes.

L'acte attaquable est un acte à caractère décisoire. Il est la manifestation de la volonté de son auteur d'édicter une norme qui modifie l'ordonnancement juridique[858]. En fait, son auteur est dans l'exercice d'un pouvoir administratif et dans ce cadre, il édicte un acte normateur. Pour être dans l'exercice du pouvoir administratif, la règle est que l'auteur de l'acte doit être un agent administratif.

Le critère lié à l'auteur exclut ainsi des actes attaquables ceux qui sont pris par des autorités non administratives. S'y retrouvent principalement les actes des autorités législatives[859], les actes des autorités judiciaires[860], et aussi les actes pris par les personnes privées qui ne sont pas déférables devant le juge de l'excès de pouvoir[861]. En réalité, une autorité non administrative peut prendre un acte déférable devant le juge administratif. Un cas est celui de l'investiture plausible matérialisée par la théorie du fonctionnaire de fait[862] ; un autre est celui des personnes privées agissant dans un cadre de mission de service public ; tel est le cas de certaines décisions des ordres professionnels[863].

L'acte attaquable est celui pour lequel il est possible d'ouvrir un contentieux. Il correspond dans ce cadre à l'acte administratif unilatéral. Or, le titre foncier qui en est un, est dit inattaquable. Aurait-il les attributs de l'acte inattaquable ?

2. Les actes dits inattaquables

Un acte est inattaquable par prétérition à l'acte attaquable. Les mêmes critères (auteurs, type, circonstances) sont aussi à retenir ici, mais dans un raisonnement opposé. L'acte attaquable est celui qui est pris par une autorité administrative[864]. L'acte inattaquable est celui qui ressort en termes d'auteurs (en principe) d'une autorité non administrative, ce qui le classe dans un type.

Le type le moins éloquent est l'acte de l'autorité judiciaire. Etant donné qu'elle est une autorité d'un pouvoir séparé de l'exécutif[865] (qui a pour bras

---

857 POIROT-MAZERES (I), « Les décisions d'espèce », RDP, 1992, p.443.

858 DUPUIS (G), « Définition de l'acte unilatéral », in *Mélanges Eisenmann*, 1975, p.205

859 CFJ/AP, Arrêt n°4 du 28 octobre 1970, Société des grands travaux de l'Est contre État du Cameroun Oriental.

860 CS/CA, jugement n°44 du 29 juin 1980, Yombi Alphonse Bernard contre État du Cameroun.

861 CS/CA, jugement n°1 du 19 décembre 1975, Kong Emmanuel contre État du Cameroun.

862 CFJ/AP, arrêt n°4 du 04 novembre 1965, Dame Kieffer Marguérite contre État du Cameroun.

863 CFJ/SCAY, Arrêt n°50 du 27 janvier 1968, Bernard Auteroche contre conseil de l'ordre des avocats.

864 A part les exceptions soulevées telles celles du fonctionnaire de fait et des ordres professionnels.

865 Art 37 (2) de la loi constitutionnelle du 18 janvier 1996.

séculier l'Administration)[866], elle ne saurait prendre des actes autres que juridictionnels qui ne sont d'ailleurs pas déférables devant le juge administratif[867], sauf ceux qui sont liés à l'organisation du service judiciaire et à la gestion de la carrière du magistrat[868].

Il faut aussi y joindre les actes des autorités législatives. La loi, acte du législatif, bénéficie en principe de l'immunité juridictionnelle. Le sort est le même pour les actes internes des assemblées. Mais, un dommage causé par les services des assemblées ou subi par un agent de ces services du fait du service, doit normalement donner lieu à ouverture de recours contentieux[869] qui fera jouer la responsabilité de l'État.

L'étude des actes inattaquables fait apparaître l'élément situationnel de l'acte pour en faire un type. Il s'agit des circonstances de son édiction. L'autorité administrative peut ainsi prendre des actes dans ses rapports avec le législatif ou dans le cadre des relations diplomatiques. Ce sont les actes de gouvernement. Le mobile politique qui les a fondés[870] et leur importance font qu'ils soient soustraits de la compétence de la juridiction. Ces actes constituent ***« des îlots d'immunités juridictionnelles »***[871], même comme ils sont, tout au moins en partie, l'œuvre des mêmes auteurs que l'acte décisoire ; c'est aussi le cas de l'acte non décisoire.

A ce niveau, il y a des actes qui sont pris juste pour orienter l'Administration ou l'administré, pour tenir lieu d'élément d'information, de description des procédures et modalités… Ce type d'acte ne crée pas de situation juridique en tant que tel, et quand il y a des effets de droit y afférents, ces effets sont négligeables, ce qui en fait des actes juridiques minimums. S'y classent différents actes tels que les directives, les circulaires, les lettres, les communiqués, les notes de service… Ces actes sont non décisoires dans la mesure où ils servent d'interprétation, d'explication, de préparation ou de conservation à un acte faisant grief. Mais dès que ces actes sont interprétés comme étant réglementaires[872], ils basculent dans la catégorie des actes décisoires.

---

[866] MANDENG NYOBE (J-M), « Essai d'analyse systémique de la fonction publique camerounaise », Doctorat de 3e cycle en sciences politiques, Université de Yaoundé, p.65.

[867] CFJ/CAY, arrêt n°40 du 16 mars 1967, Tagny Mathieu contre État du Cameroun.

[868] BINYOUM (Y), *Droit administratif*, Op cit; p.91.

[869] FORTIER (J-C), « Le contrôle du juge sur les actes administratifs des assemblées parlementaires », AJ, 1981, p.128.

[870] AUVRET-FINCK (J), « *Les* actes de gouvernement, irréductible peau de chagrin ? », RDP, p.131.

[871] BILONG (S), « Le déclin de l'Etat de droit au Cameroun : le développement des immunités juridictionnelles », *Juridis périodique* n°62, 2005, pp.52 et s.

[872] CS/CA, jugement n°80 du 14 juin 2006, Maetur contre État du Cameroun et Belibi François (intervenant).

Le titre foncier dans la catégorisation acte attaquable - acte inattaquable se révèle être une originalité locale (B) qu'il faut constater par rapport à ses spécificités.

B- L'originalité camerounaise

A la théorie classique française, le législateur camerounais a ajouté des actes inattaquables dont fait partie le titre foncier. Mais la tendance à la réduction des aspects protégés de ces actes a inévitablement touché la certification officielle de la propriété immobilière.

1. L'application du droit français

Des actes inattaquables en droit français, il faut essentiellement répertorier l'acte de gouvernement et la mesure d'ordre intérieur. Les actes de gouvernement peuvent être intérieurs[873] comme ils peuvent être internationaux. Les mesures d'ordres intérieurs sont aussi, de principe, inattaquables.

Seulement, de nombreuses atténuations sont intervenues pour, par moments, rendre déférables devant le juge administratif, des actes supposés inviolables. Pour les mesures d'ordres intérieurs, plus que les aspects, c'est tout l'acte qui est justiciable s'il fait grief. La plus grande ouverture a été faite par le conseil d'État qui a statué que, dès qu'une circulaire est déterminée comme étant règlementaire, elle est de ce fait attaquable pour les administrés[874]. La zone la plus touchée des mesures d'ordres intérieurs est celle des règlements intérieurs. L'acte minimal déconsidéré autrefois à cause de ses effets négligeables sur la société a fini par être reconsidéré en rapport avec certaines convictions, telle que la religion[875] ou en rapport avec l'être humain. Ce dernier cas a été marqué par de nombreuses condamnations de l'État français par les juridictions nationales et surtout communautaires de protection des droits de l'Homme (dont la Cour européenne des droits de l'Homme), condamnation notamment en matière de règlement intérieur pénitentiaire[876].

Les actes de gouvernement sont pour leur part soumis à la règle de la détachabilité qui, veut que sans véritablement s'intéresser aux questions

---

[873] Rapports entre le Gouvernement et le Parlement ; le président de la République et son gouvernement (constitution et révocation du gouvernement).

[874] CE. Ass., 29 janvier 1954, institution Notre Dame du Kreisker, p.64, AJ 1954, 2 bis, P.5, chron.F. GAZIER et M. LONG, DA 1954, P.50, concl.B.Tricot.

[875] CE, 3 mai 2000, Mlle Marteaux, AJ 2000, p.602, chron.M. GAYOMAR et p.COLLIN, D.2000, p.747, note G. KOUBI.CE ;2 novembre 1992, Kherona, p.389, AJ 1992, p.749, chron.C. MAUGUIE et R. SCHWARTZ.

[876] HERZOG-EVANS (M) et PECHILLON (E) (sous la dir), « Le droit de l'exécution des peines, problèmes et enjeux d'une discipline juridique en formation », rapport GIP, *Mission de recherche droit et justice* , Dalloz 2003, pp.311 et s.

d'opportunité, le juge puisse réparer les préjudices causés par les questions de forme des actes de gouvernement[877].

Au Cameroun, les deux catégories d'actes inattaquables sont reconnues[878]. Les mesures d'ordres intérieurs sont déférables dès qu'elles font grief[879], et si la détachabilité n'est pas encore consacrée, il reste logique que les éléments de forme et les profonds préjudices nés des actes inattaquables soient réparés. Ceci justifie le fait que le conseil d'État français ait élevé le recours pour excès de pouvoir « même sans texte », au rang de principe général du droit[880]. Cette position est la même qu'a adoptée le juge administratif camerounais.

2. *L'ajout d'actes locaux*

Dans la catégorie des actes inattaquables, le législateur camerounais a rajouté aux catégories connues trois types d'actes à la nature pourtant contestable :

- d'abord les actes dommageables causés par les activités terroristes[881]. La lutte pour l'indépendance, et contre le pouvoir proche de l'ancienne métropole a fait naître au Cameroun des années 60, un mouvement activiste. Celui-ci, dans le maquis, posait des actes que le législateur a qualifiés d'actes terroristes. Il n'était pas question de dépenser des fonds d'indemnisation plus utiles ailleurs, encore que ces fonds auraient pu indirectement subventionner le terrorisme, d'où la justification de cette loi rigoureusement appliquée par la juridiction[882] ;
- ensuite, les actes relatifs à la désignation des chefs traditionnels[883]. Le juge a été d'office dessaisi de connaître des contestations nées à l'occasion de la désignation des chefs traditionnels alors que ceux-ci sont désignés par des actes administratifs unilatéraux qui ressemblent à tout point aux actes décisoires ;
- Enfin, les actes portant délimitation des circonscriptions administratives[884]. Ces actes sont empruntés du pouvoir discrétionnaire

---

[877] CHAPUS (R), *Droit administratif général,* tome 1, Paris, Op cit, 2001, pp.955 et s, n°1156.

[878] Pour les actes de gouvernement, V. les arrêts kouang Guillaume et Essomba Marc, précités.

[879] CS/CA, jugement n°42 du 30 avril 1981, Dame Mbock née Moussongo Jeannette et Sop Mote contre État du Cameroun et Omgba Zing Martin (int vol.).

[880] CE.A9, 17 février 1950, Ministère de l'agriculture contre Dame Lamotte, rec.CE 110 ; RDP 1951, 478, concl. J. DELVOLVE, note WALINE, GAJA, n°76.

[881] Loi n°64/LF/1 du 26 juin 1964 relative à la réparation des dommages causés par les activités terroristes.

[882] CFJ/AP, Arrêt n°14 du 4 novembre 1965, Société industrielle et commerciale africaine (Sincoa) contre État du Cameroun.

[883] Loi n°80/81 du 27 novembre 1980 dessaisissant les juridictions des affaires relatives aux contestations soulevées à l'occasion de la désignation des chefs traditionnels.

[884] Loi n°2003/016 du 22 décembre 2003 relative au règlement des litiges portant sur les limites des circonscriptions administratives et des unités de commandement traditionnel.

que la constitution reconnaît au président de la République[885] si bien qu'il ne faut les considérer que comme des actes politiques constitutionnellement autorisés.

A ces trois types d'actes connus, il faut joindre l'autre, souvent oublié, à savoir le titre foncier. Le fait qu'il soit inattaquable le met bien évidemment dans le même panier que les autres actes qui bénéficient de l'immunité juridictionnelle. Le fait d'avoir pour les uns admis des éventualités de justiciabilité porte, pour le titre foncier, la même signification des possibilités de le déférer malgré son caractère d'acte inattaquable (Paragraphe 2)

Paragraphe 2- L'attaquabilité du titre foncier

Les actes inattaquables ne jouissent pas tous d'une protection étanche. Pour ceux qui correspondent aux actes administratifs, il a été, par le conseil d'État français, reconnu qu'ils devaient pouvoir faire l'objet d'un recours pour excès de pouvoir ; ce recours étant un principe général du droit[886]. Le juge camerounais lui a emboîté le pas en allant dans le même sens pour les actes portant désignation des chefs traditionnels. Ce qui est évident est que le titre foncier, à plus d'un titre, est un acte décisoire. Il aurait été anormal que le juge, de façon systématique, fasse le déni. L'argument juridictionnel (A) devait ainsi reconfigurer la timidité de l'expression législative (B) sur l'admissibilité de l'attaquabilité du titre foncier.

A- L'argument juridictionnel

Le juge de l'excès du pouvoir est seul compétent pour connaître des actes de l'Administration depuis que « ***défenses itératives sont faites aux tribunaux de connaître des actes d'administration de quelques espèces qu'ils soient, aux peines de droit*** » [887]. C'est donc au seul juge administratif qu'il revient de connaître des actes à lui déférés. Or, le titre foncier est exclu de son champ de compétence. Cette interdiction textuelle n'a néanmoins pas empêché ledit juge de constituer un montage juridique lui permettant de prendre d'assaut l'acte immunisé.

1. Le vice du titre foncier

En premier lieu, et eu égard à ce qui a été développé, il apparaît que le titre foncier est un acte édicté par l'Administration. Il est pris par l'autorité administrative qui l'a signé, à savoir le conservateur foncier[888]. Il est pris dans le cadre d'un pouvoir administratif parce qu'il n'entre, ni dans les rapports entre

---

885 Art 61(2-a) et lecture croisée des art 26 et 27 de la loi constitutionnelle.
886 Supra.
887 Cf. Décret du 16 fructidor an III et loi d'organisation judiciaire des 16-24 août 1790.
888 Art 19 et 35 du décret n°2005/481, précité.

pouvoirs constitutionnels (exécutif/législatif), ni dans le champ des relations internationales et qu'il n'est que la matérialisation du pouvoir réglementaire dérivé[889]. En plus, l'établissement du titre foncier modifie l'ordonnancement juridique avec, pour son bénéficiaire, la confirmation officielle de son droit de propriété allant avec les obligations faites aux tiers de respecter ce droit. Il ne fait pas de doute que le titre foncier fait grief, il n'est pas préparatoire, ni conservatoire, il est bien décisoire[890].

N'étant donc ni acte de gouvernement, ni mesure d'ordre intérieur, le titre foncier ne mérite pas en principe ce caractère exceptionnel parce qu'il est à tout point un acte décisoire. Sur les actes de gouvernement typiquement camerounais, il y a ceux liés au terrorisme, explicables dans le contexte liberticide et insécuritaire du moment de leur édiction ; il y a ceux liés aux délimitations des circonscriptions administratives dont la constitutionnelle discrétionnalité de son exercice permet son admission.

Mais la désignation des chefs traditionnels par acte administratif est soustraite du contrôle du juge et sa justification reste très hypothétique. Le titre foncier n'est pas un acte de gouvernement mais il est protégé comme tel, autre originalité.

Ces observations et constats font rentrer la seconde considération qui est celle par laquelle le juge français a admis que le recours pour excès de pouvoir est un principe général du droit[891]. Pour le cas de la désignation des chefs traditionnels, le juge administratif camerounais a pris son courage pour indiquer que :

> ***« même dans l'hypothèse où une loi dispose qu'un acte ne peut faire l'objet d'aucun recours administratif ou judiciaire, cette disposition ne saurait être interprétée comme excluant le recours pour excès de pouvoir qui est ouvert même sans texte, contre tout acte administratif faisant grief et qui a pour effet d'assurer, conformément aux principes généraux, le respect de la légalité »***[892].

---

889 Le statut des personnes et des biens relève de la loi, il inclut le régime de la propriété mobilière et immobilière. C'est en vertu de l'ordonnance de 1974 sur le régime foncier (qui est un acte réglementaire pris dans un cadre législatif) que sont établies les conditions juridiques du titre foncier.

890 Contrairement à ce que M. ABA'A OYONO finit par conclure se basant sur le fait que seuls les actes décisoires sont attaquables. Cf. ABA'A OYONO, « Chronique du grain de sable dans la fluidité jurisprudentielle à la chambre administrative du Cameroun », Op.cit, p.263.

891 CE.Ass, 17 février 1950, Ministère de l'agriculture contre Dame Lamotte, rec CE110 ; RDP.1951, Concl J. DELVOLVE, note WALINE, GAJA n°76.

892 CS/CA, jugement n°40 du 29 mai 1980, Monkam Tientcheu David contre État du Cameroun.

Cette argumentation doit être exposée au titre foncier dont le vice ne saurait normalement échapper au juge administratif, gardien de la légalité.

2. La compétence jurisprudentielle

Dans plus d'une espèce, il a été rappelé au juge administratif que par détermination de la loi, il est incompétent pour connaître des litiges relatifs au titre foncier parce que cet acte serait inattaquable[893]. Seulement, la compétence du juge n'est pas uniquement confinée aux dispositions textuelles. Le juge administratif camerounais a souvent eu à se déterminer un champ de compétence dans lequel il semblait exclu[894].

Avec les conclusions de l'affaire Monkam Tientcheu, il est plus qu'évident que le titre foncier, acte décisoire de l'Administration, ne saurait échapper au contrôle de sa régularité par rapport au droit et ce, même si une stipulation textuelle en disposait autrement. Encore que l'interdiction faite au juge est d'ordre réglementaire et que le recours pour excès de pouvoir est un principe général, donc il est supérieur à l'interdiction du point de vue de la hiérarchie des normes[895]. De manière plus irrésistible, il serait tout à fait anormal que le juge reste indifférent quand, de façon évidente, un acte administratif tel que le titre foncier peut faire l'objet d'un recours pour excès de pouvoir et que seuls les actes de gouvernement en sont exempts[896]. Cette détermination de la compétence contentieuse par le juge explicite, est l'accomplissement d'éléments y relatifs qui, dans le cadre textuel (B) implicitement, peaufinaient déjà l'intervention du juge dans les litiges fonciers.

B- L'expression textuelle

La règle de l'inattaquabilité du titre foncier apparaît de façon évidente dans les textes régissant la condition juridique de cet acte administratif. Cette règle qui semble faite de fermeté était pourtant appelée à être atténuée par les mêmes textes.

---

893 CS/CA, jugement n°35 du 24 février 1999, Tchantou Pierre contre État du Cameroun, CS/CA, jugement n°65 du 26 mai 1988, Epié Martin contre État du Cameroun, CS/CA, jugement n° 55 du 15 mars 1988, Tato Jean contre État du Cameroun.

894 KAMTO (M), « La fonction administrative contentieuse de la cour suprême du Cameroun », in *Les cours suprêmes en Afrique-III. La jurisprudence administrative*, Paris, Economica, 1988, p.41.

895 MODERNE (F), « Actualité des principes généraux du droit », RFDA 1998, p.49s.

896 CS/CA, jugement n°64 du 30 septembre 1990, Bilounga Marie Pascaline contre État du Cameroun : « *Attendu qu'il résulte en effet, de l'article 2 alinéa 5 de l'ordonnance n°72/6 du 26 août 1972, modifié par les lois n°s 75/17 du 08 décembre 1975 et 76/28 du 14 décembre 1976, que seuls les actes de gouvernement échappent à la connaissance des cours et tribunaux* ».

1. Le cadre d'expression

L'inattaquabilité du titre foncier est affirmée par le décret de 76[897]. Aucun recours ne serait recevable sur l'immeuble et c'est tout juste si en cas de dol, une action personnelle en dommages-intérêts contre l'auteur du dol est acceptée. Pourtant, en admettant la possibilité de la transformation du titre foncier par la voie de la résolution d'une vente d'immeuble[898], le législateur octroyait déjà au juge le pouvoir de faire et de défaire des titres. Par la résolution, l'effet escompté est la mutation du titre objet de la transaction ou nom du propriétaire initial.

Il est aussi admis que le titre irrégulier puisse faire l'objet d'un retrait administratif « ***dans le délai du recours contentieux*** »[899]. Délai de recours contentieux implique éventualité dudit recours. Cela ne saurait être autrement puisque, dès que le pouvoir est donné à l'Administration de statuer sur la régularité d'un de ses actes[900], pouvoir est d'office donné au juge administratif non seulement de contrôler la régularité dudit acte, mais aussi de celui par lequel l'Administration a eu à se prononcer.

Certains cas évoqués par les textes ouvrent droit à la tangibilité du titre foncier. S'y retrouvent la fraude du bénéficiaire et les cas de nullité d'ordre public constitués par : l'existence de plus d'un titre sur le même terrain ; la délivrance arbitraire d'un titre foncier, son établissement sur le domaine public ou sur une parcelle du domaine privé d'une personne morale de droit public[901]. Dans ces cas, le ministre chargé des Affaires foncières doit constater par arrêté la nullité du titre foncier. Sa décision (arrêté) est susceptible de recours devant la juridiction administrative[902]. Ceci énonce une fois de plus que le juge, par l'interprétation de ces dispositions, est bien compétent et qu'en admettant certaines hypothèses tel que le retrait, il a été souscrit à l'intervention du juge administratif dans le contentieux de l'immatriculation.

2. La timidité du cadre d'expression

Ce qu'il faut dire à la fin de la lecture de la législation foncière, c'est que les textes ont clamé l'inattaquabilité du titre foncier. Néanmoins, ils ont volontairement ou non admis que le juge administratif puisse à un moment juger des recours qui concernent l'immatriculation. Le cadre d'expression qui

---

[897] Art 1er (2) du décret N°76/165, précité.

[898] Ibid, art 24.

Cf- CS/CA, jugement n°48 du 28 janvier 2009, Moukoko Emmanuel Black contre État du Cameroun (Mindaf) et Simo Emmanuel (intervenant volontaire).

[899] Art 2(5) du décret n°2005/481, précité.

[900] CS/CA, jugement n°73 du 27 avril 2005, Essoua Louis contre État du Cameroun.

[901] Art 2(5) (6) du décret n°2005/481, précité.

[902] Ibid, art 2(7).

est une expresse ouverture à la tangibilité conditionnée constitue également la timide admission de l'inattaquabilité du titre foncier.

Si même le titre foncier ne peut pas faire l'objet de recours, la décision administrative portant sur un recours lié à une immatriculation irrégulière peut-elle être déférable ? Par voie de conséquence, contrôler la décision de retrait, c'est contrôler la régularité du titre foncier.

Il apparaît à la lecture des nombreuses décisions rendues par le juge administratif camerounais qu'il s'est effectivement octroyé le pouvoir de statuer sur les contestations liés à l'immatriculation foncière (section 2), et que, contrairement à l'hésitante et sinueuse reconnaissance que les textes en ont fait, il exerce en la matière un pouvoir qui est relativement exorbitant par rapport à ses prérogatives classiques.

Section 2- Les pouvoirs du juge face au titre contesté

Acte réputé inattaquable et donc original dans le critère de l'acte décisoire, le titre foncier se démarque des autres actes administratifs qui eux, n'ont pas la garantie juridictionnelle qui est d'emblée accordée au titre foncier. C'est à l'effort de l'interprétation et par le pouvoir d'autodétermination de sa compétence que le juge administratif parvient à exercer ici un contrôle sur le titre foncier (paragraphe 1), effort qu'il n'a pas à fournir pour les autres actes administratifs. Autre élément d'originalité du titre foncier ou plutôt du contentieux de l'immatriculation, le pouvoir du juge de faire respecter sa décision (paragraphe 2) par l'autorité administrative.

Paragraphe 1- Les pouvoirs sur l'acte

A la lecture des décisions de justice, les pouvoirs du juge administratif sur le titre foncier sont essentiellement au nombre de deux. Il a d'une part le pouvoir de faire rectifier le titre (A), et d'autre part celui d'annuler le titre foncier (B). Ces deux aspects de sa compétence constituent des cas d'admission de l'attaquabilité de l'acte réputé définitif.

A- La rectification

L'Administration a le pouvoir de rectifier le titre foncier[903]. Quand la rectification est demandée et non opérée ou effectuée de façon insatisfaisante, elle peut donner lieu à recours contentieux, ce qui donne au juge administratif l'occasion de décider du sort du titre foncier définitif.

1. La condition de la rectification

Un titre foncier peut être rectifié avant qu'il ne soit devenu définitif, tout comme quand il l'est déjà. Les bases de la rectification judiciaire sont les

[903] Supra.

mêmes que celles de la rectification administrative. Il est autorisé de rectifier le titre foncier « ***lorsque des omissions ou des erreurs ont été commises dans le titre de propriété ou dans les inscriptions…*** »[904]. L'irrégularité peut provenir du conservateur ou de l'un de ses prédécesseurs[905]. De toute évidence, la rectification est admise parce qu'il y a inadéquation entre l'élément transcrit et celui réel. L'Administration peut avoir été négligente, tout comme malgré toutes les précautions, elle peut avoir été induite en erreur.

Une autre hypothèse de la rectification est celle de la mutation partielle par suite de démembrement. Il n'est pas dans ce cas établi de nouveau titre foncier pour la partie de l'immeuble qui reste en possession d'un indivisaire. Seules les mentions utiles sont ajoutées[906].

La rectification n'est pas le changement du titre foncier, mais plutôt un changement dans le titre foncier. Ceci signifie que les omissions et erreurs sont certainement importantes puisqu'elles vicient l'acte, mais pas à tel point qu'elles constituent des facteurs de « nullification » du titre foncier.

L'élément litigieux peut être de divers ordres. Il peut s'agir de l'oubli de noms dans l'établissement du titre foncier[907], de « ***l'absence de consentement entre tous les propriétaires indivis*** » [908], d'inscriptions erronées ou encore d'erreurs sur l'immeuble[909]. Pour ces cas, il est ouvert à l'Administration le droit de procéder à la rectification. Le juge peut en être saisi au cas où la solution administrative ne satisfaisait pas.

2. Le rôle du juge

Il ne peut être directement saisi. Son intervention n'apparaît que si l'Administration n'a pas à suffisance résolu la question de la rectification. Il s'agit pour le juge de statuer sur le titre foncier querellé et sur le sort que l'Administration lui a réservé.

La prénotation judiciaire est la première marque de l'intervention du juge dans les mentions du titre foncier[910], il est surtout le fait du juge judiciaire. Mais les mentions prénotées sont beaucoup plus provisoires que celles rectifiées.

Le juge administratif statue sur la réalité des erreurs et omissions et peut rectifier le titre foncier. Quand l'erreur porte sur les coordonnées du plan, il

---

904 Art 39 (1) du décret n°2005/481, précité.
905 Ibid, art 39 (2).
906 Art 26 (2) du décret n°76/165, précité.
907 CS/CA, jugement n°133 du 22 juillet 2009, Mme veuve Mekongo Pauline et Aboui Marcelline contre État du Cameroun (Mindaf) et Ngah Koumeda Jean Marie (int-vol).
908 Cf. Affaire Bongo Henri, Infra.
909 Infra.
910 NYAMA, *Régime foncier et domanialité publique au Cameroun*, Op cit, pp.299 et s.

ordonne (après expertise) que le plan soit rectifié[911]. Il procède de même quand il s'agit d'omissions sur la désignation de (s) titulaire (s) du titre foncier. Dans l'affaire Bongo Henri, le sieur Bowen, frère du requérant, a fait immatriculer les immeubles successoraux à son seul profit.

> « ***Qu'en sollicitant l'immatriculation desdits immeubles à son seul profit, sieur Bowen s'est comporté comme fils unique ;... Qu'ainsi induite en erreur, l'Administration ne pouvait que commettre une faute comme l'a reconnu le ministre compétent.***
> ***Attendu que selon les articles 2 et 39 du décret n°76/165 du 27 avril 1976 fixant les conditions d'obtention du titre foncier, l'absence de consentement de tous les propriétaires indivis, les erreurs ou omissions commises dans le titre de propriété ou dans les inscriptions subséquentes justifient la rectification du titre foncier, Que c'est à bon droit que le nom du recourant doit être inséré dans les titres fonciers litigieux...*** »[912].

La rectification peut ainsi consister au retrait, à la modification, ou à l'ajout de noms dans le titre foncier existant[913]. Le juge apprécie et donne l'ordre de rectifier et c'est l'autorité compétente qui l'exécute. Le juge contrôle l'appréciation que l'Administration a faite de la demande en rectification. Il peut la valider comme il peut la rejeter en partie ou en totalité[914]. La rectification s'effectue sur les mentions portées dans le titre ou sur un document annexé au titre foncier ; mais à la différence de l'annulation (B), le titre foncier reste valide.

B- L'annulation

Déclaré inattaquable, le titre foncier a été l'objet de conquêtes juridictionnelles à tel point que sa posture d'acte annulable ne devrait plus émouvoir le juriste. Les cas d'ouvertures de l'annulation constituent la base de la mise en exergue du pouvoir du juge sur le titre foncier.

---

[911] V. par exemple : ordonnance de référé n°363 du 22 octobre 2009, l'association humanitaire Afrique Future contre monsieur le chef de service régional des domaines et des affaires foncières du Littoral à Douala.

[912] CS/CA, jugement n°38 du 18 juin 2006, Bongo Henri Aimé contre État du Cameroun.

[913] CS/CA, jugement n°133 du 22 juillet 2009, Mme veuve Mekongo, op.cit ; CS/CA, ordonnance de référé n°18 du 24 avril 2009, Atangana Dieudonné contre État du Cameroun (Mindaf)

[914] CS/CA, jugement n°61 du 31 mars 2004, Ahanda Ahanda Joseph contre État du Cameroun (Minuh) et Ndzouba Marc (intervenant volontaire) ; CS/CA, arrêt n°49 du 09 octobre 2008, Ndzouba Marc, État du Cameroun (Mindaf), Ahanda Ahanda Joseph contre, État du Cameroun (Mindaf) et Ndzouba Marc.

1. Le cas d'ouverture

Le titre foncier peut faire l'objet de retrait dans le délai du recours contentieux. Le retrait est ouvert en cas de faute de l'Administration résultant d'irrégularités. Le juge administratif est compétent pour statuer sur l'irrégularité en question après que l'Administration s'est prononcée dans les délais contentieux. Il est ainsi conçu que le juge, passé un délai, ne peut plus connaître du recours en annulation du titre foncier.

En réalité, le législateur a prévu des cas dans lesquels le juge pourrait valablement être saisi sans délai. Il s'agit du chevauchement de titres fonciers sur le même immeuble[915], de la procédure arbitraire[916], de l'établissement du titre sur une dépendance du domaine public ou du domaine privé d'une personne morale de droit public[917] de façon non autorisée. Toutes ces irrégularités fondent la nullité d'ordre public du titre foncier. Il faut y rajouter la fraude du bénéficiaire qui peut être à l'origine de la méprise administrative[918] même si cette fraude révèle très souvent des complicités au sein de l'Administration[919].

Il est fréquemment opposé au juge administratif deux éléments de droit. Le premier est que le titre foncier est inattaquable, et le second est que les délais non respectés ont déchu le requérant du droit à demander l'annulation du titre foncier. Le juge a pour sa cause, non seulement autodéterminé sa compétence en matière d'annulation, mais aussi estimé que l'irrégularité se rapporte sans délai. Ce dernier élément est utilisé par le juge pour des cas explicites de nullité d'ordre public comme pour d'autres qui ne s'y rapportent pas forcément.

Dans l'affaire Essoua Louis[920], il s'était avéré que la procédure d'obtention d'un titre foncier était entachée de fraudes et d'irrégularités. Ce titre foncier délivré en 1993 dont la demande avait été formulée en réalité en 1990, devait curieusement être pour ses procédures de constat et de bornage, effectué en 1979 comme pour établir son antériorité par rapport au titre foncier du requérant. On ne saurait entamer en 1979 une immatriculation devant être demandée officiellement en 1990. Le chevauchement de titres et les différentes fraudes dans l'espèce ont fait que le juge énonce que l'irrégularité se rapporte sans délai.

---

[915] Art 2(5) du décret n°2005/481, précité.

[916] CS/CA, jugement n°73 du 27 avril 2005, ESOUA Louis contre État du Cameroun (Minuh), CS/CA, jugement n°38 du 18 janvier 2006, Bongo Henri, Op.cit.

[917] Art 2(6) du décret n°2005/481, précité.

[918] CS/CA, jugement n°60 du 27 mars 2003, Dame Otele née Zang Pauline contre État du Cameroun (Minuh), Njoya Maurice Poumie (int-vol) ; CS/CA, arrêt n°04 du 22 février 2007, Njoya Maurice Poumié, État du Cameroun contre Dame Otele née Zang Pauline.

[919] Ibid.

[920] CS/CA, jugement n°73 du 27 avril 2005, Essoua Louis contre État du Cameroun (Minuh)

L'argument de la forclusion exprimé par le représentant de l'État pour faire débouter la demande d'annulation du requérant dans l'affaire Bongo Henri[921] n'a pas non plus prospéré. Dans le cas d'espèce, les titres fonciers litigieux ont été délivrés en 1956 et 1981. Ils ont été établis à la suite de fautes de l'Administration. Le juge a retenu des éléments tels que l'atteinte à la régularité de la procédure et à l'indivision pour annuler 50 ans après pour l'un et 24 ans après pour l'autre, lesdits titres fonciers.

2. La conséquence de l'annulation

Les effets de l'annulation sont différents de ceux de la rectification. La rectification maintient le même titre et ne fait qu'opérer des retouches à l'intérieur. Pour l'annulation, la sanction est plus lourde. Le titre foncier n'est pas maintenu, il est sorti de l'existence juridique. La première conséquence est que si ledit titre était en conflit avec un autre, l'effet sera comme celui de la résolution de vente (tel qu'exprimée par l'article 24 du décret de 1976), car le titre survivant l'emporte. Ce dernier se retrouve validé d'office[922]. La seconde conséquence concerne les tiers qui ont subi un préjudice à cause de l'annulation. Cette hypothèse est très probable dans l'affaire Bongo[923] où des décennies se sont écoulées avant l'annulation de titres fonciers irréguliers. Les tiers propriétaires de bonne foi perdent leurs droits, mais ils doivent être remboursés pour les investissements réalisés[924]. La troisième et dernière conséquence est l'effet sur l'inattaquabilité.

Le titre foncier est un acte inattaquable mais à la condition qu'il ne porte pas de vice. Quand il est irrégulier, le juge peut toujours trouver le moyen, soit de le rectifier, soit de l'annuler. Le contentieux de l'immatriculation présente ainsi un juge enclin à connaître des recours sur l'immeuble, mais aussi, à s'arroger des pouvoirs importants sur l'exécution de sa décision (paragraphe 2). Ces pouvoirs sont de nature à faire associer la spécificité du contentieux du titre foncier à côté de celui de cet acte.

Paragraphe 2- Les pouvoirs sur l'exécution de la décision de justice

La spécificité du titre foncier tient aussi à son contentieux. La détermination prétorienne de la compétence du juge de l'excès du pouvoir en est un élément. Il va de pair avec les pouvoirs que le juge s'est arrogés pour faire exécuter ses

[921] CS/CA, jugement n°38 du 18 janvier 2006, Bongo Henri Aimé contre État du Cameroun. V. aussi CS/CA, jugement n°34 du 17 janvier 2007, Bana Charles et Memgba Sylvie contre État du Cameroun (Minuh) ; CS/CA, jugement n°32 du 18 janvier 2006 Etoundi Thomas Paul contre État du Cameroun (Minuh).

[922] V. par exemple : ordonnance de référé n°170 du 14 mai 2009, Monsieur Manga Louis-Roger contre Mandjeck Martin, Djiekak Noupoué et autres.

[923] Supra.

[924] Art 555 C.Civ.

décisions. L'Administration se retrouve sous la menace des injonctions et des astreintes (A) qui, même si elles sont d'effets hypothétiques (B), permettent d'affirmer l'originalité du contentieux d'un acte administratif lui-même particulier.

A- Le pouvoir d'enjoindre et d'astreindre

Le principe de la séparation des pouvoirs exclut les ingérences du pouvoir judiciaire dans le pouvoir exécutif. Cette règle s'étend à l'Administration qui est le « bras séculier de l'exécutif » [925]. Il est donc question pour le magistrat de se soumettre à l'autorité de chose décidée. Ces limitations dont le juge administratif fait l'objet lui interdisent d'astreindre et d'enjoindre l'Administration. Ce qu'il faut dire est que le contentieux de l'immatriculation révèle le franchissement de ces obstacles par le juge.

1. L'injonction

Le juge a le pouvoir de donner des ordres à la requête d'une partie à l'autre partie ou à un tiers d'exécuter une décision de justice ou de produire un élément de preuve. Ce pouvoir général reconnu au juge ne lui est pas accordé quand il s'agit de donner des ordres à une personne publique.

En France, l'interdiction faite au juge d'enjoindre l'Administration s'est conçue sur l'étanchéité du principe de la séparation des pouvoirs. Face à des blocages quant à l'exécution des décisions juridictionnelles par l'Administration, il a d'abord été accordé au médiateur de la République le pouvoir d'injonction. Par la suite, ce pouvoir a été accordé au président du tribunal administratif en matière de marchés publics[926]. C'est en 1995[927] que ce pouvoir a fini par être attribué au juge administratif (de façon générale) qui l'exerce sans qu'il ne soit le fait d'une matière réservée.

Au Cameroun, la situation est tout autre. Le magistrat ne peut intimer des ordres ou des défenses à des autorités administratives. Il encourt une peine de six mois à cinq ans s'il enjoint l'Administration[928]. Cette interdiction faite au juge qui est d'ailleurs par lui reconnue[929], semble être ignorée en matière de contentieux de l'immatriculation.

---

[925] HONGLA-MOMHA, *Déontologie administrative en Afrique*, Paris, L'Harmattan, 1993, p.17.

[926] GOHIN (O), *Contentieux administratif*, 4e ed, Paris, Litec, 2005, p.138.

[927] Loi du 8 février 1995 instituant une procédure générale d'injonction par la juridiction administrative.

Cf. DEBBASCH (R), « Le juge administratif et l'injonction : la fin d'un tabou », JCP, 1996, 1, 3924.

[928] Art 126(b) C.P.

[929] V. CFJ/SCAY, arrêt n°37 du 30 avril 1968, Nyandja Felix contre État Fédéral du Cameroun.

De façon mesurée, le juge enjoint l'Administration quand celle-ci est fautive dans l'immatriculation querellée. Le juge concerné est, au regard des arrêts, celui de l'urgence. Si quelquefois il se déclare incompétent[930], très souvent, il donne suite en enjoignant l'Administration d'exécuter la décision du juge du fond[931].

Dans l'affaire association humanitaire Afrique future contre le chef de service régional des domaines et des Affaires foncières du Littoral[932], le tribunal de première instance de Douala-Ndokoti a été saisi en son président en référé. Il est tout de même étrange que le recours ait été recevable car, il opposait une association privée à une autorité administrative et l'objet était la contestation des coordonnées du plan d'un titre foncier/opération administrative. Le juge s'est déclaré compétent et a enjoint l'autorité administrative.

> ***« - ordonnons la rectification des coordonnées énoncées des plans du titre foncier n°31367/W établi au nom de l'Association Humanitaire Afrique Future à la diligence conjointe des chefs de services régionaux des domaines et des affaires foncières et du cadastre du Littoral à Douala ;***
> ***- Ordonnons l'exécution provisoire sur minute de notre ordonnance ».***

En enjoignant l'Administration, le juge (administratif) [933] fait du contentieux de l'immatriculation un contentieux différent des autres pour lesquels il s'autorise moins de pouvoirs.

2. L'astreinte

Le juge peut prononcer contre l'Administration des astreintes pour l'obliger à se conformer à la décision de justice. Ce pouvoir, tout aussi exceptionnel que celui d'enjoindre, est une originalité dans le contentieux administratif parce qu'il n'est normalement pas accordé au juge. L'astreinte peut être prononcée par le juge du fond ou des référés[934]. Elle condamne l'Administration à verser une somme à une victime par jour de retard de l'exécution de la décision de justice.

---

930 Ordonnance de référé n°18 (CS/CA) du 24 avril 2009, Atangana Dieudonné contre État du Cameroun (Mindaf).

931 Ordonnance de référé n°363 /TPI-Ndokotti du 22 octobre 2009, l'association humanitaire Afrique future contre monsieur le chef de service régional des domaines et des affaires foncières du Littoral.

932 Ibid.

933 V. Ordonnance de sursis à exécution n°051 /CS/CA), 13 septembre 2006, Hamadou Abba contre État du Cameroun.

934 DELVOLVE (P), « L'exécution des décisions de justice contre l'Administration », E.D.CE 1983-1984, n°35, p.111.

L'astreinte peut être décidée par le juge car, cette condamnation, moindre de portée que l'injonction, doit être admise du moment que l'injonction est elle aussi possible et effective. Il demeure que l'astreinte, plus que l'injonction, demeure une hypothèse d'école parce que possible, elle n'a pas encore été retenue par le juge administratif dans un recours contre un titre foncier irrégulier.

Le visible pouvoir d'enjoindre et le perceptible pouvoir d'astreindre l'Administration dans le contentieux de l'immatriculation, sont conditionnés (B) parce qu'ils ne peuvent atteindre leurs objectifs que dans des circonstances particulières.

B- Des pouvoirs conditionnés

Les conditions dont il est question ici sont duales. D'abord l'élément subjectif qui tient à la volonté de l'Administration, et ensuite l'élément objectif tenant à la possibilité pour le juge de faire exécuter sa décision.

1. L'hypothèse du refus administratif

Le juge n'a en principe pas vocation à faire usage de son autorité pour faire exécuter ses décisions parce que celles-ci sont revêtues de l'autorité de chose jugée[935]. Un jugement n'a de valeur que s'il est exécuté ; ce qui fait que par elle-même, la décision de justice a vocation à être appliquée sans aucune restriction.

Il ne peut y avoir recours à l'exorbitance que s'il y a recalcitrance de la part de la partie qui a succombé au jugement. Dépouillé du pouvoir express de donner des ordres et des défenses à l'Administration, le juge peut voir sa décision buter contre un mur. « ***le mur de l'inexécution de ses décisions par l'Administration*** ». « ***Le privilège d'inexécution*** »[936] de la décision du juge se manifeste par le refus administratif de se plier à la décision du juge. Ce refus peut autant concerner la décision elle-même ou encore le recours visant à faire exécuter ladite décision. Il se présente en général sous forme de silence observé par l'Administration. Pour que la décision du juge soit donc respectée, il faut obligatoirement que l'Administration y adhère d'une façon ou d'une autre, mais aussi qu'il n'y ait pas d'obstacle à ce que la décision de justice soit prise et exécutée.

2. L'obstacle de l'intangibilité de l'ouvrage public

L'ouvrage public est protégé par l'intangibilité. L'adage qui vaut principe général est que « ***l'ouvrage public mal planté ne se détruit pas*** ». Cet adage qui

---

[935] GUETTIER (C), « L'Administration et l'exécution des décisions de justice », AJ n° spécial, 1999, p.66.

[936] NCHOUWAT (A), « le juge et l'évolution du droit administratif au Cameroun », thèse de doctorat de 3e cycle, Université de Yaoundé II, 1994, p.270.

fondait l'expropriation indirecte est infléchi depuis 1994 en France où le juge a estimé que l'édification de l'ouvrage public doit être effectuée de façon régulière[937]. Emprunté par le droit camerounais, le principe d'intangibilité continue au Cameroun[938] de protéger les ouvrages publics.

L'intangibilité de l'ouvrage public lie les bras du juge. Si le terrain titré est rapidement mis en valeur par l'Administration alors qu'il appartient en réalité à un tiers, il est normalement impossible pour le juge d'ordonner la destruction des immeubles parce qu'ils sont intangibles. C'est ainsi que, même si le pouvoir de contrainte tenant à l'injonction était accordé au juge, il ne pourrait pas l'utiliser dans certaines hypothèses.

---

[937] C. Cass.ass, 5 janvier 1994, arrêt Baudon de Mony.
[938] TIENTCHEU NJIAKO , *Droits fonciers urbains au Cameroun*, Op.cit, p.395.

CONCLUSION DU CHAPITRE

La règle selon laquelle le titre foncier est inattaquable confère donc à cet acte une sorte d'immunité juridictionnelle. Au-delà de cette prescription, le juge s'est autorisé de connaître du contentieux de l'immatriculation foncière.

Il lui est normalement interdit de statuer sur l'immeuble, il ne peut se prononcer qu'en cas de dol sur l'action personnelle contre l'auteur du dol ; action visant une réparation en dommages et intérêts[939]. Par le moyen de l'auto-détermination de sa compétence, le juge a fini par faire rentrer les revendications portées sur l'immatriculation foncière dans le contentieux administratif[940]. C'est ainsi que le juge de l'excès du pouvoir se retrouve fréquemment en train de rectifier ou de purement et simplement annuler les titres fonciers faisant ainsi émettre des réserves quant à l'inattaquabilité préalablement exprimée.

[939] Art 2(1) du décret n°2005/481, précité.
[940] Supra.

CONCLUSION DU TITRE

L'une des premières marques du certificat officiel de la propriété immobilière est l'évidente proclamation de son caractère inattaquable par les textes. Au Cameroun, il existe plusieurs catégories d'actes inattaquables. Certains le sont parce qu'ils n'ont pas créé des droits et obligations à l'endroit des administrés[941] ; ils servent d'explication de la procédure de préparation[942] ou de conservation d'un autre acte faisant grief. D'autres le sont parce qu'ils rentrent dans un cadre « particulier ». Ce sont pour les uns, des actes passés entre autorités constitutionnelles[943], et pour les autres des actes passés dans le cadre d'un pouvoir non administratif, mais plutôt dans un cadre politique[944] dont certains sont directement l'émanation d'un pouvoir constitutionnel tel que la délimitation des circonscriptions administratives. Et il y a le titre foncier.

La difficulté ici est que le titre foncier n'a rien de l'acte ne faisant pas grief. Il ne rentre pas non plus dans les actes de gouvernement. Son caractère inattaquable tend à fonder la perception de ce qu'il est un acte non décisoire. Mais le titre foncier, à plus d'un trait, ressemble à l'acte décisoire qui est un acte susceptible de recours.

Dans les textes, il est subtilement énoncé des cas de figure où le contentieux sur l'immeuble immatriculé pourrait être ouvert. Hormis le fait que le délai du recours contentieux doit être respecté[945], ce qui fait que le titre n'est pas encore définitif, il est possible pour le juge de connaître des recours sur le titre foncier devenu définitif quand une irrégularité est avérée. Le problème peut être superficiel ; seule la rectification sera opérée. Il peut être plus important ; le titre foncier sera alors annulé. Pour ce dernier cas, le juge a pour lui la possibilité d'intervenir « à tout moment » quand il est question d'une nullité d'ordre public. Les textes énonçant les cas d'ouvertures n'ont pas manqué de laisser une large marge d'appréciation au juge. Par exemple, le titre foncier délivré arbitrairement est vicié d'une nullité d'ordre public[946]. Le juge peut alors

---

[941] Cf : BINYOUM, *Droit administratif*, Op.cit, p.93.

[942] CS/CA, jugement n°61 du 31 mars 2004, Ahanda Ahanda Joseph contre État du Cameroun (Minuh) et Ndzouba Marc (intervenant volontaire).

[943] CS/CA, jugement ADD n°66 du 31 mai 1979, Kouang Guillaume Charles contre État du Cameroun.

[944] BILONG, « Le déclin de l'Etat de droit au Cameroun : le développement des immunités juridictionnelles », Op cit., pp.52 et s.

[945] Art 1(5) du décret n°2005/481, précité.

[946] Ibid, art 2 (6).

apprécier l'arbitraire dans une simple omission, un cas de négligence[947], de fraude[948] et autres. Sans le vouloir, le législateur a laissé au juge de l'excès de pouvoir une brèche qu'il s'est employé à agrandir s'il était d'ailleurs besoin, car (même à l'encontre d'un texte) le recours pour excès de pouvoir, principe général[949], ne saurait être interdit.

[947] CS/CA, jugement n°38 du 18 janvier 2006, Bongo Henri Aimé contre État du Cameroun (Minuh).

[948] CS/CA, jugement n°60 du 27 mars 2003, Dame Otélé née Zang Pauline contre État du Cameroun (Minuh), Njoya Maurice Poumie (Intervenant volontaire) ; CS/CA, Arrêt n°04 du 22 février 2007, Njoya Maurice Poumie, État du Cameroun (Minuh) contre Dame Otele née Zang Pauline.

[949] V. affaire Monkam Tientcheu, précitée.

CONCLUSION DE LA PARTIE

> « *Le titre foncier est la certification officielle de la propriété immobilière…le titre foncier est inattaquable, intangible, définitif. Il en est de même des actes constatant les autres droits réels attachés à la propriété* »[950].

La garantie juridique du titre foncier, issue de la législation foncière de 1932[951] , établit la force probante de la certification de la propriété foncière. L'importance des questions liées aux fonds, la fondamentalité du droit de propriété immobilière[952]…, ont été les moteurs de la sacralité de leur certification. La sécurité foncière imposée à l'État et, étant une créance à lui imputable vis-à-vis des titulaires de droits fonciers[953], a ainsi eu pour politique normative de faire de l'acte de certification de la propriété immobilière un acte définitif.

Les deux aménagements du caractère définitif du titre foncier sont qu'il est non seulement intangible, mais aussi inattaquable :

- l'intangibilité du titre foncier postule que l'autorité administrative ne peut qu'observer le titre foncier dès qu'il est délivré. Toute retouche est ainsi impossible sauf si le titre n'est pas devenu définitif[954]. Dans le délai du recours contentieux, il peut être procédé au retrait du titre foncier irrégulier[955]. Il peut aussi être rapporté à tout moment s'il est entaché d'un vice rattaché à la nullité d'ordre public. La rectification est aussi admise par le texte ;
- l'inattaquabilité du titre foncier postule que l'autorité juridictionnelle ne peut qu'observer le titre foncier dès qu'il est délivré. La réserve qui est admise est le seul cas de la résolution d'une vente par le tribunal civil[956] qui entraîne mutation du titre foncier au nom du propriétaire initial[957]aucune autre action n'est recevable, sauf celle personnelle en cas

---

950 Art 1er du décret n°76/165, précité.
951 Décret du 21 juillet 1932.
952 RIVERO (J) et VEDEL (G), « Les principes économiques et sociaux de la Constitution », *Droit social*, 1947, pages de doctrine, 1980, p.93s.
953 Art 95 de la loi n°2004/023 du 21 avril 2004 régissant l'urbanisme au Cameroun.
954 CS/CA, jugement n°99 du 13 août 2008, Mme Kamga Françoise contre État du Cameroun (Minuh).
955 Art 2(5) du décret n°2005/481, précité.
956 Art 24 du décret n°76/165, précité.
957 CS/CA, jugement n°89 du 13 août 2008, Kamdem Prosper contre État du Cameroun (Mindaf).

de dol dont l'objet ne peut porter que sur la réparation en dommages-interêts. Il fallait être distrait pour ne pas remarquer que les possibilités qui sont données à l'Administration (retrait, annulation et rectification) ouvraient la compétence du juge pour s'y prononcer et donc, tout au moins indirectement, statuer sur la régularité du titre foncier.

La garantie juridique du titre foncier présente cet acte comme échappant aux manipulations administratives et juridictionnelles dès qu'il a créé des droits acquis. Le titre foncier est pourtant un acte décisoire. L'acte décisoire n'a jamais eu la vocation ou la réputation d'être doté d'une armure contre les retouches administratives ou d'une immunité juridictionnelle[958] absolue de tout vent. De façon discrétionnaire, quand l'acte n'est pas encore définitif, ou quand il est irrégulier, il peut être rapporté. Si l'Administration applique presque régulièrement l'interdiction à lui faite, le juge de l'excès du pouvoir est plus enclin à affirmer sa compétence en matière de contentieux de l'immatriculation. Les atteintes à l'intangibilité et à l'inattaquabilité du titre foncier ont certes déteint sur le caractère définitif de cet acte juridique. Il n'en demeure pas moins, que sa réputation d'acte administratif à vie demeure stipulée et que cela lui donne un trait singulier dans les catégorisations de l'acte administratif.

[958] LE MIRE (P), « La stabilité des situations juridiques (et l'évolution de la jurisprudence relative au retrait et à l'abrogation) », A.J., 1980, p.203.

CONCLUSION GÉNÉRALE

Le titre foncier est un acte juridique qui, à plus d'un égard, n'est pas commun. Il est élaboré suivant un mécanisme qui sort des classiques. Les autorités ou acteurs qui y interviennent sont pour les uns tout à fait reconnus dans les catégories des auteurs de l'acte administratif, et pour les autres des typicités.

En termes d'autorités administratives, le titre foncier est, suivant les situations, un acte édicté par des autorités déconcentrées ou par intervention des autres autorités. L'hypothèse normale veut que le service régional des affaires foncières, celui du cadastre et le conservateur foncier (qui est une autorité départementale), interviennent comme autorités de l'établissement du titre foncier[959]. Il peut arriver qu'il y ait un incident tenant à des oppositions ou à des demandes d'inscriptions et que le ministre chargé des Affaires foncières ait à intervenir pour déterminer l'action du conservateur foncier[960]. Le même ministre doit, sous peine de nullité, donner son visa quand l'immatriculation est demandée par une personne physique ou morale de nationalité étrangère[961]. Ces autorités interviennent après qu'en aval se sont déroulés les travaux de la commission consultative qui n'est pas un organe totalement administratif.

La commission consultative de constat et d'évaluation est composée d'autorités administratives, mais aussi d'étrangers au corps administratif. Si la présence du chef de village en son sein est moins disputée parce qu'il est une sorte de préposé de l'Administration[962], celle de notables[963] et de riverains[964] est davantage interloquante. Plus caractériels sont les titres fonciers établis par suite d'intervention du juge qui a non seulement le pouvoir d'effectuer des prénotations[965], mais aussi de faire dresser des titres fonciers à l'issue de la décision de justice[966] ;et l'intervention du gouvernement, autorité politique, par le moyen du ministre des Affaires étrangères qui ajoute son visa à celui du ministre des Domaines quand l'immatriculation foncière doit être effectuée au profit des missions diplomatiques et consulaires ou des organisations internationales[967].

---

[959] Cf. TADJUDJE, « *La déconcentration de la gestion foncière au Cameroun : une analyse du décret n°2005/481 du 16 décembre 2005* », Op cit., p.11s.
[960] Art 20 du décret n°2005/481, précité.
[961] Art 10(2) de l'ordonnance n°74/1 du 6 juillet 1974 fixant le régime foncier.
[962] Supra.
[963] Art 13(7) du décret n°2005/481, précité.
[964] Ibid, art 13(6).
[965] CS/CA, jugement n°195 du 16 septembre 2009, Famille Mboh Thomas, Famille Yarilem, Hamidou Abba contre État du Cameroun (P.M et Mindaf), Famille Ndog Akok (int.vol.).
[966] Ordonnance de référé n°170 du 14 mai 2009, TPI de Douala-Ndokotti, Affaire Monsieur Manga Louis Roger Marie contre Mandjeck Martin, Djekak Noupoue et autres.
[967] Art 10 de la loi n°50-21 du 14 juillet 1980 modifiant et complétant certaines dispositions de l'ordonnance n°74/1 du 6 juillet 1974 fixant le régime foncier.

La procédure elle-même n'est pas ordinaire. Une commission consultative doit effectuer le constat de l'occupation ou de la mise en valeur du terrain qui fait l'objet de la demande en immatriculation. Ladite commission procédera alors au bornage qui est en réalité l'œuvre d'un géomètre du cadastre assermenté. Les procès-verbaux dressés serviront à l'établissement du titre foncier[968]. L'immatriculation peut intervenir sur un terrain qui a déjà fait l'objet d'une première immatriculation. Dans ce cas, c'est le notaire[969] qui aura la charge de dresser l'acte portant transaction immobilière[970], à charge pour lui de le transmettre à l'Administration pour que le titre foncier issu de l'opération soit dressé.

Les aspects de l'établissement du titre foncier le rendent particulier comme acte administratif. Ce trait est amplifié par la protection juridique dont il jouit.

A son bénéfice, le titre foncier est un acte intangible et inattaquable. Le législateur a voulu lui donner un caractère définitif[971]. Il a alors inscrit de façon expresse l'inviolabilité de cet acte juridique. Les seules réserves qu'il a admises sont le retrait et la résolution de la vente. Le retrait opère pour l'acte foncier non définitif parce qu'il ne peut être mis en jeu dans le délai du recours contentieux[972]. La résolution opère pour le vice contenu dans l'acte de transaction immobilière[973]. Hormis ces deux hypothèses, il faudrait que le titre foncier soit porteur d'une irrégularité constitutive d'une nullité d'ordre public.

En réalité, l'Administration, comme le juge administratif, s'autorise fréquemment à franchir la barrière constituée par le caractère définitif du titre foncier[974]. Leurs interventions consistent en la rectification ou en l'annulation des titres fonciers présentant des irrégularités. Le juge de l'excès du pouvoir a établi sa compétence en la matière sur le fait que si l'Administration peut effectuer des retraits et des rectifications, lui, peut connaître de la décision administrative y afférente, mais aussi que sa compétence en cas de vice portant nullité d'ordre public était expressément reconnue[975], et enfin que le recours pour excès de pouvoir est un principe général ouvert sans texte et même contre les textes[976]. A l'observation, les pouvoirs du juge sont très importants en

---

[968]Supra.

[969] L'avocat dans les provinces du Nord-ouest et du Sud-ouest.
Cf. art 74 de la loi n°90/059 du 19 décembre 1990 portant organisation de la profession d'avocat.

[970] Art 8 de l'ordonnance n°74/1, précitée.

[971] Art 1er (2) du décret n°76/165, précité.

[972] CS/CA, jugement n°01 du 26 novembre 1998, Zibi Zanga Jean contre État du Cameroun (Minuh).

[973] Art 24 du décret n°76/165, précité.

[974] ABA'A OYONO, « *Chronique du grain de sable dans la fluidité jurisprudentielle à la chambre administrative du Cameroun* », Op cit., p.263.

[975] Art 2(7) du décret n°2005/481, précité.

[976] CS/CA, jugement n°40 du 29 mai 1980, Monkam Tientcheu David contre État du Cameroun.

matière de contentieux de l'immatriculation foncière à tel point que l'inattaqualibilité ne tient plus lieu que d'affiche. La limitation liée aux délais a volé en éclats avec la consécration de l'annulation du titre foncier irrégulier sans délai.

Dans l'affaire Bongo Henri[977], le juge qui n'a pas pris une décision isolée[978] a fait annuler en 2006, un titre foncier établi en 1981 et « ordonné » la rectification d'un autre titre foncier établi en 1956 comme pour relever que l'irrégularité se rapporte à tout moment. Et surtout comme dans cette espèce, le juge fait sienne l'interprétation des causes de la nullité d'ordre public. Des erreurs dans la procédure, quelquefois de moindre importance, ont ainsi justifié parfois que le juge retienne pour vice l'arbitraire (cause de nullité d'ordre public) dans la procédure pour annuler un titre foncier[979].

Il y a comme un tourment de contradiction dans la garantie juridique du titre foncier. Intangible, il peut pourtant être l'objet de retouches administratives. Inattaquable, il est considéré par le juge comme étant un acte décisoire, et comme tel, il est justiciable. L'intangibilité et l'inattaquabilité du titre foncier qui participaient à fonder son originalité semblent ainsi vidées de substance, entraînant avec elles un pan du mur de la particularité de cet acte juridique. Seulement, si cet aspect est soulevé, c'est que la règle qui par ailleurs subsiste est que le titre foncier est un acte définitif. D'ailleurs, tous les assauts furtifs de l'Administration et du juge ne sont admis que parce qu'un titre foncier est porteur d'irrégularités. Le principe demeure que le titre foncier est établi avec beaucoup de minuties, donc dans la régularité et que, comme tel, il est intangible et inattaquable.

Comment en aurait-il été autrement ? Le titre foncier est la certification officielle de la propriété immobilière[980]. Le droit de propriété est fortement protégé et la propriété immobilière est entourée d'une sacralité du fait qu'elle est considérée comme étant l'un des éléments fondateurs de la société civile par les théoriciens du contrat social[981]. C'est ce qui justifie sa fondamentalité incarnée par la garantie dont elle jouit dans les textes constitutionnels[982]. La constitution camerounaise ne fait pas exception puisqu'elle consacre la

---

[977]CS/CA, jugement n°38 du 18 janvier 2006, Bongo Henri Aimé contre État du Cameroun (Minuh).

[978] CS/CA, jugement n°34 du 17 janvier 2007, Bana Charles et Memgba Sylvie contre État du Cameroun (Minuh) ; CS/CA, jugement n°73 du 27 avril 2005, Essoua Louis contre État du Cameroun (Minuh).

[979] Cf. CS/CA, jugement n°32 du 18 janvier 2006, Etoundi Thomas Paul contre État du Cameroun (Minuh).

[980] Art 1er (1) du décret n°76/165, précité.

[981] ROUSSEAU (J-J), *Du contrat social*, Paris 1973 UGE, pp.79 et s.

[982] V. les différentes dispositions dans les constitutions. Cf. RIALS(S) et BARANGER (D), Textes constitutionnels étrangers, 7e ed, , PUF, Q.S.J ? Paris 1996,127p.

protection de la propriété foncière privée[983] et fait de la législation immobilière un domaine de la loi. Cette importance accordée aux fonds devait amplement expliquer que la quête de sécurité foncière qui est d'ailleurs une obligation pour l'État[984], conduise à l'adoption du caractère définitif de l'acte qui certifie la propriété immobilière : le titre foncier.

Il n'est pas ordinaire qu'un acte administratif soit investi d'une telle protection qui le voue à l'éternité. Même les pouvoirs donnés à l'Administration ou ceux que le juge s'est donné, ne défont pas l'intangibilité et l'inattaquabilité du titre foncier, acte administratif. Mais quel acte administratif ? Certains auteurs y voient même un acte non décisoire[985]. Le titre foncier est pourtant un acte décisoire car, il fait grief mais il reste qu'il ne suit pas les schémas classiques. L'acte administratif est réputé unilatéral. Mais L'unilatéralité administrative dans l'édiction du titre foncier est diluée dans le processus avec la participation « formelle » d'acteurs non administratifs à l'édiction d'un acte administratif. La procédure d'établissement du titre foncier est pour le moins complexe. Le mode de publicité et les phases de publicité de l'immatriculation foncière ne se font pas au journal officiel mais plutôt suivant une procédure particulière[986], ce qui en fait également un acte original.

A n'en pas finir, il peut être énuméré et étudié une panoplie d'éléments et de facteurs qui sortent le titre foncier des sentiers battus de l'acte administratif. Il n'est pourtant pas un acte de gouvernement, ni un acte du législatif ou du judiciaire, encore moins un acte non décisoire. Il est bien un acte administratif et certainement, il faut accepter qu'il est simplement différent des autres actes administratifs.

Le titre foncier est l'outil juridique qui certifie la propriété immobilière. Ses caractéristiques sont de nature à l'isoler dans les catégories des actes administratifs. C'est peut-être parce que le titre foncier est « un acte administratif africain ». Pas pour dire qu'il y aurait des actes administratifs occidentaux et d'autres qui ne le seraient pas, mais pour rappeler qu'en Europe et particulièrement en France, la propriété est fondée sur la prescription acquisitive[987]. Le titre foncier est donc par prédilection africain. Et les législateurs, dont celui camerounais, ont bien voulu lui consacrer un traitement juridique qu'il fallait instituer de façon propre, car il ne pouvait être copié sur un modèle français où il n'existe d'ailleurs pas.

---

[983] Préambule de la loi constitutionnelle du 18 janvier 1996.
[984] Art 95 de la loi n°2004/003 du 21 avril 2004 régissant l'urbanisme au Cameroun.
[985] Supra.
[986] KELL (P), « Le bulletin des avis domaniaux et fonciers, une réalité palpable », *Domaines-infos*, n°001, février 2006, p.9.
[987] TIENTCHEU NJIAKO , *Le titre foncier au Cameroun*, Op.cit, p.11.

Le vaste champ de l'étude du **professeur Ondoa Magloire** qui est celui qui fonde l'école de l'originalité des droits africains[988] ,a implanté une vue sur un ensemble de paramètres distanciant pour la plupart les ordres juridiques africains de ceux de leurs anciennes métropoles et en particulier la France. Certains aspects n'ont pourtant pas été par lui déployés. C'est le cas de l'existence de cet acte administratif, qu'est le titre foncier différent de ceux dont regorge la théorie classique (française) de l'acte administratif. Différent parce que probablement conçu par le législateur africain sans grands repères et contribuant (cet acte) par sa spécificité à irriguer la théorie de l'originalité des droits africains.

[988] ONDOA (M), « Le droit de la responsabilité publique dans les Etats en développement : contribution à l'étude de l'originalité des droits africains », Op.cit.

BIBLIOGRAPHIE

1. Ouvrages et cours publiés

AUBY (J-M) et DUCOS-ADER (R) : *Droit administratif*, 5e édition, Dalloz, 1979, 634p.

BENGEL (J.L) : Les *grands arrêts du droit immobilier*», Paris, éditions Dalloz-Cerdi, 2002, 686 p.

BIGAUT (C) : *Le réformisme constitutionnel des parlementaires, Communication au IIIe congrès de l'Association française des constitutionnalistes*, Dijon, juin 1996.

BIGLIONE (F) : *La notion de privation de propriété : Etude relative à la propriété immobilière*, PUAM, 1999, 482p.

BINYOUM (J) : *Droit administratif*, Université de Yaoundé, Cours polycopié, (s.d) ; 277p.

BOUBOU (P) : *Le droit (à la portée de tous)*, 2e édition, tome 1, Douala Editions Avenir, Douala 1998, 259p.

BOUKOUNGOU (J.D) : « Le droit international des droits de l'homme : mirage ou protection juridique ? », Annales de la FSJP Université de Dschang, , tome 1, vol 1, 1997, AES-sa Yaoundé, pp.102-120.

CABANTOUS (L) : *Répétitions écrites sur le droit administratif, contenant l'exposé des principes généraux, leurs motifs et la solution des questions théoriques*, Paris, Maresa et Dujardin, 1854.

CARBONNIER (J) : *Droit civil*, tome 3 : *Les biens*, PUF 1995, 398p.

CHAPUS (R), *Droit administratif général*, tome 1, 15e édition, Paris, Montchrestien, Domat, 2001, 1427p.

DRAGO (R) et AUBY (J-M) : *Traité de contentieux administratif*, Tome II, 3e édition, LGDJ, 1984, 621p.

EISENMANN (C) : *Cours de droit administratif*, tome 1, Paris, LGDJ,1982, 786p.

EISENMANN (C) : *Cours de droit administratif*, tome 2, Paris, LGDJ, 1983, 908p

GAUDEMET (Y) : *Traité de droit administratif*, tome 1, Paris, LGDJ, 2001, 16e ed, 918p.

GOHIN (O) : *Contentieux administratif*, 4e ed, Paris, Litec 2005, 436p.

GOHIN (O) : *Institutions administratives*, 4e ed, Paris, LGDJ, 2002, 782p.

GUGLIELMI (G.J.) et KOUBI (G), *Droit du service public*, Paris, Montchrestien, Domat, 2000.

Guide de l'usager : *Comment obtenir un titre foncier*, Ministère de l'urbanisme et de l'habitat, Saint Paul, (s.d), 36p.

GUILLIEN (R), VINCENT (J) (s.dir) : *Lexique des termes juridiques*, 13e éd, Dalloz, 2001, 592p.

GUGLIELMI (G.J) : La notion d'administration publique dans la théorie juridique française. De la révolution à l'arrêt CADOT (1789-1889*)*, Paris, LGDJ, Bibliothèque de droit public (tome 157), 1990, 378p.

HAURIOU (M) : *Précis de droit administratif et de droit public*, Sirey, 9e édition, 1919.

HONGLA-MOMHA : *Déontologie administrative en Afrique*, Paris, L'Harmattan, 1993, 201p.

INSERGUET BRISET (V) : *Propriétés publiques et environnement*, LGDJ, Paris 1994, 315p.

ISAMBERT : *Recueil général des anciennes lois françaises*, plon, T.XVII, n°375.

KAMDEM (JC) : *Contentieux administratif*, tome I, Université de Yaoundé, Cours polycopié, 1985-1986, 279p.

KELSEN (H) : *Théorie pure du droit*, Paris, Dalloz, 1962, 496p.

KOUASSIGAN (G.A) : *L'homme et la terre, droit foncier coutumier et droit de propriété en Afrique occidentale*, ORSTOM, 283p.

LAPOINTE (L) et MEYER (G) : *Topographie appliquée aux travaux publics, bâtiment et levers urbains*, Paris, Editions Eyrolles, 1986.

LEBEN (C) : (textes réunis par), *EISENMANN Charles, Ecrits de théorie du droit, de droit constitutionnel et d'idées politiques,* Paris, Panthéon-Assas, 2002, 668p.

LEGOHEREL (H) : *Histoire du droit public français*, Paris, PUF, 1986, 127p.

LEVY (B) : *Les actes non réglementaires et l'urbanisme,* Droit et ville, Paris, 1990.

LONG (M), WEIL (P) et BRAIBANT (G) : *Les grands arrêts de la jurisprudence administrative*, 13e éd., Paris, Dalloz, 2001, 930p.

LUCHAIRE (F) : *La protection constitutionnelle des droits et libertés*, Paris, Economica, 1987.

MANDESSI BELL (E) : *Contentieux foncier au Cameroun*, Douala, Collection documentation foncière et immobilière, Douala 2004, 193p.

MANUEL du représentant de l'État devant les instances judiciaires (dans le cadre du contentieux foncier et domanial), ministère des Domaines et des Affaires foncières, Jurilex international, (s.d), 324p.

MESTRE (J-L) : *Introduction historique au droit administratif français*, PUF, collection Droit fondamental, 1989.

MEVOUNGOU-NSANA (R) : « La situation juridique de l'emprunteur immobilier en droit camerounais (introduction à la réforme du droit camerounais du crédit immobilier », *Revue juridique africaine*, 1992-1993, p.50.

MORAND-DEVILLER (J) : *Cours de droit administratif des biens*, 2e ed, Paris, Montchrestien, 2001, 890p.

MORAND-DEVILLER (J) : *Cours de droit administratif*, 9e ed, Paris, Montchrestien, 2005, 871p.

MOTULSKY (H) : *Ecrits, Etudes et notes de procédure civile*, préface de Cornu Gérard et Foyer Jean, Dalloz, 1972.

NGABMEN (H) : *L'urbanisme, la construction et les marchés publics au Cameroun (1964-1996)*, recueil de textes, ITSD, 468p.

NGWASIRI (C.N): *Land law, Third year law degree course*, University of Yaoundé, tome II, (s-d), 145p.

NLEP (R.G) : *L'Administration publique camerounaise : contribution à l'étude des systèmes africains d'administration publique*, Paris, LGDJ, 406p.

NYAMA (J.M) : *Régime foncier et domanialité publique au Cameroun*, Presses de l'UCAC, 2001, 484p.

OBAM (A) : *Conservation et mise en valeur des forêts au Cameroun*, Yaoundé, Imprimerie nationale, 285p.

OWONA (J) : *Droit administratif spécial de la République du Cameroun*, Paris, Edicef, 1985, 256p.

PEISER (G) : *Contentieux administratif*, 10e édition, Paris, Dalloz, 1997, 246p.

PROUDHON (M) : *Traité du domaine public*, 2e édition, tome 1, 1843.

RAINAUD (J-M) : *La distinction de l'acte réglementaire et de l'acte individuel,* LGDJ, 1977.

RIVERO (J), WALINE (J) : *Droit administratif*, 18e éd, Paris, Dalloz, 2000, 540p.

ROUSSEAU (J.J.) : *Du contrat social*, Paris Vie, Union générale d'éditions, 1973, 450p.

SERIAUX (A), SERMET et (L), VIRIOT-BARRIAL (D) : *Droits et libertés fondamentaux*, Ellipses, CRFPA-ENM, 1998.

SOCKENG (R) : Les institutions judiciaires au Cameroun, Yaoundé, Groupe saint-françois, collection Lebord, 1ère édition, 1985, 249p.

TIENTCHEU NJIAKO (A) : *Droits fonciers urbains au Cameroun,* Yaoundé, PUA, 2003, 544p.

TIENTCHEU NJIAKO (A) : *Le titre foncier au Cameroun*, Yaoundé, Arika, 2009, 326p.

TIMSIT (G) : *Le rôle de la notion de fonction administrative en droit administratif français*, LGDJ, 1963.

TJOUEN (A.D.) : *Droit domaniaux et techniques foncières en droit camerounais,* Economica, 1982, 162p.

2. Thèses et Mémoires

ABA'A OYONO (J.C) : « La compétence contentieuse de la cour suprême », thèse de doctorat en droit public, Université de Nantes, 1994, 510p.

ABANDA NGONO (F) : « Décentralisation et gestion durable des forêts au Cameroun », mémoire de DEA en droit, sous la direction du professeur Tcheuwa Jean-Claude, Université de Yaoundé II, 2009, 149 p.

ABANE ENGOLO (P.E) : « L'application de la légalité par l'Administration au Cameroun », thèse de doctorat/Ph.D. en droit, Université de Yaoundé II-Soa, 2009, 515p.

ABANE ENGOLO (P.E) : « Le régime juridique des déguerpissements au Cameroun », mémoire de DEA en droit public, Université de Yaoundé II, 2006, 117p.

BILIGHA-BI-HOUNDOUL (P.I) : « L'exercice des droits fonciers par les ressortissants nigérians dans la zone à régime spécial transitoire de la presqu'île de Bakassi », mémoire de DEA en droit, Université de Yaoundé II, 2010, 119p.

BILONG (S) : « Responsabilité de la puissance publique et compétence du juge en droit camerounais », thèse de doctorat de 3e cycle, université de Yaoundé II, 1998, 337p.

ESSOMBA (L.F.) : « La profession d'avocat au Cameroun », mémoire de maîtrise en droit, Université de Yaoundé, 1988.

FOUDA (G.J.) : « L'application des normes internationales dans les ordres juridiques étatiques africains », thèse NR, 1999, Bordeaux V, Université Montesquieu Bordeaux-IV, 1999, 386p.

KOAGNE MOGUEM (L.S) : « Le droit au logement au Cameroun : contribution à l'étude d'un droit de l'homme de la 2ème génération », mémoire de DEA en droit, Université de Yaoundé II, 2010, 129p.

KONE NGOUH (A) : « Le domaine privé de l'État au Cameroun », mémoire de DEA, Université de Yaoundé II-Soa, 2009, 120p.

MANDENG NYOBE (J-M) : « Essai d'analyse systématique de la fonction publique camerounaise », doctorat de 3e cycle en sciences politiques, Université de Yaoundé, 485p.

MODERNE (F) : « Les prérogatives de puissance publique », thèse, Bordeaux, 1961.

MPESSA (A) : « Essai sur la notion et le régime juridique des biens domaniaux au Cameroun », thèse de doctorat en droit public, 1998, Université de Paris 1-Panthéon-Sorbonne, 1992, 3 tomes, 653p.

MUZELLEC (R) : « Le principe d'intangibilité des actes administratifs individuels en droit français », thèse, Rennes, 1971.

NCHOUWAT (A) : « Le juge et l'évolution du droit administratif au Cameroun, thèse de doctorat de 3e cycle », Université de Yaoundé II, 1994, 454p.

NYETAM TAMGA (A.) : « Le pouvoir de sanction administrative au Cameroun », thèse de doctorat de 3e cycle en droit », Université de Yaoundé II, 1999, 455p.

ONDOA (M) : « Le droit de la responsabilité publique dans les États en développement : contribution à l'étude de l'originalité des droits africains », thèse de doctorat d'État, Université de Yaoundé II 1996, 3 tomes, 920p.

OWONA MANY (G.B.) : « L'État actuel du contentieux de l'immatriculation en droit camerounais », mémoire de DEA, Université de Yaoundé II, 2005, 98p.

ROUSSET (M) : « L'idée de puissance publique en droit administrative », thèse de doctorat, Grenoble : imprimerie Allie 1960, 269p.

SERRAND (P) : « L'acte de gouvernement contribution à la théorie des fonctions juridiques de l'État », thèse, Paris 2, 1996.

TADJUDJE (W) « La déconcentration de la gestion foncière au Cameroun : une analyse du décret n°2005/481 du 16 décembre 2005 », mémoire de DEA, université de Yaoundé II, 65p. in www.memoireonline.com/04/08/1018/mm_deconcentration_getsion_foncière_com...

3. Articles

ABA'A OYONO (J-C) : « Chronique du grain de sable dans la fluidité jurisprudentielle à la chambre administrative du Cameroun », in JCP 2008/1, pp.259-285.

ABANE ENGOLO (P.E) : « Le droit domanial et foncier camerounais face aux impératifs environnementaux », Inédit. pp.1-21.

ARNAUD (A.J) : « Réflexions sur l'occupation, du droit romain au droit moderne », *Revue historique du droit français*, 1968, p.186.

AUVRET-FINCK (J) : « Les actes de gouvernement, irréductible peau de chagrin ? » RDP, pp.131-174.

BERGERES (M.C) : « Les actes non réglementaires », A.J, 1980, p.3-31.

BILONG (S) : « Le déclin de l'État de droit au Cameroun : le développement des immunités juridictionnelles », *Juridis périodique* n°62, 2005, pp.53-62.

BIPOUN-WOUM (J.M) : « Recherches sur les aspects actuels de la réception du Droit Administratif dans les États d'Afrique Noire d'expression française : le cas du Cameroun » RJPIC, vol 56, n°3, 1972, pp.359-388.

BLAEVOET : « De l'intangibilité des ouvrages publics », D., 1965, chron. P.241.

BOMBA (C.M) : « Rapport national du Cameroun, en droit, forêt et développement durable, Actes des 1ères journées scientifiques du réseau « Droit de l'environnement » », de l'AUPELF-UREF à Limoges, France, 7-8 novembre 1994, (s.dir) Michel PRIEUR et S. DOUMBE BILLE, Bruylant 1996, pp.115-137.

BORE (J) : « La fonction d'avocat auprès des cours suprêmes », D, 1989, pp159-166, p.159s.

BRINGUIER (P) et GUILLON (E) : « Le pouvoir de retrait des actes administratifs », AJ 1978, pp.300-311.

CAILLOSSE (J) : « Plaidoyer pour le domaine public naturel », R.J.E., 4, 1990, p.384.

CHALTIEL (F) : « Le régime juridique de l'acte administratif individuel (développements récents) », *Petites affiches,* 27 avril 2001, n°84, pp.9-14.

CHEVALIER (J) : « Le droit administratif, droit de privilège ? », *Rev. Pouvoirs*, 1988, n°46, p.57.

CHEVRIER (G) : « Remarques sur l'introduction et les vicissitudes de la distinction du jus privatum et du jus publicum dans les œuvres des anciens juristes français » in Archives de philosophie du Droit », 1952, pp.11-24.

CRISTAU (A) : « L'exigence de sécurité juridique », recueil Dalloz 2002, chroniques, pp.2814-2826.

DAHER (A) : « Le pouvoir discrétionnaire entre son passé et son avenir », *Rev.adm.*, 1990, p.242.

DE BECHILLON (D) : « Le contrat comme norme dans le droit positif », RFDA, 1992, p.15.

De BECHILLON (D) : « Le juge et son œuvre. Un an de fabrication du droit administratif dans la jurisprudence du conseil d'État », in *L'architecture du droit, Mélanges en l'honneur du professeur Michel Troper*, Economica, 2006, pp.359-371.

DEBBASCH (R) : « Le juge administratif et l'injonction : la fin d'un tabou », JCP, 1996, 1, 3924.

DELVOLVE (P) : « Existe-t-il un contrôle de l'opportunité ? », in Conseil constitutionnel et conseil d'État », colloque, Université Paris 2, LGDJ-Montchrestien, 1988, p.269.

DELVOLVE (P) : « Paradoxes du (paradoxe sur le) principe de séparation des autorités administratives », in *Mélanges René Chapus*, Montchrestien, 1992, n°19, p.145.

DELVOLVE (P) : « L'exécution des décisions de justice contre l'Administration », E.D.CE 1983-1984, n°35, pp.111-137.

DOUENCE (J.C) : « Les conventions entre personnes publiques », *Mélanges Stassinopoulos*, LGDJ, 1974, p.113.

DOUMBE-BILLE (S) : « Recours pour excès de pouvoir et recours de plein contentieux. A propos de la nouvelle frontière », AJDA, 1993, p.3.

FERRARI (P) : « Essai sur la notion de coauteurs d'un acte unilatéral en droit administratif français », in *Mélanges Eisenmann*, p.215.

FEUER (G) : « Contributions à la théorie de l'appel dans la procédure contentieuse administrative », RDP, 1958, p.19.

FORNACCIARI (M) : « Contribution à la résolution de quelques « paradoxes » », EDCE, 1988, n°39, p.93.

FORTIER (J-C) : « Le contrôle du juge sur les actes administratifs des assemblées parlementaires », AJ, 1981, p.128.

FRISON-ROCHE (M-A) et BARANES (W) : « Le principe constitutionnel de l'accessibilité et de l'intelligibilité de la loi », recueil Dalloz 2000, chroniques, pp.361-378.

FROMONT (M) : « Le principe de sécurité juridique », AJ, 1996, n° spécial, p.178.

GATSI (J) : « Note sous cour suprême, Arrêt n°47/CC du 18 février 1998, Affaire succession Essoukam Mouangue contre Waffo Pierre » in *Juridis périodique* n°45, p.56.

GAUDEMET (Y) : « L'avenir du droit des propriétés publiques » in *L'Avenir du Droit, Mélanges en hommage à François Terré*, Dalloz, PUF 1999, pp.567-574.

GROSHENS (J-C) : « Le pouvoir des supérieurs hiérarchiques sur les actes de leurs subordonnés », A.J. 1966, p.140.

GUETTIER (C) : « L'Administration et l'exécution des décisions de justice », AJ n°spécial, 1999, p.66.

GUETTIER(C) : « Recours en appréciation de validité », J..cl..adm ; fasc n°1163.

GUIMDO DONGMO (B.R.) : « Le droit d'accès à la justice administrative au Cameroun, contribution à l'étude d'un droit fondamental », *Droit prospectif*, 121e numéro, PUAM, 2008.

GUIMDO DONGMO (B.R.) : « Reconnaissance des minorités et démocratie : duel ou duo ? », in *Annales de la FSJP, Université de Dschang*, tome1, vol 1, aes-sa, Yaoundé, 1997, pp.121-135.

HALLER (T): « Rules which pay are going to stay : indigenous, institutions sustainable, resource use and land tenure among the ouldeme and patha, mandara mountains, Northern Cameroon », in *Gouvernance foncière au quotidien en Afrique*, London 2003, transactions publishers (bull n°22/lit)-APAD, pp.117-132.

HECQUARD – THERON (M) : « De la prérogative de puissance publique à la prérogative de décision », in *Mélanges Mourgeon*, Bruyant, 1998, p.671.

HERTZOG (R) : « Le prix du service public », AJDA 1997, n° spécial : *Le service public, unité et diversité*, p.55.

HERZOG-EVANS (M) et PECHILLON (E) (sous la dir) : « Le droit de l'exécution des peines, problèmes et enjeux d'une discipline juridique en formation », rapport GIP, *Mission de recherche droit et justice*, Dalloz 2003, p.311.

JEAMMAUD (A) : « La règle de droit comme modèle », recueil Dalloz, Chronique, p.199.

KAMTO (M) : « La chose publique », RASJ, vol 2, N°1, 2001, pp.9-18.

KAMTO (M) :« La fonction administrative contentieuse de la cour suprême du Cameroun », in *Les cours suprêmes en Afrique-III. La jurisprudence administrative*, (s.dir), Gérard Conac et Jean de Gaudusson, Paris, Economica, 1988, pp.41-67.

KAMTO (M) : « Les forêts, « patrimoine commun de l'humanité » et droit international », in *Droit, Forêt, et développement durable*, Actes des 1ères journées scientifiques du réseau « droit de l'Environnement » de l'AUPELF-UREF à Limoges, France, 7-8 novembre 1994, (s-d) Michel Prieur et S. Doumbé Bille, Bruylant 1996, pp.79-90.

KELL (P) : « Le bulletin des avis domaniaux et fonciers, une réalité palpable », *Domaines-infos*, n°001 février 2006, p.9.

KEUTCHA TCHAPNGA et SIETCHOUA DJUITCHOKO (C) « Note sous cour suprême, chambre administrative, jugement n°29 du 03 mai 1990, Affaire Mbarga Symphorien contre État du Cameroun », in *Juridis périodique* n°43, 2000, pp.62-68

KOUASSI (K.B) : « Pour une rationalisation de l'appréciation du caractère substantiel ou accessoire des formalités administratives dans le recours pour excès de pouvoir », LPA, janvier 1993, p.4.

KOUM MIENGA : « Rapport sur l'exécution du projet cadastral fiscal », séminaire d'imprégnation sur le cadastre fiscal de septembre *1995*, (communication).

LABETOULLE (D) : « Principe de légalité et principe de sécurité », in *Mélanges Braibant*, Dalloz, 1996, p.403.

LATOUR (X), « Détachabilité et contrat administratifs », *Petites affiches*, Août, 1998, p.3

LAVIALLE (C) : « De la fonction du territoire et de la domanialité dans la genèse de l'État en France sous l'ancien régime », *Revue droits*, n°15, 1992, p.19.

LE MIRE (P) : « La stabilité des situations juridiques (et l'évolution de la jurisprudence relative au retrait et à l'abrogation) », A.J., 1980, p.203.

LETOURNEUR (M) : « Le principe de la non rétroactivité des actes administratifs », EDCE 1955, n°9, p.37.

MATHIEU (B) : « La sécurité juridique : un principe constitutionnel clandestin mais efficient », in *Mélanges Gérard*, Paris, Montchrestien, 1999, p.301.

MODERNE (F) : « Actualité des principes généraux du droit », RFDA 1998, p.49.

MOMO (B) : « Le problème des délais dans le contentieux administratif camerounais », *Annales de la FSJP de Dschang,* Aes-SA, Yaoundé, tome 1, vol1, 1977, pp136-161.

MORABITO (M) : « La résistance à l'oppression en 1793 », *Revue histoire de droit français et étranger*, 1994, p.235.

MOREAU (J) : « La responsabilité des magistrats et de l'État du fait de la justice. L'apport du droit administratif », *Rev. Justices* 1997, n°5, p.39.

MOUANGUE KOBILA (J) : « Le préambule du texte constitutionnel du 18 janvier 1996 : de l'enseigne décorative à l'étalage utilitaire », *Lex lata* n° 023-024, 1996, pp.33-38.

MPESSA (A) : « Le titre foncier devant le juge administratif camerounais », in Revue de la recherche juridique », *Droit prospectif*, n°2005-3, pp.1681-1703.

NASRI (A) : « De quelques problèmes posés par le retrait des actes administratifs », L.P.A., 2000, n°82.

NGUEFACK (M.R) : « Le droit international, instrument pour la défense devant le juge camerounais : regard de l'avocat », *Juridis périodique* n° 63, édition spéciale, 2005, pp.107-113.

NTSOULA (S.O) : « Livre foncier et titre foncier : il ne faut pas confondre ces deux documents », *Domaines-infos*, n°003, avril 2006, p.6.

ONDOA (M), « Ajustement structurel et réforme du fondement théorique des droits africains post-coloniaux : l'exemple camerounais », *Revue africaine des sciences juridiques*, vol2, n°1, 2001, pp.75-118.

ONDOA (M) : « La constitution duale : recherches sur les dispositions constitutionnelles transitoires au Cameroun », RASJ, 2000, vol1, n°2, pp.20-56.

ONDOA (M) : « Le droit Administratif Français en Afrique francophone : contribution à l'étude de la réception des droits étrangers en droit interne », RJPIC, vol 56, n°3, 2002, pp.289-333.

OWONA (J) : « L'expropriation pour cause d'utilité publique », chapitre XVI, tome V de *L'encyclopédie juridique de l'Afrique*, NEA, 1992, pp.271-293.

PISSALOUX (J-L) : « Relations avec les administrations : le changement dans la continuité », 1ère partie, *Petites affiches*, 14 février 2001, n°32.

POIROT – MAZERES (I) : « Les décisions d'espèce », RDP, 1992, p.443.

PRIEUR (M) : « Démocratie et droit de l'environnement et du développement » R.J.E, 1/1993, p.16.

RIVERO (J) et Vedel (G) : « Les principes économiques et sociaux de la constitution », *Droit social*, mai 1974, pages de doctrine, p.93.

SABOURIN (P) : « Peut-on dresser le constat de décès du critère organique en droit administratif français ? » R.D.P 1972, pp.589-640.

SANTOLLI (C) : « Les droits acquis », RFDA, 2001, p.87

SILVERA, « Les réquisitions des personnels des services publics », A.J, 1960, p.49.

SIMONNIAN-GINESTE (H) : « Nouveau regard sur l'avis consultatif », RDP 1999, p.1121.

TROPER (M) : « La signature des ordonnances. Fonctions d'une controverse », *Revue pouvoirs*, 1987, n°41, p.75.

VENEZIA (J-C) : « Puissance publique, puissance privée », in *Mélanges Eisenmann*, 1975, p.363.

WALINE (M) : « Gratuité ou rémunération des services publics », RDP 1951, p.497.

WIEDERKEHR (G) : « La responsabilité de l'État et des magistrats du fait de la justice », *Rev justices,* 1997, n°s, p.13.

WOEHRLING (J-M) : « La fin de l'excès de pouvoir », in *Mélanges Guy Braibant*, Dalloz, 1996, pp.777-791.

4. Jurisprudence

- CFJ/CAY, arrêt n°24 du 18 Août 1972, Dame Aoua Hadja contre État du Cameroun.

- CS/AP, arrêt n°17du 19 Mars 1981 : État du Cameroun contre Elites Bankas.
- CS/AP, arrêt n°04 du 18 Aout 1994, État du Cameroun contre Amougou jean Philippe.
- CIJ, arrêt du 10 octobre 2002, Affaire de la frontière terrestre et maritime entre le Cameroun et le Nigeria.
- CFJ/CAY, arrêt n°20 du 20 Mars 1968, Ngongang Njanke Martin contre État du Cameroun.
- CFJ/CAY, arrêt n°24 du 28 octobre 1970, Société grand travaux de l'est contre État du Cameroun Oriental.
- CS/CC, arrêt n°83 du 25 mai 2000, Tamba Charles contre Tatsinda Maurice.
- CS/AP, arrêt n°02 du 27 avril 2000, Biyo'o Olinga François contre État du Cameroun.
- CS/CA, arrêt n°01 du 24 janvier 2002, procureur général près la cour suprême, Minuh contre Mme Oyié née Minsi Victoire.
- CS/CA, arrêt n°52 du 6 janvier 1983, Ngankam Justine contre Wouateur Norbert, RCD, n°31, 1986, p.310.
- CS/AP, arrêt n°32 du 18 janvier 2006, Etoundi Thomas Paul contre État du Cameroun (Minuh).
- CFJ/SCAY, arrêt n°37 du 30 avril 1968, Nyandja Felix contre État fédéral du Cameroun.
- CFJ/AP, arrêt du 04 novembre 1965, Dame Kieffer Marguérite contre État du Cameroun.
- CFJ/AP, arrêt n°50 du 27 janvier 1968, Bernard Auteroche contre conseil de l'Ordre des avocats
- CS/AP, arrêt n°04 du 22 février 2007, Njoya Maurice Poumié, Minuh contre Dame Otélé née Zang Pauline.
- CS/CC, arrêt ADD n° 119 du 116 septembre 1982, Tokoto Ntone Jean contre Mpouli Gaston.
- CFJ/SY, arrêt n°51 du 25 mars 1969, Dame Ngué contre commune de plein exercice de Mbalmayo.
- CS/AP, arrêt n°41 du 5 avril 2001, commune de plein exercice de Yaoundé contre Samedjeu Jean Jacques.

- CFJ/CAY, arrêt n°157 du 23 mars 1971, Medou Gaston contre État fédéral du Cameroun.
- CS/AP, arrêt du 16 août 1990, Albert Ono Ngafor contre État du Cameroun.
- CS/AP, arrêt n°07 du 16 décembre 2004, affaire Kuela Valeri Norbert et Minlo Auguste contre Adjudant chef Eben Edouard.
- CS/CA, jugement n°05 du 23 novembre 1989, Nteppe clermond et autres contre État du Cameroun.
- CS/CA, jugement n°67 du 14 Mars 1985, Atangana Ntonga Sylvestre contre État du Cameroun.
- CS/CA, jugement n°63 du 31 Mars 2004, Ngassa Robert contre État du Cameroun.
- CS/CA, jugement n°85 du 14 juin 2006, Effa Paul Marcel contre État du Cameroun.
- CS/CA, jugement n°66/ADD du 31 Mai 1979, Kouang guillaume Charles contre État du Cameroun.
- CS/CA, jugement n°08 du 31 octobre 2002, Affaire Bateg Daniel contre État du Cameroun.
- CS/CA, jugement n°29 du 25 mars 1982, Beyissa Adolphe Mazarin contre État du Cameroun.
- CS/CA, jugement n°01 du 26 novembre 1998, Zibi Zanga Jean contre État du Cameroun.
- Cour d'appel du centre, Arrêt n°177/Civ du 4 février 2005, Mme Nankeu née Tchinda Sabine, Nankeu Pierre contre sieur Nguedi Ebala Joseph.
- Cour d'appel de l'ouest, Arrêt n°01/CIV du 14 octobre 1998, affaire ayants droit de feu Minwouo Marie Noël contre Maître Tsouapague et hôpital Ad Lucem de Bafang.
- CS/CA, jugement n°29 du 03 mai 1990, affaire Mbarga Symphorien contre État du Cameroun.obs KEUTCHA TCHAPNGA Célestin, *juridis périodique* n°43, 2000, p.62s.
- Cour d'appel du centre/Civil, arrêt n°168 du 18 février 2004, Delake André contre Maetur.
- CFJ/SCAY, jugement ADD n°55 du 25 mars 1969, Emini Tina Etienne contre État fédéré du Cameroun Oriental.

- CS/CA, jugement n°22 du 25 janvier 1990, Zangué Pius contre État du Cameroun (Minuh).
- CS/CA, jugement n°39 du 29 avril 1993, affaire Ena Mballa Hubert contre communauté urbaine de Yaoundé.
- CS/CA, jugement n°29 du 25 mars 1982, Beyissa Adolphe Mazarin contre État du Cameroun.
- CS/CA, jugement n°34 du 17 janvier 2007, Bana Charles et Membga Sylvie contre État du Cameroun.
- CS/CA, jugement n°10 du 18 décembre 1986, Wouaze Michel contre commune urbaine de Dschang.
- CS/CA, jugement n°99 du 13 août 2008, Kamga Françoise contre État du Cameroun (Minuh).
- CS/CA, jugement n°23 du 30 janvier 1986, Ewane Lobe Francis contre État du Cameroun.
- CS/CA, jugement n°133 du 22 juillet 2009, Mme veuve Mekongo Pauline et Aboui Marcelline contre État du Cameroun (Mindaf) et Ngah Koumeda Jean (int.vol).
- CS/CA, jugement n°38 du 18 janvier 2006, Bongo Henri Aimé contre État du Cameroun (Minuh).
- CS/CA, jugement n°46 du 15 mars 2006, Nembot Jacques contre État du Cameroun.
- CS/CA jugement n°48 du 28 janvier 2009, Moukoko Koffi Emmanuel Black contre État du Cameroun (Mindaf) et Simo Emmanuel (int.vol).
- CS/CA, ordonnance des référés n°10 du 24 avril 2009, Atangana Dieudonné contre État du Cameroun.
- CS/CA, jugement n°34 du 25 février 2004, Famille Ndog-Akok contre État du Cameroun (Minuh), Famille Mboh Thomas, Maetur, Hamadou Abba, famille Yarilem (int.vol).
- CFJ/CAY, arrêt n°160 du 8 juin 1971, Fouda Mballa Maurice contre État fédéré du Cameroun Oriental.
- CS/CA, jugement n°56 du 24 avril 1986, Koumé Jemba Joseph contre État du Cameroun.
- CS/CA, jugement n°46 du 27 mai 1982, Dame veuve Testas André contre État du Cameroun.

- CS/CA, jugement n°7 du 29 novembre 1979, Essomba Marc contre État du Cameroun.
- CS/CA, jugement n°65 du 26 mai 1988, Epié Martin contre État du Cameroun
- CS/CA, jugement n°18 du 26 mars 1987, Mbida Mathermus contre État du Cameroun.
- CS/CA, jugement n°54 du 25 juin 1957, Mpondo Dibongué Louis contre État du Cameroun.
- CS/CA, jugement n°1 du 29 octobre 1987, Basso Théodore et Makon Daniel contre État du Cameroun.
- CS/CA, jugement n°39 du 21 mai 1987, Fotso Simonet contre État du Cameroun.
- CS/CA, jugement n°58 du 24 février 1999, Ntoné Kingué Gabriel contre État du Cameroun.
- CS/CA, jugement n°35 du 24 février 1999, Tchantou Pierre contre État du Cameroun.
- CS/CA, jugement n°1 du 19 décembre 1975, Nkong Emmanuel contre État du Cameroun.
- CS/CA, jugement n°60 du 27 mars 2003, Dame Otélé née Zang Pauline contre État du Cameroun et Njoya Maurice Poumié (int.vol).
- CS/CA, jugement n°44 du 29 juin 1980, Yombi Alphonse Bernard contre État du Cameroun.
- CS/CA, jugement n°80 du 14 juin 2006, Maetur contre État du Cameroun et Belibi François (int.vol)
- CS/CA, jugement n°42 du 30 avril 1981, Dame Mbock née Moussongo Jeannette et Sop Mote contre État du Cameroun et Omgba Zing Martin (int.vol).
- CS/CA, jugement n°40 du 29 mais 1980, Monkam Tientcheu David contre État du Cameroun.
- CS/CA, jugement n°55 du 15 mars 1988, Tato Jean contre État du Cameroun.
- CS/CA, jugement n°64 du 30 septembre 1990, Bitounga Marie Pascaline contre État du Cameroun.

- CS/CA, jugement n°48 du 28 janvier 2009, Moukoko Marie Pascaline contre État du Cameroun.
- CS/CA, jugement n°73 du 27 avril 2005, Esoua Louis contre État du Cameroun (Minuh).
- CS/CA, jugement n°61 du 31 mars 2004, Ahanda Tchanda Joseph contre État du Cameroun (Mindaf) et Ndzouba Marc (int.vol).
- CS/CA, jugement n°49 du 09 octobre 2008, Ndzouba Marc, État du Cameroun (Mindaf), Ahanda Ahanda Joseph contre Ahanda Ahanda Joseph, État du Cameroun (Mindaf) et Ndzouba Marc
- CS/CA, jugement n°89 du 13 août 2008, Kamdem Prosper contre État du Cameroun (Mindaf).
- TPI de Douala Ndokoti, ordonnance de référé n°411 du 10 décembre 2009, Monsieur Eban Tabe James contre Bevo Piermere, Bonessi Félicité et Pinere Emmanuel.
- TPI de Douala-Ndokoti, ordonnance de référé n°189 du 02 juin 2009, Madame Toukam Alice contre CA-SCB Cameroun et autres.
- TPI de Douala-Ndokoti, ordonnance de référé n°107 du 21 avril 2010, Affaire Association Agrodicedi Fah contre l'Université de Douala.
- TPI de Douala-Ndokoti, ordonnance de référé n°170 du 14 mai 2009, Monsieur Manga Louis Roger Marie contre Mandjeck Martin, Djiekak Noupoué et autres.
- TPI de Douala-Ndokoti, ordonnance de référé n°363 du 22 octobre 2009, l'Association humanitaire Afrique Future contre monsieur le chef de service régional des domaines et des affaires foncières du Littoral à Douala.
- TPI de Douala-Ndokoti, ordonnance de référé n°424 du 22 décembre 2009, Famille Ndog-Akok de Mbanga Bakoko de Douala 3ème contre Hamadou Abba.

5. Textes de Loi

- Constitution du 2 juin 1972 de la République unie du Cameroun.
- Loi n°96-06 du 18 janvier 1996 portant modification de la constitution du 2 juin 1972.
- Accord du 12 juin 2006 entre la République du Cameroun et la République fédérale du Nigeria concernant les modalités de retrait et de transfert d'autorité dans la presqu'île de Bakassi.

- Loi n°2004/003 du 21 avril 2004 régissant l'urbanisme au Cameroun.
- Loi n°68/LF/4 du 11 juin 1969 portant organisation des réquisitions.
- Loi des finances n°91/003 du 30 juin 1991.
- Loi n°94/01 du 20 janvier 1994 portant régime des forêts, de la faune et de la pêche.
- Loi n°96/12 du 5 août 1996 portant loi-cadre relative à la gestion de l'environnement.
- Loi n°80/21 du 14 juillet 1980 modifiant et complétant certaines dispositions de l'ordonnance n°74/1 du 6 juillet 1974 fixant le régime foncier.
- Loi n°80/22 du 14 juillet 1980 portant répression des atteintes à la propriété foncière et domaniale.
- Loi n°75/6 du 8 décembre 1975 fixant la procédure et le fonctionnement de la cour suprême.
- Loi n°2006/022 du 29 décembre 2006 fixant l'organisation et le fonctionnement des tribunaux administratifs.
- Loi n°90/059 du 19 décembre 1990 portant organisation de la profession d'avocat.
- Code pénal de la république du Cameroun.
- Code civil en vigueur au Cameroun
- Ordonnance n°74/1 du 6 juillet 1974 fixant le régime foncier.
- Ordonnance n°74/2 du 6 juillet 1974 fixant le régime domanial.
- Ordonnance n°74/3 du 6 juillet 1974, relative à la procédure d'expropriation pour cause d'utilité publique et aux modalités d'indemnisation.
- Décret n°2005/481 du 16 décembre 2005 modifiant et complétant certaines dispositions du décret n°76/165 du 27 avril 1976 fixant les conditions d'obtention du titre foncier.
- Décret n°76/165 du 27 avril 1976 fixant les conditions d'obtention du titre foncier.
- Décret n°76/166 du 27 avril 1976 fixant les modalités de gestion du domaine national.
- Décret n°79/17 du 13 janvier 1979 relatif aux transactions immobilières privées.

- Décret n°76/167 du 27 avril 1976 fixant les modalités de gestion du domaine privé de l'État.
- Décret n°2005/178 du 21 mai 2005 portant organisation du ministère des domaines et des affaires foncières
- Décret du 21 juillet 1932 instituant au Cameroun le régime foncier de l'immatriculation.
- Décret n°95/034 du 24 février 1995 portant organisation de la profession de notaire.
- Décret n°2008/377 du 12 novembre 2008 fixant les attributions des chefs de circonscriptions administratives et portant organisation et fonctionnement de leurs services.
- Décret n°2008/378 du 12 novembre 2008 portant organisation administrative de la république du Cameroun.
- Décret n°77/245 du 15 juillet 1977 portant organisation des chefferies traditionnelles.
- Décret n°05/312 du 27 avril 1995 portant création d'une commission pour la mise en place du cadastre fiscal.
- Décret n° 2004/320 du 8 décembre 2004 portant organisation du gouvernement, qui crée le Ministère des Domaines et des Affaires Foncières.
- Décret n°2005/178 du 27 mai 2005 portant organisation du Ministère des Domaines et des Affaires Foncières.
- Décret n°2005/481 du 16 décembre 2005 modifiant certaines dispositions du décret n°76/65 du 27 avril 1976 fixant les conditions d'obtention du titre foncier.
- Du décret n°2006/368 du 3 mai 2006, fixant l'organisation et les modalités de fonctionnement du bulletin des avis domaniaux et fonciers.
- Circulaire n°180/ MINDAF du 20 décembre 2005 portant clarification sur les attributions du service départemental des affaires foncières et du service départemental des domaines.
- Instructions n° 001/Y 18, 002/Y217, 003/Y/ 18, 004/Y 2.5, 006/Y 2.5, 007/Y18/ MINDAF du 29 décembre 2005.

ANNEXES

Liste :

I- Jurisprudence

- CS/CA, jugement n°1 du 26 novembre 1998, ZIBI ZANGA Jean contre État du Cameroun.
- CS/CA, jugement n°73 du 27 avril 2005, ESSOUA Louis contre État du Cameroun.
- CS/CA, jugement n°195 du 16 septembre 2009, famille MBOH Thomas, famille YARILEM, HAMADOU ABBA contre État du Cameroun, famille NDOG AKOK (int.vol).

II- Textes de Loi

- Ordonnance n°74/1 du 6 juillet 1974 fixant le régime foncier.
- Décret n°76/165 du 27 avril 196 fixant les conditions d'obtention du titre foncier.
- Décret n°2005/481 du 16 décembre 2005 modifiant et complétant certaines dispositions du décret n°76/165 du 27 avril 1976.
- Documents fonciers.

TABLE DES MATIÈRES

DÉDICACE **5**

REMERCIEMENTS **7**

PRÉFACE **11**

ABREVIATIONS **19**

INTRODUCTION GÉNÉRALE **21**

PREMIÈRE PARTIE : LA SPÉCIFICITÉ LIÉE AU MODE D'ÉTABLISSEMENT DU TITRE FONCIER **43**

TITRE I : LA SPÉCIFICITÉ DU CADRE ORGANIQUE DE L'ÉLABORATION DU TITRE FONCIER **47**

CHAPITRE 1 LES ACTEURS PUBLICS **51**

Section 1- L'Administration 51

Paragraphe 1- Les autorités déconcentrées 52
A- Les autorités infrarégionales 52
1. Les chefs de circonscriptions traditionnelles 52
2. Les chefs de circonscriptions administratives et le conservateur 54
B- Les autorités consultatives et régionales 55
1. La commission consultative 56
2. Les autorités régionales 57

Paragraphe 2- L'Administration centrale 58
A- Le Ministre 58
1. Le Ministre et l'immatriculation sans incident 59
2. Le Ministre et l'immatriculation avec incident 59
B- Les services centraux du MINDAF 60
1. La direction des affaires foncières 60
2. La direction du cadastre 60

Section 2- L'intervention d'acteurs publics non administratifs 61

Paragraphe 1- L'intervention du juge 62
A- Le jugement constitutif 62
1. La constitution du titre foncier par jugement 62
2. Le juge compétent 63
B- Le jugement translatif 64
1. La mutation du titre 64
2. Le juge compétent 65

Paragraphe 2- L'intervention du gouvernement 66
A- Les titres fonciers concernés 67
1. Les titres accordés aux étrangers 67

2. Le caractère politique du titre accordé 67
B- Les formalités 68
1. L'autorisation du gouvernement 69
2. La confection administrative 70

CONCLUSION DU CHAPITRE 71

CHAPITRE 2 L'INTERVENTION D'AUTRES ACTEURS 73

Section 1- Les officiers ministériels 73

Paragraphe 1- Le notaire et le titre foncier 74
A- Le cadre de compétence du notaire 74
1. Le cadre général de sa compétence 74
2. Le cadre spécifique de son intervention 75
B- La justification du rôle du notaire en matière foncière 75
1. Le monopole de gestion de droits réels immobiliers 76
2. Le droit du notaire dans les transactions immobilières 76

Paragraphe 2- L'avocat et le titre foncier 77
A- La question de son intervention confinée 77
1. Une compétence territorialement limitée 77
2. La dysharmonie du droit foncier et domanial 78
B- La compétence de l'avocat en matière de titre foncier 79
1. Les actes concernés 79
2. Le rôle conféré 79

Section 2- L'intervention des particuliers 80

Paragraphe 1- Les autorités traditionnelles 81
A- Les autorités intervenantes 81
1. Les notables 82
2. Leur mode de désignation 83
B- Le rôle des notables 83
1. Attestation de « la propriété coutumière » 83
2. Participation au travail de la commission 84

Paragraphe 2- Les riverains 85
A- La notion de riverains en matière d'immatriculation foncière 85
1. Les voisins directs du terrain à titrer 85
2. Les habitants intéressés 86
B- Le rôle des riverains 86
1. Faire la contradiction 86
2. Signer le procès-verbal de bornage 87

CONCLUSION DU CHAPITRE 88

CONCLUSION DU TITRE 89

TITRE II : LA SPÉCIFICITÉ DU CADRE MATÉRIEL DE L'ÉLABORATION 91

CHAPITRE 1 LA PROCÉDURE D'ÉTABLISSEMENT DU TITRE FONCIER 95

Section 1- L'établissement normal du titre foncier 95

Paragraphe 1- L'établissement non contentieux du titre foncier 96
A- L'introduction de la demande 96
1. La qualité du demandeur 96
2. Le dossier de demande 98
B- Le traitement administratif de la demande 99
1. Le constat et le bornage 99
2. L'immatriculation proprement dite 100

Paragraphe 2- L'établissement contentieux du titre foncier 101
A- La procédure administrative 101
1. Le fait générateur 101
2. La solution administrative 102
B- La procédure juridictionnelle 103
1. Le fait contentieux 104
2. Le traitement juridictionnel 104

Section 2- L'établissement simplifié du titre foncier 106

Paragraphe 1- L'hypothèse de l'établissement simplifié 106
A- L'appropriation privée 106
1. L'acquisition d'une propriété immatriculée 106
2. L'acquisition d'une propriété appartenant au domaine privé des personnes morales de droit public 107
B- L'appropriation publique 108
1. L'acquisition amiable 108
2. L'acquisition forcée 109

Paragraphe 2- La procédure simplifiée d'établissement du titre foncier 111
A- Les dispenses 111
1. La dispense de constat et de bornage 111
2. Le caractère congru des contestations 112
B- L'immatriculation directe 113
1. La compétence directe du conservateur dans l'acquisition privée 113
2. L'immatriculation d'office pour l'Administration 114

CONCLUSION DU CHAPITRE 115

CHAPITRE 2 LES SPÉCIFICATIONS DU TITRE FONCIER A ÉLABORER 117

Section 1- La particularité physique du titre foncier 117

Paragraphe 1- La matérialité du titre foncier 118
A- Un acte juridique volumineux 118
1. La forme de livre du titre foncier 118
2. Les pages du titre foncier 119

B- Les caractéristiques liées aux formalités....121
1. L'authentification....121
2. Le coût....122

Paragraphe 2- Un acte administratif accompagné....123
A- Le plan et le procès-verbal de bornage....123
1. Le plan....123
2. Le procès-verbal de bornage....124
B- Le bordereau analytique....124

Section 2- Le contenu du titre foncier....125

Paragraphe 1- La titrisation foncière....125
A- La sécurisation foncière....126
1. La fondamentalité du droit de propriété immobilière....126
2. L'apport d'une sécurité juridique....127
B- La validation juridique du droit de propriété foncière....128
1. Le mode ancien de certification de la propriété....128
2. L'immatriculation : mode contemporain....129

Paragraphe 2- L'appropriation foncière....129
A- L'étendue de l'immatriculation....130
1. Les restrictions à l'appropriation privative....130
2. Les domaines titrables....131
B- La transmutation du titre foncier....132
1. Le changement de la nature juridique du titre foncier....132
2. Les conséquences de la transformation....133

CONCLUSION DU CHAPITRE....134

CONCLUSION DU TITRE....135

CONCLUSION DE LA PARTIE....136

DEUXIÈME PARTIE : LA SPÉCIFICITÉ LIÉE AU MODE DE PROTECTION DU TITRE FONCIER....139

TITRE I : LE TITRE FONCIER : UN ACTE INTANGIBLE....143

CHAPITRE I LE PRINCIPE DU CARACTÈRE DÉFINITIF DU TITRE FONCIER....147

Section 1 : La règle de principe....148

Paragraphe 1 : La garantie du droit de propriété immobilière....148
A- La base de la garantie....149
1. Le caractère fondamental du droit de propriété immobilière....149
2. La titrisation du droit de propriété foncière....150
B- La reconnaissance du caractère définitif du titre foncier....151
1. La consécration juridique....151
2. Les obligations administratives de l'intangibilité....152

Paragraphe 2- Les implications du principe de l'intangibilité....153

A- La protection contre les atteintes ... 153
1. La neutralisation des atteintes publiques ... 153
2. L'interdiction des atteintes privées ... 154
B- L'objet garanti contre les atteintes ... 154
1. L'atteinte contre la propriété foncière ... 155
2. L'atteinte contre un démembrement du droit de propriété ... 155

Section 2- L'exception de la règle : le retrait ... 156

Paragraphe 1- La condition du retrait ... 156
A- Le fondement du retrait ... 156
1. L'irrégularité de la procédure d'immatriculation ... 157
2. La production d'actes contradictoires ... 158
B- Le mécanisme du retrait ... 159
1. Les délais ... 159
2. Les parties intervenantes ... 160

Paragraphe 2- L'unité de la règle de l'intangibilité ... 161
A- L'explication théorique ... 161
1. L'apparente contradiction ... 161
2. Le logique enchevêtrement ... 162
B- La cohésion dans le droit positif ... 163
1. A partir de la présentation du négotium ... 163
2. A partir de la nullité ... 164

CONCLUSION DU CHAPITRE ... 165

CHAPITRE 2 LES EXCEPTIONS A LA RÈGLE DE L'INTANGIBILITÉ DU TITRE FONCIER ... 167

Section 1- La tangibilité par les retouches acceptées du titre foncier ... 167

Paragraphe 1- La rectification ... 168
A- La condition de la rectification ... 168
1. Les omissions et les erreurs ... 168
2. Les conditions personnelles ... 169
B- L'effet de la rectification ... 170
1. Le maintien du titre foncier ... 170
2. La retouche des éléments du titre foncier ... 171

Paragraphe 2- La transformation du titre foncier ... 172
A- Les actes constitutifs de transformation ... 172
1. Le morcellement ... 172
2. Les mutations de titres ... 173
B- La procédure et les effets de la transformation ... 174
1. La mise en œuvre de la transformation foncière ... 174
2. Le changement du titre foncier par transformation ... 174

Section 2- La tangibilité du fait des interventions exorbitantes des personnes publiques ... 175

Paragraphe 1- Les atteintes légales à l'intangibilité du titre foncier........................176
A- L'expropriation et l'alignement 176
1. L'expropriation........................176
2. L'alignement........................178
B- La réquisition et la réincorporation 179
1. La réquisition........................179
2. La réincorporation 180

Paragraphe 2- Les atteintes à l'intangibilité du titre foncier........................180
A- L'emprise et la voie de fait........................181
1. Des atteintes à la propriété........................181
2. Leur caractère irrégulier 182
B- Le caractère irréfragable de l'atteinte illégale........................182
1. L'extinction de l'atteinte ou le rétablissement de la propriété........................183
2. Le rétablissement inopérable 183

CONCLUSION DU CHAPITRE........................185

CONCLUSION DU TITRE 186

TITRE II : LE TITRE FONCIER : UN ACTE INATTAQUABLE 187

CHAPITRE 1 L'EXCLUSION DU TITRE FONCIER DES ACTES ATTAQUABLES 191

Section 1- La reconnaissance de l'immunité juridictionnelle du titre foncier..........191

Paragraphe 1- Le fondement 192
A- La justification doctrinale 192
1. « La sacralité » du droit de propriété 192
2. La protection du droit acquis 193
B- La consécration normative 194
1. La garantie législative........................194
2. La garantie réglementaire 194

Paragraphe 2- L'application juridictionnelle........................195
A- L'opposition des droits acquis au juge........................195
1. La barrière à la compétence du juge 195
2. L'invalidation en cas d'intervention 196
B- L'inclination juridictionnelle 197
1. L'inclination du juge de droit commun 197
2. L'inclination du juge administratif........................198

Section 2- La représentation de l'inattaquabilité du titre foncier 199

Paragraphe 1- L'admission restreinte de l'inflexion à l'inattaquabilité 199
A- La condition du délai........................199
1. Le délai du recours contentieux 200
2. La computation des délais 200
B- La condition du titre foncier concerné 201
1. Un titre encore provisoire 201

2. Un titre vicié ou sujet à résolution 202

Paragraphe 2- La posture de l'inattaquabilité 203
A- L'inattaquabilité de principe 203
1. Le principe de la règle 203
2. L'application juridictionnelle 204
B- L'exceptionnelle attaquabilité 205
1. Le titre provisoire ou inexistant 205
2. L'hypothèse de la résolution 206

CONCLUSION DU CHAPITRE 207

CHAPITRE 2 LE DÉPASSEMENT DE LA RÈGLE DE L'INATTAQUABILITE 209

Section 1- Le caractère attaquable du titre foncier 210

Paragraphe 1- La théorie des actes attaquables 210
A- L'état du droit 210
1. Les actes attaquables 210
2. Les actes dits inattaquables 211
B- L'originalité camerounaise 213
1. L'application du droit français 213
2. L'ajout d'actes locaux 214

Paragraphe 2- L'attaquabilité du titre foncier 215
A- L'argument juridictionnel 215
1. Le vice du titre foncier 215
2. La compétence jurisprudentielle 217
B- L'expression textuelle 217
1. Le cadre d'expression 218
2. La timidité du cadre d'expression 218

Section 2- Les pouvoirs du juge face au titre contesté 219

Paragraphe 1- Les pouvoirs sur l'acte 219
A- La rectification 219
1. La condition de la rectification 219
2. Le rôle du juge 220
B- L'annulation 221
1. Le cas d'ouverture 222
2. La conséquence de l'annulation 223

Paragraphe 2- Les pouvoirs sur l'exécution de la décision de justice 223
A- Le pouvoir d'enjoindre et d'astreindre 224
1. L'injonction 224
2. L'astreinte 225
B- Des pouvoirs conditionnés 226
1. L'hypothèse du refus administratif 226
2. L'obstacle de l'intangibilité de l'ouvrage public 226

CONCLUSION DU CHAPITRE.....228
CONCLUSION DU TITRE.....229
CONCLUSION DE LA PARTIE.....231
CONCLUSION GÉNÉRALE.....233
BIBLIOGRAPHIE.....241
ANNEXES.....259
TABLE DES MATIÈRES.....261

L'HARMATTAN ITALIE
Via Degli Artisti 15; 10124 Torino

L'HARMATTAN HONGRIE
Könyvesbolt ; Kossuth L. u. 14-16
1053 Budapest

L'HARMATTAN BURKINA FASO
Rue 15.167 Route du Pô Patte d'oie
12 BP 226 Ouagadougou 12
(00226) 76 59 79 86

ESPACE L'HARMATTAN KINSHASA
Faculté des Sciences sociales,
politiques et administratives
Université de Kinshasa
BP243, KIN XI

L'HARMATTAN CONGO
67, av. E. P. Lumumba
Bât. – Congo Pharmacie (Bib. Nat.)
BP2874 Brazzaville
harmattan.congo@yahoo.fr

L'HARMATTAN GUINÉE
Almamya Rue KA 028, en face du restaurant Le Cèdre
OKB agency BP 3470 Conakry
(00224) 60 20 85 08
harmattanguinee@yahoo.fr

L'HARMATTAN CÔTE D'IVOIRE
M. Etien N'dah Ahmon
Résidence Karl / cité des arts
Abidjan-Cocody 03 BP 1588 Abidjan 03
(00225) 05 77 87 31

L'HARMATTAN MAURITANIE
Espace El Kettab du livre francophone
N° 472 avenue du Palais des Congrès
BP 316 Nouakchott
(00222) 63 25 980

L'HARMATTAN CAMEROUN
BP 11486
Face à la SNI, immeuble Don Bosco
Yaoundé
(00237) 99 76 61 66
harmattancam@yahoo.fr

L'HARMATTAN SÉNÉGAL
« Villa Rose », rue de Diourbel X G, Point E
BP 45034 Dakar FANN
(00221) 33 825 98 58 / 77 242 25 08
senharmattan@gmail.com

JOUVE
1, rue du Docteur Sauvé - 53100 Mayenne
Imprimé sur presse rotative numérique
N° 697737C - Dépôt légal : juin 2011

Imprimé en France

www.ingramcontent.com/pod-product-compliance
Lightning Source LLC
LaVergne TN
LVHW011311061026
849535LV00005B/1511

* 9 7 8 2 2 9 6 5 5 4 0 6 1 *